U0463911

史中山河

SHI
ZHONG
SHAN
HE

——大视角下的山西地理与历史

李广洁 著

山西出版传媒集团 山西教育出版社

图书在版编目（ＣＩＰ）数据

史中山河 ：大视角下的山西地理与历史 ／ 李广洁著
. 一太原 ：山西教育出版社，2024.1
ISBN 978-7-5703-3747-7

Ⅰ．①史… Ⅱ．①李… Ⅲ．①山西-地方史 Ⅳ.
①K292.5

中国国家版本馆 CIP 数据核字（2023）第 254046 号

史中山河——大视角下的山西地理与历史

策 划 人	赵　玉
责任编辑	刘晓露
助理编辑	赵婧文
复　审	康　健
终　审	郭志强
装帧设计	陈　晓
印装监制	蔡　洁

出版发行　山西出版传媒集团·山西教育出版社
　　　　　（太原市水西门街馒头巷 7 号　电话：0351-4729801　邮编：030002）
印　　装　山西新华印业有限公司

开　　本　889×1194　1/32
印　　张　11
字　　数　215 千字
版　　次　2024 年 1 月第 1 版　2024 年 1 月山西第 1 次印刷
书　　号　ISBN　978-7-5703-3747-7
定　　价　69.00 元

如发现印装质量问题，影响阅读，请与出版社联系调换。电话：0351-4729718

序

　　将山西置于太行山以西，并让这块土地拥有名副其实的"山西"之称，始于汉武帝。两千多年前这位雄才大略的帝王，本着加强中央政府实力的目的，开始实行"广关"计划（即扩大关中的范围）。计划实施后，不仅将函谷关从今河南省灵宝市东移到新安县境内，还将"关中"的东界东移到太行山一线，就此改变了战国以来素以崤山界定山东、山西之惯例，从而使太行山成了山东、山西两地之界，自此不仅改变了"山西"的地理内涵，且为今山西赋予"山西"之实。而山西又有"河东"之称，黄河一路南下，山西之地正处大河之东。用"河东"标定山西同样有着久远的历史，早在秦汉时期"河东"就已纳入人们的地理概念中。山西与河东不仅同属于一地，且共同营造了山西"表里山河"的地理大势，李广洁新作《史中山河——大视角下的山西地理与历史》，点明的正是山西地理的根本。外有大河，内有高山，用地名标识这片土地，比"河东""山西"更早的是"晋"。"桐叶封国"故事的主角是叔虞，叔虞获得的封地最初称为"唐"，在其子燮继位时，就改为"晋"，那还是西周初期，从此晋国不仅存在于历史，"晋"也成为今天山西省的简称。"山西""河东""晋"，不仅是地名，且融入各个历史时期的国事与民生中，标定着一片土地，也代表着一个时代。

山西山河壮丽，不仅留在古人的诗文中，也成为当代学者的研究主题。《史中山河——大视角下的山西地理与历史》用 12 个专题，从历史地理视角讲述了山西这片土地上的"大事"。俗话说"一方水土养一方人"，无论历史时期的往事，还是植根在大地上的民风习俗，都带着地理的印记。顾祖禹在《读史方舆纪要》中有云："山西之形势最为完固。关中而外，吾必首及夫山西。"山西形势可称形胜之区，其完固之势仅次于关中，"河东"与"山西"所成山河屏障，不仅构成一省樊篱，且成中原北门，这正是李广洁著作中以太原为核心展开的研究。面对山西大地上过往的历史，这部著作中用"临边近畿""屏障南北""胡马南徙""民族熔炉""中原北门"几个专题，讲述了山西大地上南北之间武力争锋与民族交融的重大场面。中国大地上有条隐形的界限，那是由年降雨量 400 毫米等值线构成的东西之界，此线以东为农业社会，大片的农田与定居生活的农业聚落为历史奠定了物质与文化基础；以西则属于游牧者的天地，历史上匈奴、鲜卑、柔然、突厥、契丹等游牧民族不仅活动在年降雨量 400 毫米等值线以西的草原地带，且屡屡南下。南北之间，农牧双方，界分彼此的不仅有降雨量这一自然地理界限，生活在这片土地上的人们在长期的生活实践中早已意识到地理环境的差异，并在年降雨量 400 毫米等值线处修筑了长城险关。雁门关为古代九塞之一，与句注山相连，控扼晋、代的险关，建于北魏时期，此后又与明长城联为一体，属于内长城外三关之一。《史中山河——大视角下的山西地理与历史》不惜笔墨重现的正是历史舞台上，上演在农牧两大区域之间的文武大戏，固然那些人、那些事均已远去，透过广洁的著作，依稀可以看到往日的硝烟。

无论上溯至周秦汉唐，还是将时间停在晚近，我们在山西看到的不仅是金戈铁马，也感受到深厚的文化，这一切在《史中山河——大视角下的山西地理与历史》中通过"文脉悠长""山间华章""晋通天下"这样的篇章书写了山西最具魅力之处。山西地处黄土高原，这片黄土地上却拥有深厚的文脉，无论诞生在山西的文人，还是坐落在这里的古代建筑，均成为山西的名片；而名扬天下的晋商，凭借雄厚的经济实力与恪守信义、超前的管理方式，通行中国各地，并走向世界。每个人都有自己的家乡，李广洁文中的山西既是他的家乡，也是学者视角下的区域历史地理，透过这部著作我们不仅看到黄土地上的辉煌，也看到山西独有的风采。说起独有，北方各地，山西应属于"另类"，获得这一理念源于中国方言分区，不仅北方，长江流域沿江地带以及西南地区均属于北方官话区，唯独北方的山西及其毗邻地区，操持着与众不同的晋语，语言学分类没有将其纳入北方官话区，而是将其辟为独立的晋语区。晋语区的存在，彰显的不仅是语言的独特，更为重要的是区域文化的独特性。立足山西看全国，这是李广洁著作的特点，恰恰是这一特点，突出了山西的区域本色特征。

李广洁是我的老朋友，他从年轻时即从事出版业，成为这一领域的翘楚，同时也具备深厚的历史地理研究功力。记得当年广洁刚出大学校门，凭借历史地理的研究实力与良好的悟性，屡次获得史念海老师的称赞，只因那时广洁工作太忙，无法抽出时间全力投身于历史地理研究，因此留下没有成为史先生入室弟子的遗憾。如今广洁的《史中山河——大视角下的山西地理与历史》呈现在我们面前，不仅为区域历史地理研究增添了一部新作，更从多元文化视角为读者打开了一扇认识山西的窗口。领略一地的历史可以选取不同的视角，而地理则是确定历史坐标的最佳途径，这也是这部著作的价值所在。

韩茂莉

（作者系历史地理学家，北京大学博雅特聘教授，北京大学城市与环境学院历史地理研究中心教授、博士生导师）

目录

临边近畿

从军事地理视角看古代山西的地位

在中国古代历史上，山西地区是唯一的既"近畿"又"临边"的区域。山西地处北方游牧区与中原农耕区的过渡带，南北纵长的山西使中原王朝拥有了足够的战略纵深；高大连绵的恒山山系横亘在山西北部，使中原王朝拥有了天然的战略屏障；军事重镇太原距离河北平原只有200千米，对从河北平原南下的敌人形成强大的战略威慑；山西南部的河东、上党对古都所在的关中、河洛地区形成有力的战略拱卫。特殊的地理区位，使山西对国家兼具战略纵深、战略屏障、战略威慑、战略拱卫四大功能，故而在数千年的历史上山西有着极其重要的战略地位。就历代都城的空间分布来看，从关中地区的西安，到河洛地区的洛阳、郑州、开封，再到河北平原上的安阳、临漳、邯郸、邢台、定州、北京，形成了"环山西古都带"。无论历代王朝的都城如何移动，都与山西为邻，山西地区有着天然的拱卫作用。从地图的轮廓形态来看，南北纵长的山西，背靠蒙古高原，左河北，右陕西，犹如一把钥匙插入中原。在古代，欲得天下者，基本上要先取山西。

先秦时期山西南部是天下的战略枢纽

　　远在商周之际，山西南部的河东、上党已经显示出重要的战略地位。商朝中期的都城安阳、后期的都城朝歌（今河南省鹤壁市淇县南）都地处古代的"河内之地"，河内与上党分布在太行山东西两侧。为了拱卫首都，商朝在太行山之西的上党台地建立了重要的属国黎国（今山西省长治市东南部）。黎国距离安阳、朝歌很近，直线距离数十千米，是商朝的王都近畿。周人准备灭商，在控制了河东地区之后，开始向东、向南剪除商朝的近翼黎国、邗国（今河南省沁阳市北）。《竹书纪年·卷上》记载："（帝辛）三十四年，周师取耆（黎）及邗。"周人征伐黎国，目的是控制上党台地，向东威慑朝歌；消灭邗国是为了通过沁阳盆地南下，然后东进包抄。周人通过"戡黎""伐邗"行动，拉开了灭商的序幕。

西周时期，都城在关中地区的镐京（今陕西省西安市）。河东地区与关中一河之隔，对都城有拱卫作用。河东又是周人先祖生活的故地，周王在这里分封了晋国等大量的同姓诸侯国，在关中的东部拱卫王室。西周末年，政局动荡，王室的危机已经无法避免，《国语》记载了郑桓公与史伯的一段对话，预测周室衰落后的政局走向。郑桓公问曰："若周衰，诸姬其孰兴？"史伯对曰："臣闻之，武实昭文之功，文之祚尽，武其嗣乎！武王之子，应、韩不在，其在晋乎！距险而邻于小，若加之以德，可以大启。"[1] 史伯分析说，周武王继承了文王的功业，武王的后代应该兴盛。武王的五个儿子，成王一脉继承了王位（次子姬诞被封到邗地，对话中没有提到邗国，可能是已经不存在了），被分封到应、韩的第四子和第五子没有后代，只剩下河东地区的晋国（武王的第三子之后）地处形势险要之地，周边都是小国，如果修行德政，就可以强盛起来。果不其然，几年后镐京被犬戎攻陷，晋文侯西赴关中勤王，辅佐王室东迁。十年之后，又是晋文侯杀死周携王，结束了东周初年"二王并立"的局面。地处河东地区的晋国，因为"距险"（同"居险"）——地处关中与河洛之间的山川险要之区，与关中、河洛形成三角联动的态势；又因为"邻于小"——在周边弱小诸侯国的环绕下，晋国的号召力凸显。在周朝王室遇到危难之时，晋国凭借

---

　[1]　上海师范大学古籍整理研究所校点：《国语》卷一十六《郑语》，上海：上海古籍出版社1998年版，第523页。

"近畿"的区位优势，快速出兵勤王，起到了"定海神针"的作用，所以史书上说"晋于是乎定天子"[1]。周朝王室在历史上遇到两次大危难，都是晋国发挥了"勤王攘夷"的关键作用。第一次是晋文侯西赴关中勤王，周平王作《文侯之命》予以嘉奖，称赞晋文侯"扞我于艰"；第二次是晋文公南下洛阳勤王，周襄王予以嘉奖，把黄河以北、太行山之南的土地赐给晋国。晋国的两次勤王行动，都得益于晋国"近畿"的地理区位。

到了公元前 7 世纪中叶的晋献公时期，晋国"并国十七，服国三十八"，占据战略要地河东地区的晋国，大量吞并周边小国，已经发展成一个地跨黄河东西、进入黄河之南的地区性大国。当时晋国的疆域形势："景、霍以为城，而汾、河、涑、浍以为渠。"[2] 景山（中条山）、霍山分居南北像两座城垣，而汾、河、涑、浍诸水犹如护城河，山重水复。晋文公时期，以"表里山河"为依托的晋国，走出太行山，跨过黄河，进入中原争霸，在城濮之战中大败楚军，遏制了楚国向中原发展的势头。晋襄公初年，晋军南出太行山，在黄河以南的崤山伏击秦军，使秦军全军覆没。终春秋之世，崤函通道一直由晋国掌控，秦国再也无力东进中原。太行山轵关陉是晋南地区通往河洛地区最便捷的一条道路。春秋时期，晋国的军

---

［1］　上海师范大学古籍整理研究所校点：《国语》卷一十六《郑语》，上海：上海古籍出版社 1998 年版，第 524 页。

［2］　上海师范大学古籍整理研究所校点：《国语》卷八《晋语二》，上海：上海古籍出版社 1998 年版，第 301 页。

队多次耀武于中原，都是从轵关陉出兵。从春秋时期的地缘战略来
说，秦国一直想走出函谷关插手中原事务，但因晋国控制着太行
山—秦岭走廊，对东出的秦军形成威慑，在战略上一直占据上风，
秦军只好退回关中向西发展。晋国向南、向东穿过太行山，越过黄
河，把天险山河纳入国境之内，凭借太行山、黄河的屏护，晋国既
可以拒敌于国门之外，又可以通过太行山的陉道快速地进军中原，
阻击南边的楚国进入中原，迫使东边的齐国无法西进。晋国在春秋
时期能够成为一流的军事强国，让周王朝的中原成为晋国控制的中
原，号令诸侯，与晋国特殊的地理区位关系很大。

　　战国前期，魏国以河东地区为基础向西发展，占有秦国的河西
地区，恢复了原来晋国对秦国形成的军事态势，充分发挥河东地区
的战略进攻作用，将秦国压制在洛水（洛水为渭河的支流，在今陕
西省渭南市大荔县汇入渭河）以西长达 80 年，使秦国不得与中原
交通。后来，魏惠王把发展的方向放在南边，尤其是把都城从安邑
（今山西省运城市夏县西北）南迁到大梁（今河南省开封市），这
一举措明显放弃了战略重地河东，没有继续向西挤压秦国的生存空
间，秦国因此有了喘息的机会。到了秦惠文王时期，秦国开始谋划
收复河西失地。周赧王二十三年（前 292 年），魏国割让河东地区
给秦国。秦国控制河东地区，是进军中原的第一步。在关中、河
洛、河东三角战略关系中，秦国控制了其中的两个角，完全占据了
战略上的主动。秦国以河东地区为向东征伐的前哨，另一个战略价

值极高的区域——上党台地，因紧邻河东地区，暴露在秦军的打击之下。20多年后，周赧王四十五年（前270年），秦军进攻赵国的军事要地阏与（今山西省长治市沁县西南乌苏村一带），开始了蚕食上党台地的步伐。如果控制了上党，向东、向南可以威慑赵都邯郸、魏都大梁、韩都新郑，得上党可得天下。周赧王五十三年（前262年），秦国出兵占领了韩国上党郡之南的野王（今河南省沁阳市），目的是不战而取上党。上党台地是赵国的命脉所在，赵国不能坐视秦国获取上党，秦、赵长平之战爆发，赵军全军覆没。秦国在长平之战后的次年就由司马梗率兵北上进攻，尽有上党之地。失去了太行山滏口陉的控制权，赵国的太原郡与都城邯郸无法相呼应，处境都十分危险。秦军占领上党后，很快就从河东出兵东出太行山围攻邯郸。没有了太行山之西的上党台地作屏障，邯郸城危在旦夕，要不是魏国、楚国等诸侯国救援，邯郸城就被秦军攻破了。后来，秦军在公元前248年占领太原，公元前247年、公元前236年两次出兵上党。秦军控制了上党郡、太原郡之后，赵都邯郸孤立无援，其落入秦国之手已经毫无悬念了。秦国自孝公以后，穷六世之力而攻占三晋的河东、上党、太原地区，这一过程虽然艰难，但却是十分必要的。从秦国兼并六国的过程来看，公元前292年秦国得到魏国的河东地区是其兼并战争的起始点；公元前260年秦赵为争夺上党爆发的长平之战是其兼并战争的转折点；公元前229年秦军大将王翦从太原东出太行山灭赵是其兼并战争的加速点。秦国的兼并战争是从逐步控制河东地区、上党地区、太原地区开始的，这一过程耗时 60 多年，而最后阶段消灭六国的战争仅用了 10 年，充分说明了河东、上党、太原在战国时期重要的战略地位。

汉魏晋北朝时期山西之得失关乎王朝之兴亡

公元前 205 年，楚汉相争，刘邦在彭城（今江苏省徐州市）之战中大败，原来归降刘邦的魏王豹在河东地区对抗刘邦。刘邦派韩信平定河东，然后从河东进军上党，在军事要地阏与生擒代相夏说，接着从阏与北上，从井陉道东出太行，在井陉之战中消灭了割据河北的赵王歇，控制了河北平原。韩信在河东、上党等地的军事行动轨迹，和战国末年秦国控制河东、进攻上党、东出太行山如出一辙，这又一次说明山西地区在争霸天下的战争中具有举足轻重的地位。

西汉初，汉高祖刘邦率数十万人马北伐匈奴，兵败于平城（今山西省大同市）附近的白登山。白登之战后，汉对匈奴采取和亲之策，这一国策持续了近 70 年时间。到了汉文帝晚年，匈奴又开始不断地南下骚扰。汉朝派大将驻防恒山的句注塞、飞狐口以备匈奴，恒山以北是汉王朝防御匈奴的重点区域。函谷关和崤山以及秦晋之间的黄河，自古是划分关中、关外的地理参照。西汉前期，关中地区是朝廷直接控制的核心区域，关外地区为诸王的封国所在。

为了首都的安全，"诸关用传出入"，没有特别的通行证，关外的人员是不能轻易入关的。汉武帝时期，为了扩大朝廷直接控制的区域，在元鼎年间施行了"广关"之举，将函谷关东移到洛阳附近的新安县，在北边"以常山为阻"[1]。常山即太行山支脉恒山，"关东"的界线由原来的黄河一线东移到太行山一线。从汉武帝"广关"之后，"关东"是指新函谷关——太行山以东，太行山从此成为中国东部与西部的分界线，整个山西高原都进入"大关中"的范围，战略地位变得越来越重要了。

东汉初，建武元年（25 年）正月，刘秀派大将邓禹率军由太行山轵关陉北上，准备通过箕关（今河南省济源市西）进入河东，河东都尉守关抵抗，邓禹攻十日而破关，大军进围安邑。邓禹的军队包围了安邑城，但数月未能攻克。樊参率领数万人从黄河大阳渡（今山西省运城市平陆县太阳渡村附近）北上，进攻邓禹。邓禹部署军队在解县（今山西省运城市临猗县西南）之南迎战，大败敌军。之后，王匡、成丹、刘均等合兵 10 余万，对邓禹所部发动进攻。初战，邓禹失利。天黑后双方停战，军师韩歆和诸将见气势已挫，都主张趁着夜色撤退，邓禹没有采纳撤退的建议，认为王匡的军队虽然人多，但战斗力并不强。第二天，利用王匡停止进攻的时机，邓禹重新组织队伍，调整部署。第三天清晨，王匡的军队倾巢

---

[1]　[东汉] 班固：《汉书》卷四十七《文三王传·代孝王刘参传》，北京：中华书局 1962 年版，第 2211 页。

而出，邓禹令军中不准轻举妄动，坚守不出，待王匡军队进至营前，猝然击鼓，全师猛扑，大破王匡军，缴获兵器不可胜数，平定了河东。刚刚在鄗邑（今河北省邢台市柏乡县北）即帝位的刘秀派使者到河东拜邓禹为大司徒，称赞邓禹"斩将破军，平定山西，功勋尤著"[1]。河东平定之后，七月，邓禹又率大军于汾阴渡口（今山西省运城市万荣县庙前渡）渡河，进入夏阳（今陕西省韩城市），平定关中。为了大本营河内郡的安全，刘秀部署大将冯异攻打天井关，消灭上党之敌。冯异乘天井关防务空虚之际，攻占了天井关。因为洛阳之敌向河内进犯，冯异南下河内，刘秀部署另一位大将王梁防守天井关。上党太守田邑带领军队南下，企图收复天井关。王梁的守军尽管压力很大，但还是坚守了几个月，避免了河内郡腹背受敌，保障了刘秀的大军对洛阳的包围。王梁的守军在苦撑了几个月之后，最终无力再战，天井关失守。刘秀定都洛阳后，部署儿子刘延北上收复天井关，控制了上党郡。东汉初年，邓禹平定河东、刘延平定上党，为刘秀定都洛阳建立起北部屏障，也为大军西渡黄河平定关中奠定了军事基础，河东、上党的重要战略作用在改朝换代之际再次体现出来。

东汉末年，建安十年（205 年），并州刺史高干反叛，占据了上党郡，对曹操的大本营邺城（今河北省邯郸市临漳县）形成威

---

[1]　[宋]范晔:《后汉书》卷一十六《邓禹传》，北京：中华书局 1965 年版，第 602 页。

胁，曹操进军上党，大败高干，保障了邺城的安全。上党台地对河北平原重要城邑的拱卫作用，继商代末年、战国晚期又一次凸显。对于河东地区，曹操也十分重视，认为这里是"吾股肱郡，充实之所，足以制天下"[1]。曹操委派能臣治理河东，依靠河东地区充足的后勤供应，平定了关中。当历代王朝在关中定都时，进军河东是其平定中原的首要军事部署；当在河洛定都时，进军河东又是其平定关中的必要军事部署。

从东汉初年开始的"胡马南徙"，经过270多年的时间，中原王朝的战略防御区域南移了500千米，基本上都在太行山以西的并州诸郡南移。从东汉初年到西晋末年的历史发展轨迹看，应是中原王朝在并州诸郡的民族容纳政策有失误，导致了其军事防御区域的不断南缩，从另一方面说明了并州地区在南北民族对峙时期具有重要的战略作用，西晋失去并州诸郡，最终带来的是汉民族的大规模南迁。西晋末年，南匈奴控制了平阳（今山西省临汾市）一带，继而控制了河东，数年之内向南攻陷洛阳、向西攻陷长安，西晋灭亡。西晋"失河东而失天下"，河东的战略地位可见一斑。

汉代以来，处于临边之地的太原和其他塞北地区，成长了大批擅长骑射的强悍骑兵，被称为"并州游侠儿"，与幽州骑兵、凉州骑兵并称为三大骑兵劲旅。曹植的《白马篇》云："白马饰金羁，

---

[1]　[晋]陈寿：《三国志》卷一十六《魏书·杜畿传》，北京：中华书局1959年版，第497页。

连翩西北驰。借问谁家子，幽并游侠儿。……羽檄从北来，厉马登高堤。长驱蹈匈奴，左顾凌鲜卑。弃身锋刃端，性命安可怀？父母且不顾，何言子与妻！名编壮士籍，不得中顾私。捐躯赴国难，视死忽如归！"诗中生动地呈现了"并州游侠儿"与匈奴、鲜卑军队作战时视死如归的豪侠气概。并州骑兵在三国时期成为一支重要的军事力量，名将张辽就是其中的佼佼者。

十六国时期，北方黄河流域常形成关中势力与河北势力的对峙局面，河东为双方的必争之地，谁拥有河东，谁就会占据上风。因为失去河东，关中的长安将危在旦夕，所以当后赵的 4 万大军进入河东时，前赵皇帝刘曜率精锐之师救援河东；当前燕的大将慕容垲卿从轵关陉进攻河东时，前秦派大将邓羌赴河东迎战。十六国时期，有几个政权都以邺城为都，上党台地又成为拱卫首都的重地。洛阳、太原是邺都的外屏，而上党台地的壶关城（今山西省长治市区）是邺都的肘腋，是邺都的第一道防线。太和五年（370 年），前秦的王猛率领 6 万军队攻克前燕的上党郡治壶关城，上党各县闻风归附。王猛率军在浊漳河谷地击溃前燕的 30 万大军，然后东下太行山攻克邺城，灭掉前燕。太元十九年（394 年），后燕和西燕为了争正统，在上党地区发生了台壁（今山西省长治市黎城县东）之战，西燕大败，很快灭亡。这两次战役，都是"失上党而失天下"的典型事例。占据关中的前秦消灭河北的前燕，与战国末年秦灭六国、北朝末年北周灭北齐时一样，都是先控制山西高原。

鲜卑拓跋部趁前秦淝水之战兵败后复国，建立北魏，逐步向南发展，恢复其在塞北地区的故地，平城成为北魏在塞北地区的军事重镇。皇始元年（396 年）八月，魏王拓跋珪率大军 40 万南下，攻克后燕的晋阳城（今山西省太原市西南），然后从晋阳城东出井陉关，进入河北平原，各地的后燕守军望风而逃。北魏占有了后燕的大部分地盘，疆土向南、向东拓展了很多。要对新征服的地方进行有效的统治，北魏的政治中心远在蒙古草原就显得鞭长莫及。皇始三年（398 年），北魏迁都平城，恒山以北的塞北地区成为拱卫首都平城的畿辅重地，战略地位空前提高。在北魏迁都洛阳之前的近百年间，塞北地区作为畿辅重地得到重点开发。北魏以塞北的军事力量控制太行山以东的河北平原，为此专门修筑了从平城通往河北平原的"灵丘道"。北魏击垮后燕后，关中的后秦与北魏形成对峙之势，河东又成为必争之地，双方最终在柴壁（今山西省临汾市襄汾县柴庄村）决战，后秦大败，国势日衰。只因为蒲州（今山西省永济市蒲州镇西北的蒲州古城）未失，后秦才得以在长安苟延残喘。后秦被东晋消灭后不久，赫连勃勃的夏国一度控制了关中、河东。北魏统一北方时，先拿下河东，长安很快易手，西北割据势力望风归附，此可谓"得河东而得天下"。

北魏末年，在镇压北方地区各族起义的过程中，世居塞北地区北秀容川的尔朱荣势力开始崛起，塞北武人集团控制军事重镇晋阳城，对洛阳的北魏朝廷形成威胁。后来高欢以晋阳城为大本营遥控洛阳朝政，完全是尔朱荣坐镇晋阳城的翻版，导致北魏分裂为东魏、西魏。作为东魏政权的实际操控者，高欢长期居住在晋阳城遥控太行山之东的邺城。东魏与西魏的对峙、北齐与北周的对峙，实际上是长安、晋阳两大军事重镇的对峙。从尔朱荣在北魏末年坐镇晋阳城遥控朝政开始到北齐灭亡为止，期间 50 多年，晋阳城的战略地位得到前所未有的提高，左右着天下的形势。在长安、晋阳两大军事重镇对峙时期，平阳城以及汾河之南的峨嵋原的战略地位就显得十分重要。东西魏时期，为了争夺峨嵋原的控制权，高欢不惜南下与西魏决战，进行了两次玉壁（今山西省运城市稷山县西南）大战（第一次玉壁之战发生于 542 年，第二次玉壁之战发生于 546 年）。北齐初，颇有战略眼光的大臣卢叔武曾建议加强平阳的防务，提出以平阳为重镇对付北周，拖垮北周的军队："宜立重镇于平阳，与彼蒲州相对，深沟高垒，运粮积甲，筑城戍以属之。彼若闭关不出，则取其黄河以东，长安穷蹙，自然困死。如彼出兵，非十万以上，不为我敌。所供粮食，皆出关内。我兵士相代，年别一番，谷食丰饶，运送不绝。彼来求战，我不应之，彼若退军，即乘其弊。自长安以西，民疏城远，敌兵来往，实有艰难，与我相持，农作且废，不过三年，彼自破矣。"[1] 卢叔武还撰写了《平西策》一卷，但因为皇位更迭，他的谋略没有实施。北周在建德五年（576 年）

---

[1]　[唐]李百药：《北齐书》卷四十二《卢叔武传》，北京：中华书局 1972 年版，第 559 页。

部署的平阳之战，击溃了北齐南下的援军，不仅控制了平阳城，还一路北上攻克晋阳城。高欢失去战略要地河东，东魏的势力只得北缩到汾河以北。北齐失去平阳城，导致了接连失去晋阳、邺城，很快亡国。

西晋末年，出现南北分裂局面的直接原因是刘渊在吕梁山建立了匈奴汉国，灭亡了西晋。南北朝时期，北方的统一是由在平城建立的北魏完成的。而北魏分裂为东魏、西魏，是由坐镇晋阳城的高欢造成的。北朝末年，北周通过平阳之战消灭了北齐，实现了北方的统一，为之后隋朝统一全国奠定了基础。260 多年间，国家分裂与统一局面的形成，都与山西地区武装力量的兴起与衰落有关。

隋唐五代时期山西是国之根本、中原北门

隋代，晋阳城是抵御突厥南下的屏障，也是控制太行山以东河北平原诸郡的军事重镇。隋初，在晋阳设置河北道行台尚书省，隋文帝的几个儿子杨广、杨俊、杨谅轮流坐镇晋阳，掌管华山以东、黄河以北的地方，晋阳被称为"天下精兵处"[1]，晋阳的战略地位由此可见一斑。隋代以军事重镇晋阳控制太行山以东的河北平原

---

[1]　[唐]魏徵等：《隋书》卷四十五《文四子传》，北京：中华书局 1973 年版，第 1245 页。

诸郡，是东魏、北齐时以晋阳城控制邺城策略的延续。隋炀帝即位初，杨谅起兵于晋阳，一路南下，逼近蒲州，长安受到威胁。虽然因为杨谅的决策失误没有进入长安，但却证明了军事重镇晋阳城对首都长安来说是一把双刃剑，可以是长安的北大门，也可以威胁长安。平定了杨谅的反叛之后，隋炀帝于当年十一月巡幸洛阳，"丙申，发丁男数十万掘堑，自龙门东接长平、汲郡，抵临清关，渡河，至浚仪、襄城，达于上洛，以置关防"[1]。长平郡相当于今天的沁水、阳城、高平、陵川、泽州一带。即在河东郡、绛郡、长平郡一线构筑了一道屏护中原的防线。隋末，李渊坐镇晋阳城防御突厥、镇压附近的农民起义，在天下动荡之时，起兵于晋阳，进入长安建立唐朝。从北魏末年尔朱荣进驻晋阳城开始，经过北魏、东魏、北齐、隋代四朝近百年的经营和锤炼，晋阳城终于被打造成为一座北方最强的军事雄镇，也是唯一可以和长安抗衡的战略重镇。大唐发祥于晋阳（太原），是晋阳城近百年军事能量的迸发使然，是河东的重要战略地位使然。

唐朝刚刚建立，就遭遇了来自塞北刘武周的威胁。刘武周在突厥的支持下沿汾河谷地南下，沿线的城邑纷纷陷落，刘武周逼近关中。唐高祖准备放弃黄河以东地区，李世民对太原城和河东的战略地位有清醒的认识："太原，王业所基，国之根本；河东富庶，京

---

[1]　[唐]魏徵等：《隋书》卷三《炀帝本纪》，北京：中华书局1973年版，第60页。

邑所资。"[1] 太原对于唐王朝具有重要的象征意义，富庶的河东紧邻长安，是首都的财赋重地。太原必须收复、河东不能放弃，李世民请缨率兵东征。唐军东渡黄河，进驻峨嵋原北端的柏壁（今山西省运城市新绛县柏壁村）。李世民以柏壁为大本营，发挥峨嵋原的战略防御与战略攻击的双重优势，将持久战与奇袭战相结合，用5个多月时间收复了河东和太原，保障了长安东北方向的安全，使唐军可以放开手脚平定中原。唐初，突厥不断南下侵扰，太原成为唐朝抗击突厥的重镇，唐太宗派名将李勣镇守太原16年，突厥不敢南下，太原城在唐朝前期向北防御的战略作用明显。因为太原对洛阳、长安的重要屏障作用，武则天长寿元年（692年）、唐玄宗开元十一年（723年）先后在太原置北都，使太原的战略地位进一步提高。安史之乱时期，因为顾虑太原对河北平原有威慑作用，所以叛军在攻占长安后，便把主要兵力调往太原。叛军的四路人马10万人，从北、东、南几个方向对太原实施合围。李光弼以不足1万人的兵力坚守一个多月，消灭叛军7万多人，足见太原城防御能力之强。太原保卫战牵制、消灭了大量的叛军，扭转了战争形势，有效地发挥了朝廷赋予太原的战略防御作用。在太原之战后，安禄山之子安庆绪任命史思明为范阳节度使（驻今北京市），兼领恒阳（今河北省保定市曲阳县）军事；以牛廷玠领安阳军事；以张忠志

---

[1] ［后晋］刘昫等：《旧唐书》卷二《太宗本纪上》，北京：中华书局1975年版，第25页。

为常山（今河北省石家庄市正定县）太守兼团练使，镇守井陉口。可以看出，叛军在太原之战后以太行山南北一线为防线部署军队，阻挡河东唐军从太行山井陉口、滏口东出河北。

　　处于河东黄河之滨的蒲州，因为与关中仅一河之隔，在唐代承担着拱卫长安的重任，属于"四辅州"之一，战略地位超过以前任何时期，曾一度设立过中都。在平定安史之乱时，唐军先收复蒲州，南下占领潼关，切断长安与洛阳叛军之间的联系，然后接连收复长安、洛阳，充分显示了蒲州在黄河三角地带的战略堡垒作用。在平定安史之乱期间，鉴于蒲州战略地位之重要，朝廷在蒲州设置了河中节度使，形成了以河中（蒲州）为中心的河东道西南部军事防御区，主要职责是拱卫长安。在唐末，河中对长安的拱卫作用再次显现，王重荣以河中为大本营，先打败了长安外围的农民起义军，然后与李克用的军队共同收复长安，使得唐王朝的国祚又延续了20多年。唐代，河东道东南部的上党台地设置有潞（治今山西省长治市）、泽（治今山西省晋城市）、沁（治今山西省长治市沁源县）、仪（治今山西省晋中市左权县）四州，上党台地的军事力量对河北藩镇具有震慑作用、对东都洛阳具有拱卫作用。在平定安史之乱期间，朝廷设置了上党节度使，形成了以潞州为中心的河东道东南部军事防御区，主要职责是牵制河北叛军。唐德宗建中初年，将太行山之东的邢（治今河北省邢台市）、洺（治今河北省邯郸市永年区）、磁（治今河北省邯郸市磁县）三州划归潞州的昭义军管辖，就是以上党的军事力量对河朔三镇形成战略威慑。唐武宗会昌年间，刘从谏在潞州拥兵自重，不听命于朝廷。朝廷为了将太行山东西五州重新纳入朝廷统辖之下，出兵平定了泽潞之乱。为了免除后患，朝廷把原来属于昭义军的泽州划归河阳节度使（治今河南省孟州市）管辖，以泽、潞分治来遏制上党台地武装力量的膨胀，也说明了上党台地战略地位之重要。

在唐朝末年的军阀割据战争中，朱温以汴州（今河南省开封市）为大本营，李克用以太原为大本营，双方都想消灭对方。处于太原与汴州之间的军事重镇潞州成为必争之地，尤其是对汴州更为重要。因为巨大的战略价值，潞州成为两大军事集团争夺的焦点，在唐末十年之间，数次易手。地处太原、汴州、长安大三角中间的河东军事重镇河中，也是朱温与李克用争夺的重点。天祐元年（904 年），朱温从轵关陉北上赴河中坐镇，长安震动，唐室被迫东迁洛阳。这次东迁洛阳具有标志意义，关中从此失去王都的地位，标志着中国政治中心的东移最终完成。拱卫历代王都 1000 余年的河东地区，把拱卫河洛地区新王都的接力棒交给了上党地区。

唐代，河东道战略地位之重要是全方位的，多个区域都显示出重要的战略作用，以太原城为中心的中部地区主要表现为向北的战略防御作用，以蒲州城为代表的西南地区主要表现为对首都的战略拱卫作用，以潞州城为代表的东南地区主要表现为对河北诸州的战略威慑作用。

五代时期，从塞北兴起的沙陀族以太原城为大本营，相继建立了后唐、后晋、后汉三个政权，均以太原为北都。这一时期，太原的军事力量对河洛地区形成强大的威慑力，其情形和东魏、北齐时期相仿。后唐取代后梁、后晋取代后唐、后汉取代后晋，都是太原军事势力的胜出。李存勖从开平二年（908 年）在上党台地取得"三垂冈大捷"开始，以太原为大本营，拉开了灭后梁建后唐的大幕。石敬瑭消灭后唐建立后晋，在契丹军队的支持下，也是控制太原之后，南下上党，进入洛阳。后晋末年，担任河东节度使的刘知远被后晋皇帝猜忌，深感忧虑，部下郭威劝他说："河东山川险固，风俗尚武，士多战马，静则勤稼穑，动则习军旅，此霸王之资也，何忧乎？"[1] 刘知远在太原广募士卒，又获得吐谷浑白承福部的财产，河东富强冠于诸镇，拥有兵卒 5 万。刘知远自太原起兵南下建立后汉，其情形和当年石敬瑭南下建立后晋完全一样。后汉末年，郭威奉命担任河中平叛的总指挥，在一年多的平叛战争中，郭威笼络人心，在军队中的威望进一步提高，势力更加强大。一年后，后汉皇帝密诏诛杀郭威，他起兵反抗，灭掉了后汉，建立了后周。郭威建立后周，也有河东的军事背景。石敬瑭割让幽云十六州给契丹，使中原王朝的北部屏障尽失，此举导致出现了长达 300 余年的南北分裂局面。在五代时期，控制了太原和上党台地，就可以

---

[1]　[宋] 司马光：《资治通鉴》卷二八四《后晋纪五》，北京：中华书局1956 年版，第 9275 页。

左右天下。显德元年（954 年）正月，后周太祖郭威去世。太原的北汉主刘崇也想效仿后晋消灭后唐，大举南下，经过上党进军开封，但被刚即位的周世宗部署军队堵在太行山以北的上党台地进行决战，后周大获全胜，确保了上党台地对首都开封的屏护。

宋元明清时期山西是拱卫京华的屏障

北宋建都于开封，河东临近首都，是京华之地的北部屏障。由于幽云诸州一直没有收复，宋、辽两国在河东以恒山山脉为分界，与汉、唐时期相比，北宋时期在河东的北部防线从阴山一线南移到恒山一线，边防线距离军事重镇太原只有 150 多千米，加之西夏的军队在河东的西北方对宋军形成威胁，河东地区既临恒山以北的"辽边"，又临黄河以西的"夏边"，因而北宋时期是山西历史上"临边近畿"特征最突出的一个时期。元、明、清三朝都以北京为都，山西处于北京的右翼，继续承担着拱卫首都的重任。

宋朝刚刚立国，就遇到了周世宗当初遇到的相似问题，驻防潞州的大将李筠在太原的北汉支持下举兵伐宋。赵匡胤当年曾跟随周世宗北上太行山，打败了北汉军队的进攻，他深知上党台地的战略价值，部署军队快速出击，占领要塞，把李筠堵在上党台地消灭了。宋太祖也和当年的周世宗一样，通过泽州之战的胜利，稳河东而固天下。上党台地、太原城，在宋朝立国之初就显示出非同一般的战略价值。能否拿下太原城，对宋朝来说具有重大的象征意义。如果让太原城的北汉在北方契丹的支持下向南进攻，宋朝就有可能像后唐一样被北汉与契丹的联军消灭；如果坐视北汉占据太原一带，宋朝就会与五代一样，成为一个割据政权。北宋消灭南唐之后，群臣请赵匡胤加尊号"一统太平"，赵匡胤不接受，说：燕（幽云）、晋（北汉）未复，可谓一统太平乎？宋太祖认为，只有消灭割据太原的北汉，收复幽云诸州，才能称得上一统太平。为了解除来自北方的威胁，宋朝总共对北汉进行了三次北征，在立国19年之后，才消灭了北汉。鉴于太原城的防御能力和进攻能力都很强，从唐末以来在此产生了三朝政权，宋太宗为了消除隐患，下令毁灭了这座上千年的军事重镇。一个城市的战略价值太高了，被征服者火烧、水淹予以毁灭，这在中国历史上是十分罕见的。因为宋朝没有收复幽云诸州，雁门关一带成为宋军抵御辽军的前哨，太原城是防御辽军南下的军事重镇，因为辽军逼近雁门关，太原城在北宋时期的战略防御任务比以往任何时期都要重。宋朝新建的太原城，防御能力远低于古晋阳城，这让宋朝在后来金兵南下时自食恶果。

　　宋朝为了防御西夏，在河东路西北的黄河以西设置河外三州。宋朝供给河外三州的粮饷，都是通过河东岢岚军（今山西省忻州市岢岚县）前往保德军（今山西省忻州市保德县）的黄河渡口输送，因而塞北地区西部的临河地带在北宋时期的战略地位陡然升高。庆历年间，朝廷曾派欧阳修、范仲淹等人到岢岚军一带出巡，加强边防建设。为了解决军粮运输的问题和临边耕地被蚕食的问题，欧阳修建议在临边地区实施军屯，史载："河东都转运使欧阳修言：'代州、岢岚、宁化、火山军被边地几二三万顷，请募人垦种，充弓箭手。'诏宣抚使范仲淹议，以为便。遂以岢岚军北草城川禁地募人拒敌界十里外占耕，得二千余户，岁输租数万斛，自备弓马，涅手背为弓箭手。"[1] 朝廷在岢岚军、火山军（今山西省忻州市河曲县）等临边地区招募弓箭手，亦耕亦战，耕战合一。这些弓箭手善于弓马，勇于战斗，谙熟山川出入道路，是对宋军边防体系的有益补充。所以，"至治平末，河东七州军弓箭手总七千五百人"[2]。北宋定都开封，河东地区既有拱卫首都的重任，又要时常防御契丹军队的南下，当时就有官员指出河东防务事关天下安危："河东天下根本，安危所系，无河东，岂特秦不可守，汴亦不可都矣。"[3] 金兵南下时，西路金兵被牵制在太原城下难以脱身，金朝便向宋朝提出以割让太原、中山（今河北省定州市）、河间（今河北省河间市）三镇作为撤军条件。太原—中山—河间一线，是宋朝向北防御的第二道防线。金人提出要宋朝割让太原，就是要把太原这座太行

---

[1]　［元］脱脱等：《宋史》卷一九〇《兵志四》，北京：中华书局 1985 年版，第 4712 页。

[2]　［元］脱脱等：《宋史》卷一九〇《兵志四》，北京：中华书局 1985 年版，第 4713 页。

[3]　［元］脱脱等：《宋史》卷四四六《忠义一·张确传》，北京：中华书局 1985 年版，第 13169 页。

山之西的军事重镇收归己有，成为金军南下的堡垒和后援，而不让其成为宋军东出太行山切断金军南北联系的抗金重镇。上党地区以太行之险屏护汴洛，是宋朝向北防御的最后一道防线，应该在立国之初就重点部署。但宋朝的军事重点一直在北部、西北部的边疆地带，从未考虑北方军事势力会兵临开封城下，忽视了上党地区对首都的屏护作用，军事重镇潞州城在北宋一百多年都没有进行过修缮，平时也没有多少军队驻防，在金兵南下时竟然无兵可守。宋王朝顾虑在地方上形成割据势力，没有像汉唐那样对最具有军事价值的河东路进行重点经营，比如像唐朝那样在太原置北都以"遏戎虏"，像北魏那样把河东南部纳入中央直辖的王畿以加强拱卫。在金兵南下进攻时，宋朝仓促调集军队救援太原，先后五次有数十万军队都被金军击败。太原陷落、上党失守，河东路无法有效地发挥对首都的屏障作用和拱卫作用。宋人张汇的《金虏节要》认为："盖太原之围，乃中国祸乱之原也。……国家之气已困于河东矣，将士之气已沮于河东矣，故京城由是失援。"[1] 宋朝失去河东路，国家失去元气，军队失去锐气，首都开封无险可守，导致江山很快易手。

　　女真人的金国在消灭了辽国之后，把大同作为他们南下进攻中原的桥头阵地，大同城对金军来说具有重要的战略意义。宣和六年（1124 年），坐镇大同的金军主帅完颜宗翰在大同设立枢密院，当时被称为西朝廷，其战略地位比契丹时期更高了。宣和七年（1125

---

　　[1]　[宋]徐梦莘：《三朝北盟会编》卷二十五，上海：上海古籍出版社1987 年版，第 186 页。

年），金兵的西路军队以大同城为大本营发兵南下中原。在女真人统治中国北部的 100 多年间，大同一直是金政权的西京。大同在辽、金两朝作为西京 170 多年，这是大同继北魏平城时代之后的又一个辉煌时期。金朝末年，蒙古大军准备灭金，于大安三年（1211 年）先进攻金朝的西京大同，向东威慑中都（今北京市），向南打通进入河东的通道。金朝的西京有留守军队 7000 人，接战不久就弃城而去。轻松攻占大同，增强了成吉思汗灭金的信心。金人准备迁都，因为河中背负关陕五路，南阻大河，有人建议迁都河中。从当时的迁都之议，可以看出河中城重要的军事价值。兴定六年（1222 年）后，河中城在金军和蒙古军队之间数次易手，在战争最激烈时期，8 个月的时间里 4 次易手。在金人迁都开封之后，金代末年面临的军事形势就是北宋末年的翻版，河东地区既是拱卫首都的屏障，又是抵御北方蒙古军队南下的前哨，战略地位陡然增高。

面对蒙古军队的南下，根据防御形势的变化，金朝对河东地区的行政区划进行调整，提升一些军事价值较高州县的行政级别，以适应战时的军事指挥需要。如升霍县为霍州，辖赵城（今山西省临汾市洪洞县北部）、灵石、汾西；升荣河县（今山西省运城市万荣县西部）为荣州，辖河津、万泉（今山西省运城市万荣县东部）两县；升翼城县为翼州，辖垣曲、绛县两县；升绛州（今山西省运城市新降县）为晋安府，总管河东南路兵马，加强战略防御。[1]

---

　　[1]　[元] 脱脱等：《金史》卷二十六《地理志下》，北京：中华书局 1975 年版，第 634—639 页。

从 1218 年到 1222 年，蒙古名将木华黎在河东各地到处征战，几乎占领了从北到南的主要城池，金朝的河东屏障尽失。木华黎于元光二年（1223 年）去世后，金朝开始收复河东失地，从 1223 年到 1229 年进行反击，收复了平阳、霍州、泽州、潞州、太原、忻州等军事重镇。正大七年（1230 年）窝阔台即汗位，开始灭金总攻击，被金军收复的地方又易手到蒙古军队，当金朝在河东最后的两座军事重镇潞州、河中被蒙古军队攻陷后，金朝已经无险可守，大势已去。

元代，山西属于中书省，由中央直辖，设置河东山西道，属于"腹里"重地，拱卫着元大都西翼的安全。元代末年，至正十七年（1357 年）六月，红巾军三路北伐，中路军的任务是由山西、河北向北进攻，"由朔方攻上都"。至正十八年（1358 年）三月，元军名将察罕帖木儿本来要奉诏赶赴涿州，因为红巾军从山东的曹州、濮州"分道逾太行，焚上党，掠晋、冀，陷云中、雁门、上郡，烽火数千里，复大掠而南"。为了防止红巾军从山西进攻大都，察罕帖木儿又奉命留在山西阻挡红巾军的进攻，在中条山大败红巾军，"遂分兵屯泽州，塞碗子城；屯上党，塞吾儿峪；屯并州，塞井陉口，以杜太行诸道"[1]。试图通过重点防守这几处太行山关隘的办法，把红巾军阻挡在太行山之下。后来，红巾军从各处的太行山隘口进攻，都被元军阻击于太行险关之外。察罕帖木儿在防御红巾

---

[1] [明] 宋濂等：《元史》卷一四一《察罕帖木儿传》，北京：中华书局 1976 年版，第 3386 页。

军的战争中，以山西为根据地，发展成为元末最强大的一支军事力量。在元朝镇压红巾军的过程中，察罕帖木儿统辖的山西军队发挥了关键作用，"中原底定，山东荡平，皆调兵于晋"[1]。

太元至正二十一年（1361 年），察罕帖木儿指挥山西军队东出太行山镇压红巾军：发并州军出井陉，发辽（今山西省晋中市左权县）、沁（今山西省长治市沁县）军出邯郸，发泽、潞军出磁州。山西的暂时稳定，不但保障了大都侧翼的暂时安全，还对太行山之东各地形成震慑，山西在天下动荡之际的战略作用明显。

明代初年，蒙古草原上的元朝残余势力对北部边疆形成威胁，山西的塞北地区因为毗邻蒙古草原，成为防御元朝残余势力南下的重点区域。洪武时期陆续在塞北地区设立镇西卫（今山西省忻州市代县）、镇武卫（今山西省忻州市岢岚县）、宁化所（今山西省忻州市宁武县宁化村），形成了塞北地区两卫一所的防御体系。到了嘉靖年间，山西北部最终形成了偏关、宁武、雁门三关防御体系。在明代的九边重镇中，大同镇、山西镇都地处塞北地区。大同是防御蒙古骑兵南下的第一道防线，偏头关、宁武关、雁门关是第二道防线，这两道防线同时屏护着北京和山西的安全。永乐十九年（1421 年）迁都北京之后，大同因为靠近北京，首要的军事功能就是拱卫北京。土木之变后，大同总兵郭登坚守大同城，打退蒙古也

---

[1]　[清] 胡聘之辑：《山右石刻丛编》卷四〇《大元祠河清记》，太原：山西人民出版社 1988 年版，第 12 页。

先部的多次进攻，与北京城的明军形成呼应。在明景泰之后，国力转弱，大同防线已难以阻挡蒙古骑兵南下，导致外三关防线频频告急。明代，山西战略地位的重要性，主要体现为大同城和外三关在北京外围形成对蒙古骑兵的防御线。

清代后期，咸丰三年（1853 年），北伐的太平军进围怀庆府（今河南省沁阳市），计划从太行陉北上山西，迂回进攻北京，不料两个多月未能攻克怀庆城。当时清军的防守重点在河南黄河沿线，晋南的防御薄弱，为避免腹背受敌，太平军向西取道轵关陉入晋，从洪洞县向东穿越太岳山到晋东南，经黎城县东阳关下太行进入河北平原，逼近保定。太平军迂回到晋南然后东出太行，彻底打乱了清军的布防，清廷惊慌失措，咸丰皇帝九月初四一天连下 15 道谕旨调兵遣将[1]。在天下动荡之际，山西又一次显示出影响全局的战略地位。

山西"临边近畿"的区位特点，从商周之际开始，直到清代末年。在将近 3000 年的历史中，山西一直对国家发挥着重要的战略作用，周、秦、汉、北魏、唐因为得山西而兴，商、西晋、北齐、唐、宋因为失山西而亡。从军事地理的视角来看，山西区域对中国历史发展的影响是最大的，山西是中国历史上的核心战略区。

---

　　[1]　戴逸，李文海主编：《清通鉴》卷二一〇《清文宗咸丰三年》，太原：山西人民出版社 2000 年版，第 6297 页。

走出太行

春秋战国时期晋文化对华夏文明的贡献

　　春秋中期，公元前7世纪，北方的北狄和南方的楚国不断地向中原地区发起进攻。地处河北平原上的姬姓邢国的都城（今河北省邢台市）、姬姓卫国的都城（今河南省鹤壁市淇县）接连被北狄攻破。楚国不断蚕食大别山之西、汉水之北的姬姓封国，"汉阳诸姬，楚实尽之"[1]，并攻打中原地区的蔡国、郑国，华夏文明的发展受到了威胁。史书上说当时的情形是"南夷与北狄交，中国不绝若线"。晋献公时期是晋国历史上一个重要的发展阶段，晋国"并国十七，服国三

---

　　[1]　[东周] 左丘明著，杨伯峻注：《春秋左传注·僖公二十八年》，北京：中华书局1990年版，第459页。

十八”，由一个普通诸侯国成长为太行山以北的地区性大国。晋文公时期是晋国历史上最重要的时期，晋国走出太行山，向南、向东发展，晋文公继齐桓公之后举起了“尊王攘夷”的大旗，为中原地区华夏文明的发展做出了贡献，晋国也由地区性大国发展为有影响力的中原大国。战国时期，从晋国裂变而出的韩、赵、魏三国也持续走出太行山，使中原的河洛地区、太行山以东的河北平原以及阴山以南的广袤地区都具有了晋文化的印记。顾颉刚先生在《国史讲话·春秋》一书中说：“要不是晋文公崛起北方，勉力支持大局，那么不到战国，周室和中原诸侯早已一扫而空了。城濮一战，楚军败绩，南夷的势力既退出了中原，北狄的势力也渐渐衰微下去，于是华夏国家和文化的生命才得维持：这不能不说是晋文公的大功！”[1]

晋国南下太行进入中原

晋献公时期，晋国东南边的太行山被赤狄部落占据。晋献公十七年（前660年），晋献公派太子申生征伐东山赤狄。《左传·闵公元年》：“晋侯使太子申生伐东山皋落氏。”在晋国的打击下，居住在太行山一带的赤狄被迫北迁。东山皋落氏，在今垣曲县，该地现

---

［1］　顾颉刚：《国史讲话·春秋》，上海：上海人民出版社2015年版，第68页。

在还有皋落乡。几年后，晋国又吞并了太行山以南的虞、虢两国，将势力扩张至黄河以南，控制了太行—秦岭走廊，在地缘战略上为后来晋国阻拦秦国东进中原奠定了基础。

　　晋国在晋献公去世后的十几年中，内乱不断，国力大受影响。当时太行山以南、黄河以北的地区，属于周王室的辖地，晋国无法涉足。晋文公在公元前 636 年回到晋国，当上了晋国的国君。晋文公执掌政权之后，励精图治，晋国逐渐恢复了国力。不久，周王室发生内乱，晋国的大臣子犯对晋文公说，这是一个"继文之业、定武之功、启土安疆"的大好时机。晋文公于是出兵勤王。根据《国语·晋语》的记载，晋国"乃行赂于草中之戎与丽土之狄，以启东道"[1]。说明在此之前，从晋国东南出太行进入中原的道路还没有被晋国掌控，晋国这次为了尽快通过太行山，送给山中的戎狄不少宝物，以便顺利通过这条南下太行山的近道。解决了道路问题，晋国的左右两军在晋文公二年（前 635 年）的三月十九日从晋都出发，东南向通过太行山中的险道，到达阳樊（位于太行之南、黄河之北，今河南省济源市西南）。右军在温（今河南省焦作市温县）擒获了发动叛乱的昭叔，左军到郑国（今河南省新郑市）迎接周王，周襄王在晋文公的护卫下回到洛阳。晋文公像当年的晋文侯一样建立了安定王室的大功，在诸侯国中威望大增。周襄王为感谢晋

　　[1]　上海师范大学古籍整理研究所校点：《国语》卷十《晋语四》，上海：上海古籍出版社 1998 年版，第 373 页。

文公的勤王之功，将阳樊、温、原等八邑（处于今河南省洛阳市、郑州市以北，新乡之西的太行山前平原地带）赐给晋国，实际上是对晋国控制洛阳以北地区的认可。晋文公既有了"尊王"的好名声，又得到了黄河以北、太行山以南的大片土地，名利双收。通过勤王平叛，晋国的南部疆域扩展至今河南的黄河以北，东边与卫国为邻，势力开始进入中原地区，《左传》说"晋于是始启南阳"[1]（因这些地方位于太行之南、黄河以北，故名南阳），晋国由区域性大国发展成为中原大国，拉开了晋国争霸的序幕。晋国的南下争霸，与楚国的北上争霸必然要发生碰撞，晋楚之间的战争只是时间迟早而已。

晋国进入中原，取道太行山之南的"南阳"是一条最便捷的通道，即通过太行山的轵关陉（从今山西省运城市绛县南面的冷口进入中条山，经过垣曲县到达河南省济源市西的封门口）。从《国语》所说的"以启东道"和《左传》所言"始启南阳"，可知晋国是在晋文公初年才开始控制了轵关陉这一太行山要道。不久之后的城濮之战，晋国的军队就是通过这条道路向南出兵，耀武于中原。后来晋国多次出兵中原，都是凭借这条便捷的太行山要道。晋国在春秋时期称霸百余年，与其控制轵关陉通道有很大关系。城濮之战前，晋国伐卫破曹，首先攻取卫国的五鹿城（今河南省濮阳市南乐

---

[1]　[东周]左丘明著，杨伯峻注：《春秋左传注·僖公二十五年》，北京：中华书局1990年版，第433页。

县），接着又攻占了卫国的都城楚丘（今河南省安阳市滑县）、曹国的都城陶丘（今山东省菏泽市定陶区）。城濮之战后不久，晋国就控制了原来属于邢国的太行山之东、漳河以北的地方，今邢台、邯郸一带归入晋国的版图。卫国、曹国在城濮之战后依附于晋国。晋襄公时期，邯郸成为晋国大臣赵穿的封地，赵穿也被称为"邯郸氏"。

晋国对上党台地和东阳之地的控制

晋景公（前 599 年—前 581 年在位）时，在今山西省东南部的潞城、黎城、屯留一带分布着一些赤狄部落，包括潞氏、甲氏、留吁、铎辰等分支。其中，潞氏国的地盘在今潞城境内，其国君潞子婴儿娶晋景公的姐姐伯姬为夫人。潞子婴儿生性懦弱，潞氏国的执政大臣酆舒专权，酆舒将国君夫人伯姬杀害，并把国君潞子婴儿的眼睛弄伤。晋景公获悉后十分气愤，在晋景公六年（前 594 年）六月派荀林父统率晋军讨伐潞氏国，六月十八日，在曲梁（今山西省长治市黎城县与潞城区交界处的石梁一带）大败潞军。二十六日，灭掉潞氏国。[1] 第二年春天，晋国又出兵灭掉了潞氏的同族部落

---

[1]　[东周] 左丘明等，杨伯峻注：《春秋左传注·宣公十五年》，北京：中华书局 1990 年版，第 763 页。

甲氏、留吁、铎辰。铎辰，在今长治市东南。甲氏、留吁，在今长治市屯留区一带。《水经注·浊漳水注》："东迳屯留县故城南，故留吁国也，潞氏之属。"晋国通过这两年的军事行动，消灭了居住在太行山之西的赤狄部落，基本控制了上党台地，晋国在今晋西南、晋东南的国土连成一片。晋军出兵上党，是从今翼城一带向东穿越太岳山后再北上。在此之前，晋国已经占有了今邯郸一带。因为邯郸一带在太行山之东，当时称为"东阳"。晋国在较短的时间内，就把太行山之南的"南阳"和太行山之东的"东阳"都纳入自己的版图，相当于把太行山的南段都作为晋国的战略依托，在中原争霸中占据了上风。晋国在消灭潞氏、甲氏、留吁等国之后，控制了上党台地这个战略价值极高的区域，为晋国加强上党台地与山前平原上的重要城邑邯郸、朝歌之间的联系提供了便利。晋军从上党台地东出太行山，所经行的是今黎城—涉县—磁县之间的滏口陉通道。晋景公时期，把范邑（今河南省濮阳市范县）分封给大臣士会，士会因而又被称为"范武子"，说明晋国此时已经获得了卫国西部的领土，邯郸以南、黄河以北的大片地方归入晋国的版图。

公元前571年，晋国占领郑国西北要塞虎牢关（今河南省荥阳市虎牢关村），威慑郑国屈服于晋国[1]。次年，晋国与诸侯"盟

---

[1]　[东周]左丘明著，杨伯峻注：《春秋左传注·襄公二年》，北京：中华书局1990年版，第923页。

于鸡泽"[1]。鸡泽即今太行山东麓的河北省邯郸市永年区，当时已经是晋国在太行山以东平原上的重要城邑。

公元前550年秋，齐晋之间爆发了朝歌之役。齐庄公为报五年前的平阴战役之仇，与晋国的大臣栾盈里应外合，率军攻打晋国。齐军兵分两路，东路军入孟门（今河南省辉县市鸭口村西北），从太行山白陉进入上党地区的沁水流域。西路军跟随栾盈登太行，进入晋国的腹地。两路齐军在陉庭（今山西省临汾市翼城县东南）会合，炫耀武力。其西路军在郫邵（今河南省济源市西邵原镇东）设防，以防齐军撤军时遭晋军袭击。从齐军在郫邵设防来看，西路齐军是通过轵关陉进入晋国腹地的。因为晋国没有防备，齐军才得以长驱直入。齐军撤退时，晋军将领赵胜从邯郸出兵，率"东阳之师"追赶撤退的齐军[2]。《左传》所说的"东阳"，就是今邯郸、邢台一带，"东阳之师"是晋国在邯郸、邢台一带长期驻扎的军队，以太行山为依托，保障东阳与上党之间的联系畅通，对河北平原的其他国家形成威慑。

《左传·襄公二十六年》记载："孙林父以戚如晋。"襄公二十六年（前547年），卫国的大臣孙林父以戚邑投靠晋国，晋国将卫国西部的60邑土地都划归孙氏名下，戚邑即今河南省的濮阳市，

---

[1]　[东周] 左丘明著，杨伯峻注：《春秋左传注·襄公三年》，北京：中华书局1990年版，第928页。

[2]　[东周] 左丘明著，杨伯峻注：《春秋左传注·襄公二十三年》，北京：中华书局1990年版，第1078页。

这样一来，原来卫国的西部地区就成为晋国的势力范围。

晋国在河北平原中部的扩张

公元前 6 世纪上半叶，原来生活在今陕西北部的白狄东迁到今山西中部。公元前 569 年，居住在今太原一带的白狄部族无终戎的首领嘉父派人出使晋国，想与晋国建立和睦关系。晋悼公原想拒绝并计划征伐北部的戎狄。晋国的大臣魏绛力主采取"和戎"之策，魏绛认为和戎有五利：戎狄逐水草而居，看重财货而轻视土地，晋国可以买他们的土地，这是第一利；和戎之后，边疆地区就不再有危险，人民会习惯于在那里生活，庄稼的收成就会增多，这是第二利；戎狄都服从晋国，周边的国家也会受到影响，各诸侯国就更慑于晋国的威力而听从晋国的号令，这是第三利；用仁德来安抚戎族，将士就不会因为打仗而奔波，这是第四利；用仁德睦邻，远方和临近的国家都会尊重我们，这是第五利。[1] 晋悼公采纳了魏绛的建议，白狄部落带着晋国给的财物逐步往东发展，占据了太行山中部的山前平原地带。公元前 541 年，晋国的军队在荀吴的率领下，败"无终及群狄于太原"（这时的"太原"还是一个区域概

---

[1]　[东周]左丘明著，杨伯峻注：《春秋左传注·襄公四年》，北京：中华书局1990年版，第939页。

念，不是一个城邑名称），把戎狄的势力驱逐出太原地区，晋国开始在太原地区站稳脚跟。在这次太原之战前，晋国和中原其他诸侯国都是以车战为主。太原之战前夕，晋军将领魏舒根据实际情况，提出把车兵改为步兵的建议，"请皆卒，自我始"，即"纯用步兵，从我们开始"。晋军统帅采纳了魏舒的建议，"毁车以为行"，改车兵为步兵。晋军把车兵改为步兵，对打败戎狄的军队起到了决定性的作用。

当时太行山以东的白狄部落以鲜虞为首，另外还有肥国、鼓国等。白狄在太行山之东建立了鲜虞国（今河北省石家庄市正定县）、肥国（今河北省石家庄市东部的藁城区）、鼓国（今河北省晋州市）。这三国关系密切，鲜虞国在西，肥国居中，鼓国在东。晋国在控制了太原地区之后，要向太行山之东扩展，太行山东侧的鲜虞、肥、鼓便成为晋国下一步要打击的目标。

公元前530年，荀吴指挥晋军假装与齐军会合，向鲜虞借路，却攻打了肥国，俘虏了肥国国君。公元前527年，晋军又包围了鼓国。鼓国有人想投降，但晋军统帅荀吴不答应。他的手下说："可以不战而获，为什么不答应呢？"荀吴说："如果我们的人叛变，我们是十分厌恶的。如今鼓国有人想叛降，我们为什么要鼓励这种行为呢？我们有实力就进攻，没实力就撤退，量力而行吧！"在围攻鼓国三个月后，鼓国又有人来请求投降，荀吴盯着那人看了一会儿说："我看你脸色还不错，看来城中粮食应该不少，去修修城墙再战。"部下又问为什么还不准鼓国投降，荀吴说："守城的百姓就应该全力守城。不竭尽全力守城，总想着投降，我们得到一座百姓懈怠的城池有什么意思？既能取得城池，又能让百姓懂得忠义的道理，有必死之心而无二心，这样不是更好吗？"一直等到城中的粮草用尽、鼓国无力再战，荀吴才下令进攻。晋军进城后没有杀戮一人，将鼓国的国君带回晋国。后来晋国把鼓国的国君放了回去，让他继续当国君，让鼓国作为晋国的属国。不料，鼓国的国君回去后不久就背叛了晋国，归附了鲜虞。

公元前 520 年，荀吴巡视东阳，派军队伪装成买粮食的商人在鼓国的城门外休息，他们把武器藏在车子里，乘其不备，突然发动袭击，又一次灭了鼓国。鼓国的国君又被俘虏带回晋国，晋国派大夫涉佗镇守鼓地。公元前 506 年、公元前 505 年，晋国两次征伐鲜虞。

公元前 497 年，晋国发生内乱，发动叛乱的范氏、中行氏从晋都逃往朝歌。第二年冬天，晋国的平叛军队在潞（今山西省长治市潞城区）、百泉（今河南省辉县市）击败范氏、中行氏的联军。潞在太行山之西，该地有中行氏的封邑。百泉在白陉的出口附近，距离朝歌很近。由此看来，当时范氏、中行氏的联军想以朝歌城为依托，和太行山以北的中行氏的封邑相呼应，与晋国的平叛之军相抗衡。公元前 494 年，鲜虞跟随齐、卫两国攻打晋国，支持叛乱的范氏、中行氏，占领了晋国的棘蒲（今河北省石家庄市赵县）。

公元前 491 年，齐国的上卿国夏率领齐军攻打晋国，占领了晋国 8 个城邑：邢（今河北省邢台市）、任（今河北省邢台市任泽区）、栾（今河北省石家庄市栾城区）、鄗（今河北省石家庄市高邑县）、逆畤（今河北省保定市顺平县）、阴人（今地不详）、盂（今河北省邯郸市永年区）、壶口（今山西省长治市黎城县东），然后会同鲜虞，把中行氏送到柏人（今河北省邢台市隆尧县）。公元前 489 年，赵鞅在平定范氏、中行氏的叛乱后，出兵讨伐鲜虞，以惩罚鲜虞此前跟随齐军支持范氏、中行氏的叛乱。公元前 481 年，晋国伐卫，在顿丘（今河南省濮阳市清丰县）修城。

从以上情况可以看出，在公元前 6 世纪中期，晋国已经控制了从今山西中部通过太行山进入河北平原的通道，晋国在今石家庄以南、黄河以北的太行山前平原上建立了许多城邑。到春秋晚期，太行山的中段、南段，都已经成为晋国境内的山脉。晋国的东部跨越太行山，太行山也因此成为晋国的"内山"。

从晋献公通过太行山虞坂道消灭虢国、虞国，控制了黄河南边的崤山—函谷关通道开始，到晋文公"始启南阳"，其后代经略"东阳"，晋国从太行山的怀抱通向平原，"背靠大山"，把封闭自己的山系变为争霸中原的依凭。晋国的争霸过程，就是不断地走出太行山的过程。对晋国而言，"南阳""东阳"，都是以太行山为参照的。晋国得太行而长期称霸于春秋，为战国初期的韩、赵、魏"三晋"跻身"战国七雄"奠定了雄厚的战略基础。

战国时期"三晋"在太行山之外的进一步拓展

三家分晋后，从公元前 425 年赵国迁都中牟（今河南省鹤壁市西北）开始，韩国、魏国在随后的几十年间，也先后把都城迁到了太行山以南。从地理上来说，韩、赵、魏三国要与各国争雄，就要把自己的政治、军事中心迁到中原地区，在政治中心上"出太行"。

三家分晋时，韩国获得的地方不算大，但位置重要，原来晋国所属的上党大部和太行山之南的南阳之地以及洛阳以西都归韩国。韩国大臣段规很有战略眼光，建议韩王在三家分配土地时，特意要求把成皋（即虎牢关）分给韩国，控制成皋要塞为以后进攻郑国做打算。《战国策·韩策一》记载："三晋已破智氏，将分其地。段规谓韩王曰：'分地必取成皋。'韩王曰：'成皋，石溜之地也，寡人无所用之。'段规曰：'不然。臣闻一里之厚，而动千里之权者，地利也；万人之众而破三军者，不意也。王用臣言，则韩必取郑矣。'王曰：'善。'果取成皋。至韩之取郑也，果从成皋始。"[1]战国初期，韩国就确定了向南拓展的计划，把都城从原晋国腹地的平阳（今山西省临汾市）南迁到太行、黄河之南的宜阳（今河南省洛阳市宜阳县，在洛阳市西部）。公元前 409 年，韩景侯继位，

---

[1]　[汉]刘向编订，诸祖耿集注汇考：《战国策集注汇考》卷二十六《韩策一》，南京：江苏古籍出版社 1985 年版，第 1350 页。

又由宜阳迁都阳翟（今河南省禹州市），已经逼近郑国的首都新郑（今河南省新郑市）。不久就对郑国发动进攻，攻克郑国的东部重镇雍丘（今河南省开封市杞县），对新郑形成包围之势。公元前377年，韩哀侯继位。公元前375年，韩国攻克郑国都城新郑，并迁都到新郑。郑国在春秋时期就在晋、楚两大国之间的夹缝中生存，晋强则附晋，楚强则依楚，韩国灭郑可以看作是晋国南下战略的余续。灭郑之后，韩国在中原地区的疆域扩大了很多，"北有巩、洛、成皋之固，西有宜阳、商阪之塞，东有宛、穰、洧水，南有陉山，地方千里"[1]。商阪之塞在今陕西省商洛市南。陉山在今河南省漯河市。韩国在太行山以南的境域大致包括今河南省的沁阳市、荥阳市、郑州市、巩义市、许昌市、平顶山市、漯河市、禹州市、登封市、长葛市等地以及陕西省商洛市。

三家分晋后，赵国的地盘主要在原晋国的北部和太行山之东的中牟（在今河南省鹤壁市西北20千米的大河涧乡一带，因在牟山之侧而得名，属太行山向华北平原过渡的浅山区）以北，北部的滹沱河流域当时还有一个势力较强的中山国。赵国要在中原地区扩大影响力，初期的都城晋阳就显得力不从心。为了涉足中原，赵国就必须把发展的重点放到太行山以东，于是便有了公元前425年赵献侯迁都中牟之举。赵国以中牟为都，西边紧靠太行山，既保障了西

---

[1]　[汉] 刘向编订，诸祖耿集注汇考：《战国策集注汇考》卷二十六《韩策一》，南京：江苏古籍出版社1985年版，第1355页。

部的防御安全，又考虑了通过太行山通道与晋阳城的联系。这里地处漳河之南，可以把漳河之北的邯郸地区作为向南发展的后援，也可以阻止魏国向北发展的势头。经过近 40 年的发展，因为中牟距离魏国太近了，等于从赵国的西南角伸入魏国的安阳西南，而且魏国的疆域基本稳定在漳河一线，赵国向南发展已经很难再有作为了，于是在赵敬侯元年（前 386 年），赵国又迁都邯郸。赵国迁都邯郸，与其开始向北发展有关，也与邯郸的冶铁业发达有关。赵成侯时，赵国用南边的郑（今河南省郑州市）与韩国交换了上党台地的长子，用泫氏（今山西省高平市）、中牟，交换了魏国的榆次（今山西省晋中市榆次区）、阳邑（今山西省晋中市太谷区）。其目的是扩大赵国在上党地区、太原地区的地盘，加强太行山东西两侧的呼应关系。邯郸的防御能力虽然比不上中牟，但处于河北平原的南北交通要冲，其西边不远就是穿越太行山的滏口陉，与晋阳城的联系更为便捷。与中牟相比，邯郸距离太行山的距离稍远，基本上无险可守。赵国的旧都中牟城在公元前 361 年已经交换给了魏国，这样魏国北上进攻赵都邯郸时，就不再顾虑西侧的安全问题，8 年后邯郸城被魏国攻陷。魏国虽然迫于齐、楚两国的压力在两年后将邯郸还给了赵国，但邯郸城的防御能力较弱确实是一个令赵国头疼的问题。为了防御从南边来的军事进攻，赵肃侯时期，公元前 333 年，赵国在邯郸之南沿漳水一线，以河堤为基础修筑了"赵南长城"。后来赵武灵王曾回顾云："我先王因世之变，以长南藩之地，

属阻漳、滏之险，立长城。"[1] 赵国在春秋晚期的赵襄子时兼并
了代国，占据了恒山以北的地方。但在赵国的代地与邯郸之间，横
亘着一个中山国。虽然魏国在战国初期曾一度灭了中山国，但后来
中山桓公又恢复了中山国。复国之后的中山国进一步扩张领土，其
强盛时期的疆域包括今河北保定地区的西部和南部、石家庄地区大
部、邢台地区北部及衡水地区西部，南北 200 多千米，东西约 150
千米。复国之后的中山国定都灵寿（今河北省石家庄市平山县），
西面紧邻太行山，南临滹沱河，既有太行山之险，又有河北平原之
利。凭借着太行山、滹沱河的山水形势，中山国成为战国时期仅次
于"七雄"的大国。因为中山国的存在，赵国的东西国土、南北疆
域被分割开来。在邯郸以北，两条穿行于太行山中的东西通道——
井陉通道、飞狐陉通道都被中山国控制着。由邯郸去往晋阳，最便
捷的当然是通过邯郸之西的滏口陉通道，但赵国对上党台地没有绝
对的控制权，急需开辟从晋阳东出太行山的道路。尤其是代地与首
都邯郸的联系十分不便。中山国还不时地侵扰赵国，成为赵国的腹
心之患。公元前 307 年，赵武灵王实行军事改革——胡服骑射。公
元前 296 年，赵国灭掉中山国，史称"北地方从，代道大通"。赵
国灭了中山国，控制了穿越恒山的道路，可以持续发力向西北发

---

[1] ［汉］司马迁：《史记》卷四十三《赵世家》，北京：中华书局 1982 年
版，第 1806 页。

展，赵国的疆域"北至燕、代，西至云中、九原"[1]。赵国"北破林胡、楼烦，筑长城，自代并阴山下，至高阙为塞"[2]。代地的北界在今河北省尚义县东部，高阙塞位于今内蒙古自治区中部的大青山西部，赵国北部长城约 700 千米。赵国向北开疆拓土之后，"置云中、雁门、代郡"。秦汉时期在北部临边地带设立云中郡、雁门郡、代郡，这三郡的基础是赵武灵王时期建立的。赵武灵王时期，赵国疆域的北界从恒山以北推进到阴山一线。赵国以恒山山系为依托，疆域从恒山附近向西北延伸数百千米，为赵国在邯郸以北建立了辽阔的战略纵深。赵孝成王十九年（前 247 年），赵国与燕国交换土地，赵国把龙兑（今河北省保定市满城区）、汾门（今河北省保定市徐水区西北）、临乐（今河北省廊坊市固安县）三地换给燕国，由此可知，当时赵国的地盘已经逼近燕国的都城（燕下都武阳城在今河北省保定市易县东南 10 千米的高陌乡，介于北易水和中易水之间），所以燕国通过交换土地的方式来减弱赵国带来的威胁。赵国疆域最辽阔时期，东西跨度 700 千米左右，南北纵长500 余千米，今内蒙古自治区阴山以南各地、河北省邯郸以北、张家口以西的地方都属于赵国的辖地。

　　战国初年，中牟以南属于魏国，当时魏国在这里设置东郡，重

---

[1]　[汉] 司马迁：《史记》卷四十三《赵世家》，北京：中华书局 1982 年版，第 1811 页。

[2]　[汉] 司马迁：《史记》卷一一〇《匈奴列传》，北京：中华书局 1982 年版，第 2885 页。

要的城邑有朝歌、邺。今河北临漳县一带当时是魏国的邺县，魏文侯曾经派西门豹治理邺县，使邺县成为魏国在太行山之东的重镇。魏文侯在初期任用吴起，在河西之战中重创秦国，陆续占领黄河以西之地，把秦国的势力赶到洛河以西。魏文侯四十二年（前408年），魏、赵、韩联军大举进攻齐国，一直攻到了齐国的长城，齐国割地求和，魏国将今山东冠县等地纳入自己的版图。魏武侯五年（前391年），三晋联军大败楚军于大梁（今河南省开封市），魏国获得了大梁，并继续向南挤压楚国，获得了今河南省的大部分地方。魏惠王前期，魏国从安邑迁都大梁，魏国因此也被称为"梁国"，魏惠王又被称为"梁惠王"，魏国在地理上的中原色彩更浓了。魏国迁都大梁后，疆域向东、向南拓展了不少，辖境向东延伸到今山东省西南部鄄城县一带，向南延伸到今河南省上蔡一带。魏国疆域最辽阔时期，横跨今陕西、山西、河南、河北、山东五省之地。

在战国时期，韩、赵、魏"三晋"的疆域辽阔，南自今河南省漯河，北至阴山一线，纵跨1000多千米，相当于今河南省大部、河北省大部、内蒙古自治区阴山以南各地。韩、赵、魏三国在战国中后期的政治军事中心都在中原和河北平原，春秋时期的卫、郑、陈、宋、蔡中原五国的疆土基本上都被魏、韩两国瓜分，这些晋地之外的地方都属于晋文化的辐射区，"三晋"在太行山之外把晋文化发扬光大。晋文化在春秋、战国时期对华夏文明的形成做出了重要贡献。晋文化在河南的中原文化、河北的燕赵文化形成过程中起到了奠定基础的作用。

天下之脊

太行山对山西战略地位的提升

太行山纵贯南北，跨越千里，古代的农牧分界线在其北段穿过，其北部临近传统的游牧区，南端深入中原腹地。数千年来，在太行山前的平原上，发育了洛阳、郑州、开封、朝歌、安阳、邺城、邯郸、邢台、定州、北京等古都，加上西侧山西高原上的平城、晋阳、平阳、新田（山西省侯马市）、安邑等古都，形成了"环太行山古都带"。从华北平原上西望高耸入云、绵延如屏的太行山，确实有高山仰止的感觉，所以古人称太行山为"天下之脊"。

太行山在我国的史籍中早有记载，《尚书·禹贡》云："太行、恒山，至于碣石，入于海。"

《列子》谓之"太形山",《淮南子》谓之"五行山"。"太形山",言其山形高大。太行山在古代文学家的笔下多有记载,曹操的《苦寒行》有云:"北上太行山,艰哉何巍巍!"苏轼有诗句"上党从来天下脊"。朱熹的《朱子语录》中曰:"太行山一千里,河北诸州皆旋其趾。潞州上党在山脊最高处,过河便见太行在半天,如黑云然。"唐枢的《太行山记》有云:"太行,中原之正脉,两腋如华盖,所以冒中原而重其力。惟其起张两腋,故身不自结,而凝为所冒之中。以其行局之宏,非太行不足以当之。"形势宏大的中原正脉之山,只有"太行"这个山名才能与之相称。

　　历史上,游牧民族南下,一般都是先控制燕山之南、太行山东北端的幽州(今北京市)一带,这里是中原王朝防御胡马南下的第一道防线。从幽州往南,就是一望无际的河北平原,汉民族无险可守,而游牧民族的马队可以长驱直入。在太行山之西的山西高原上,从北到南分布着七个盆地,盆地之间有山脉相隔,这些盆地大多是传统的农耕区,资源丰富。重重的山岭形成了一道道关隘,就像一道道大门,保护着山西高原的农耕区。连续不断的盆地,构成了山西高原上的农耕走廊,就像拱卫在华北大平原西侧的带刀侍卫,随时可以东下太行山,切断游牧民族南北联系的通道,对其形成威慑。也正因为如此,游牧民族南下时,往往都会东西两路并重,古幽州是其东路的桥头堡,而云州(今山西省大同市)一带是其西路的发力点。从大同南下,南边的太原、平阳、蒲州、潞州、泽州就不可避免地成为军事重镇。古代的许多重大战役都发生在太行山两侧。

气势雄伟的太行山，对洛阳、开封、安阳、邯郸、北京等古都，既是拱卫的屏障，也是威慑的发力点。在一定时段内，作为都城的洛阳、开封、安阳、邺城、北京等地就是天下的象征，太行山东西的军事形势，影响着这些都城的安宁，左右着天下安危。

在中国境内，没有一个山系像太行山这样能够影响历史数千年。太行山是中国地理的分界线，也是中国历史发展的轴线。秦汉以来，在中原王朝对北方游牧势力的防御中，太行山的战略作用十分明显。不论中原王朝的政治中心是在关中、河洛，还是在北京，都有赖于山西强有力的拱卫。山西在数千年历史上对历朝首都的拱卫作用，与山西居高临下、地处太行山上游，对历代的都城具有肩背之势有极大的关系。千里太行山提升了山西在中国历史上的地位，山西反过来也使太行山的历史更加丰富多彩。

周人灭商从控制商都朝歌之西的太行山开始

商朝中期的都城在安阳，后期的都城在朝歌。安阳、朝歌都地处黄河以北、太行山东麓的山前平原上，古代称这里为"河内之地"。安阳、朝歌之西不远就是太行山，太行山之西是上党台地。

上党居高临下，处于上游。为了拱卫首都，商朝在上党台地建立了重要的属国黎国。因为黎国距离都城朝歌很近，是商朝的都城近畿。周人准备灭商，首先从朝歌的西北屏障上党台地入手，控制了上党台地之后，安阳、朝歌就危在旦夕。

《尚书·西伯戡黎》："西伯既戡黎，祖伊恐，奔告于王。"在商周之际，西伯戡黎是重大事件。因为西伯所打败的"黎"临近商的都城，商朝的贤臣祖伊为商朝的安危担忧，向纣王进谏，"惟王淫戏用自绝"，规劝纣王不能一味淫戏寻乐，自绝于上天。西伯戡黎几年之后，商朝的军队在牧野之战中大败，商朝灭亡。周人通过"戡黎"行动，控制了商都之西的太行山通道，拉开了灭商的序幕。这是历史上最早的控制太行山以左右天下的实例。

春秋战国时期扼太行者得天下

晋国在晋献公去世后的十几年中，内乱不断，国力大受影响。当时太行山以南、黄河以北的地区，属于周王室的辖地。晋文公即位不久，周王室发生内乱，晋国出兵勤王。根据《国语·晋语》的记载，晋国"乃行赂于草中之戎与丽土之狄，以启东道"[1]。说

---

[1]　上海师范大学古籍整理研究所校点：《国语》卷十《晋语四》，上海：上海古籍出版社 1998 年版，第 373 页。

明在此之前，从晋国东南出太行进入中原的道路还没有开通。周襄王为感谢晋文公的勤王之功，将阳樊、温、原等八邑（位于今河南省洛阳市、郑州市以北，新乡之西的太行山前平原地带）赐给晋国，晋国的疆域向南扩展至太行山南、黄河以北，所以《左传》上说"晋于是始启南阳"[1]，拉开了晋国争霸的序幕。晋国想要进入中原，取道太行山之南的"南阳"，即通过"太行八陉"的轵关陉，是一条最便捷的通道。

晋景公时，在上党台地分布着一些赤狄部落，包括潞氏、甲氏、留吁、铎辰等分支。公元前594年夏，荀林父统率晋军灭掉潞氏国（今山西省长治市黎城县、长治市潞城区一带）。第二年春天，晋国又出兵灭掉了潞氏的同族部落甲氏、留吁、铎辰。晋国通过这两年的军事行动，消灭了居住在太行山之西的赤狄部落，基本控制了上党台地的中心地带。在此之前，晋国已经占有了邯郸一带，因为邯郸一带在太行山之东，当时称为"东阳"，晋国在此长期驻扎的军队也因此被称为"东阳之师"。

晋平公时，在上党北部的铜鞮河畔建造了长达数里、闻名于诸侯的铜鞮宫，说明太行山西南当时已成为晋国东部的政治、军事中心。公元前550年秋，齐晋之间爆发了朝歌之役。齐庄公与晋国的大臣栾盈里应外合，率军攻打晋国。齐军撤退时，晋军将领赵胜率

---

[1] [东周] 左丘明著，杨伯峻注：《春秋左传注·僖公二十五年》，北京：中华书局1990年版，第433页。

"东阳之师"追赶撤退的齐军[1]。晋国在邯郸、邢台一带的"东阳之师",以太行山为依托,保障东阳与上党之间的联系畅通,对河北平原的诸侯国形成威慑。晋国在较短的时间内,就把太行山之南的"南阳"和太行山之东的"东阳"都纳入自己的版图,相当于把太行山的南段都作为晋国的战略依托,因此在中原争霸中占据了上风。

战国初年,太行山东麓的中段——邯郸以北,即原来晋国的"东阳",属于赵国,赵国在这里设置邯郸郡。邯郸以南,属于魏国的东郡,重要的城邑有朝歌、邺。魏文侯曾经派西门豹治理邺县,使邺县成为魏国在太行山之东的重镇。韩国在太行山东侧没有土地,但其占据了上党台地的中南部,与旧都平阳以及太行以南的国土相连。上党台地对于韩、赵、魏三国来说都具有战略意义,赵国的旧都晋阳与新都邯郸之间的联系凭借太行山滏口陉,上党东北部是必经之地;从魏国的发祥地运城盆地、韩国的发祥地临汾盆地与他们在黄河、太行以南的新都相联系,上党中南部以及上党以南的"南阳"是他们的必经之地。

战国初期,在赵国的代地与邯郸之间,横亘着一个中山国。因为中山国的存在,赵国的东西国土、南北疆域被分割开来。在邯郸以北,两条穿行于太行山中的东西通道——井陉、飞狐陉都被中山

---

[1] [东周]左丘明著,杨伯峻注:《春秋左传注·襄公二十三年》,北京:中华书局1990年版,第1078页。

国所控制，中山国成为赵国的腹心之患。公元前 296 年，赵国灭掉中山国，史称"北地方从，代道大通"。赵国太行山东西两边、河北平原南北两块国土连成一片。赵灭中山，控制了太行山的中段和北段，打通了由晋阳城通过太行山中部联系邯郸的道路，以及由邯郸北上通往代地的道路，对赵国在北方开拓疆域提供了强有力的保障。有邯郸之铁、代地之马、胡服之制，赵国的国力得到了极大提升。

　　太行山西南隅的上党台地位置特殊，向东、向南都处于俯瞰之势，尤为各国所重视。野王城（今河南省沁阳市）作为韩国在太行山之南的军事重镇，是韩国背靠太行、依托上党、连通中原的枢纽。上党台地有较长的战略纵深，防御指数、进攻指数都很高。但如果失去野王城，韩国的上党郡就成为远离大本营的孤军，在敌军的多路围攻下难以持久。敌军一旦占领了野王城，等于把韩国拦腰切断，再以野王城为战略基地，既可以控制太行陉，把上党的韩军堵在太行山上，然后向南进攻；也可以把野王城作为堡垒，堵住韩军北上救援上党的通道，然后围歼上党的韩军。野王城不但能断绝太行陉的南下通道，还可以断绝轵关陉东出的通道。处于太行山前的野王城，在战国后期是韩、魏、赵、秦各国关注的焦点。公元前 262 年，秦军攻打野王城，"野王降秦，上党道绝"，迫使韩国的上党十七城归秦。秦国的计划是不战而取上党，然后从上党东出太行威慑邯郸。当赵国抢走秦国即将到手的果实时，打乱了秦国的计划，秦国不惜倾全国之力与赵国决战于上党。在最后几年的灭赵战争中，秦军一直在太行山东西两侧同时用兵。战国末期，秦国与赵国争雄，上演的就是一场"争太行"大剧。秦国部署的统一战争，先从控制太行山开始，充分说明了"扼太行者得天下"。

两汉至隋唐五代时期太行左右天下

秦汉之际的井陉之战，韩信以数万人的劣势兵力对阵 20 万赵军，赵军先机占领太行山井陉隘道的出口，无论从兵力还是地形上，韩信的汉军都处于下风。韩信灵活用兵，背水列阵，把汉军置之死地，派小股部队奇袭赵营，前后夹击，一举击败强大的赵军。井陉之战成为中国古代战争史上以少胜多的著名战例，背水列阵是韩信善于用兵的典型战法。井陉之战虽然只是楚汉相争中的一个战役，但却是汉军"出太行"的关键，具有影响全局的战略意义。

汉武帝时期，为了扩大朝廷直接控制的区域，在元鼎年间施行了"广关"之举，将函谷关东移到洛阳附近的新安县，在北边"以常山为阻"。常山即太行山支脉恒山，"关东"的界线由原来的黄河一线东移到太行山一线。原来代王的封国在太原，在武帝"广关"之后，太原已成为"大关中"区域，不适合再作为代王的封国，代王的封国便从太行山之西的太原改封到太行山以东的清河

（今河北省邢台市清河县）。《汉书》中的另一条史料，更加明确了太行山一线成为"关东"的界线。汉成帝阳朔二年（前 23 年）秋，因为中原地区发生水灾，朝廷诏令准许流民通过关隘进入太行山以西逃荒。"关东大水，流民欲入函谷、天井、壶口、五阮关者，勿苛留。"天井、壶口、五阮，皆为太行山关隘，可见"关东"即指太行山以东。天井关在今山西省晋城市南，是太行陉通道上的关隘；壶口即在今黎城县东阳关附近，是滏口陉通道上的关隘；五阮关即今河北省易县西北 45 千米处的紫荆关，是飞狐陉通道上的关隘。这条史料说明，太行山上的这些关隘，平时是不对百姓开放的。这条诏令中所说的函谷关，是汉武帝元鼎年间将函谷关东移 135 千米之后的新关。从汉武帝"广关"之后，"关东"不再指崤山—旧函谷关、黄河以东，而是指新函谷关—太行山以东，太行山从此成为中国东部与西部的分界线。从汉武帝时期开始，中央政府扩大了"关中"的范围，整个太行山以西的山西高原都进入"大关中"的范围，太行山的战略地位变得越来越重要了。

东汉初，为了防御乌桓和匈奴，建武十三年（37 年），诏令上谷郡（今河北省张家口市怀来县）太守王霸治理飞狐道，东汉军队堆石布土，筑起亭障，自代县（今河北省张家口市蔚县）至平城 150 多千米，修筑了一道防线。建武十五年（39 年），光武帝派人将雁门（今山西省朔州市东南）、代（今山西省大同市阳高县）、上谷三郡的百姓 6 万多人迁到居庸关、常山关（今河北省保定市唐县倒马关）以东，以倒马关与居庸关之间 150 多千米的太行山作为防御匈奴的屏障。同时，从太原到井陉建构了第二道防线，这条防线也是借助了太原与井陉之间的太行山脉，将人工修筑与自然的山脉形势相结合。因为失去了对太行山后地区的绝对控制，整个东汉时期对北方游牧势力并没有秦朝和西汉时期那样强势，而且一直处于被动的防御，防线不断南缩。到了东汉末年，游牧势力已经深入并州诸郡的中南部，逼近中原河洛地区。实际上，这虽与西晋的八王之乱有一定的关系，但关系并不是很大，其根源在于东汉初年没有在太行山北段采取强势的国策。

东汉末年，建安十一年（206 年），曹操率军征伐占据上党的高干，途经太行山险道羊肠坂（今山西省长治市壶关县东南），创作了流传千古的《苦寒行》。曹操的《苦寒行》诗作，虽然有文学作品的渲染成分，但应该是羊肠坂山道难行的真实写照。因为道中多山石，所以"车轮为之摧"。峡谷中多水，常常会遇到"水深桥梁绝"，还要临时架桥。北风怒号，雪落霏霏。夜幕降临，无处宿营。人困马乏，饥肠辘辘，只好"担囊行取薪，斧冰持作糜"。实在狼狈不堪，不免在心中打起退堂鼓，"思欲一东归"。曹操抵达壶关城（今山西省长治市）下，大军围城两个多月，收复壶关城，保障了邺城西侧的防务安全，太行山西侧的上党台地成为邺城的屏障。

十六国时期，当石勒在太行山以东崛起时，谋士张宾向石勒进言："邯郸、襄国，赵之旧都，依山凭险，形胜之国，可择此二邑而都之，然后命将四出，授以奇略，推亡固存，兼弱攻昧，则群凶可除，王业可图矣。"[1] 他建议石勒以邯郸、襄国（今河北省邢台市）为大本营，这里西近太行山，又有河北平原交通之便，在此建都，可以向各个方向出击，便于成就霸业，石勒于是在襄国建都。建兴四年（316 年）的坫城之战（坫城在今山西省晋中市昔阳县西南），是石勒在太行山上部署的伏击战，石勒大获全胜，不仅控制了大本营襄国西翼的乐平郡，使太行山的中段成为其西部屏障，而且引起晋阳城震动，刘琨在晋阳城的部下投降，西晋在北方的最后一个军事重镇丢失，汉族的军事武装彻底退出黄河流域。

前燕以邺城为都，太行山和上党台地成为拱卫首都的重地。前燕大臣皇甫真认为，割据关中的苻坚有兼并前燕之心，向皇帝慕容暐提出建议：洛阳城、晋阳城、壶关城，都应该加派军队，增强防守，以防患于未然。顾祖禹在《读史方舆纪要》中分析说，洛阳、太原是邺都的外屏，而壶关城是邺城的肘腋之备。太行山之西的上党台地是前燕首都邺城的第一道防线。太和五年（370 年），前秦与前燕发生潞川之战，王猛统率的前秦大军先平定上党，然后出潞川东下太行山，长驱直入夺取邺城。没有了上党台地做屏障，地处太行山东麓的邺城直接暴露在前秦大军眼前。前燕之亡，亡于失上

[1]　[唐] 房玄龄等：《晋书》卷一〇四《石勒载记上》，北京：中华书局1974 年版，第 2717 页。

党、失太行。处于都城西侧的上党台地，本来是拱卫邺城的屏障，一旦落入敌军之手，就成为威慑邺城、左右前燕命运的利器。

太元十九年（394 年），后燕与西燕爆发了台壁之战，后燕皇帝慕容垂大张旗鼓地做出在太行山之东分路进击的态势，导致西燕也分兵把守。接下来慕容垂一个多月按兵不动，让西燕产生误判，把防守的军队大部分调往太行山之南。接着，后燕突然兵入太行滏口陉，兵锋直指西燕的粮草大营台壁（今山西省长治市黎城县上台北村），当西燕发觉上当，再调回南线的部队时，为时已晚。慕容垂在此役的部署指挥，把太行山的军事攻防价值发挥得淋漓尽致。

台壁之战，西燕一战而亡，后燕实现了自己的战略意图，把太行山以西归入其统辖之下，慕容垂基本恢复了前燕时期的版图，成为十六国后期中原地区较强盛的国家。不过，有些忘乎所以的慕容垂第二年派遣太子慕容宝率领大军讨伐北魏，在参合陂（今山西省大同市阳高县东）之战中几乎全军覆没。为了雪耻，太元二十一年（396 年）春，慕容垂率后燕大军秘密发兵，北上太行，凿山通道，越过青岭（今河北省保定市涞源县东南五回岭），经过天门（今山西省大同市灵丘县东南），出其不意地直指云中，攻陷平城，俘虏了北魏部落 3 万余家。后燕虽然报了仇，但难以扭转衰弱之势。396 年 8 月，北魏拓跋珪趁慕容垂刚去世之机，率大军 40 万进攻后燕。先攻克后燕的晋阳城，另外派遣一支军队向东，从太行山军都陉东下，袭击后燕的幽州。10 月，北魏军队从晋阳城东出太行井陉道，进入河北平原，各地的后燕守军望风而逃。次年，后燕的都城中山城被北魏攻陷，北魏开始崛起。可见，北魏大军东出太行，后燕很快就退出太行山以东。

北魏前期以平城为都，为了加强对太行山以东新征服地区的控制，北魏皇帝开始考虑由平城穿越太行山进入河北平原道路的开通与维护。当时从平城穿越太行到河北平原，一般经行飞狐道，但飞狐道有数十里艰险难行，而且在穿越太行山时，从蔚县到涞源县，或由灵丘县到涞源县，再由涞源县到定州，在距离上绕远了。如果从灵丘县入太行山，沿着唐河峡谷南下，经过倒马关到达定州，就相对快捷。与北边的飞狐道相比，这条取道灵丘的道路，相当于在道路上的裁弯取直。太和六年（482 年），"秋七月，发州郡五万人，治灵丘道"[1]。从道武帝、太武帝、文成帝到孝文帝，北魏皇帝从平城经过灵丘道出巡中山等地 20 次。中山城曾经是后燕的都城，北魏在此设行台，皇帝经常到中山巡视，就是要对以中山为代表的原来后燕的辖地形成长期的威慑。太和十八年（494 年），北魏由平城迁都洛阳，和皇帝历次南巡中山一样，也是取道灵丘道穿越太行山后，沿着太行山之东的大道南下。北魏迁都洛阳之前的近 100 年间，几位皇帝多次从平城出发南巡，太行山北段为出巡的必经之地，战略地位的重要性大幅度提高，由平城通往中山的灵丘

［1］［唐］李延寿：《北史》卷一《魏本纪第一》，北京：中华书局 1974 年版，第 17 页。

道是当时的国道。

东魏、北齐时期，高欢家族成员大部分时间居住在晋阳城，当时首都邺城与别都晋阳城之间的联系是通过太行山滏口陉通道。高洋当政 10 年间，10 余次往返邺城与晋阳城。高欢家族通过军事重镇晋阳城威慑以邺城为代表的太行山以东的河北平原，联系晋阳城与邺城之间的滏口陉通道，就像北魏前期联系平城与中山城的灵丘道一样重要。

隋代，晋阳作为长安的北大门，是隋朝抵御突厥南下的一个重要屏障，也是控制太行山以东河北诸郡的军事重镇。隋初，隋文帝让其次子杨广坐镇晋阳，并在晋阳设置河北道行台尚书省，以加强对黄河以北地区的控制。开皇十年（590 年），杨广调任扬州总管，隋文帝任命另一个儿子杨俊为并州总管，掌管二十四州诸军事。开皇十七年（597 年），隋文帝又任命小儿子杨谅为并州总管，"自山以东，至于沧海，南拒黄河，五十二州……特许以便宜，不拘律令"[1]。华山以东、黄河以北都归坐镇晋阳的杨谅统辖。隋炀帝大业三年（607 年）五月，"发河北十余郡丁男凿太行山，达于并州，以通驰道"。隋炀帝动用河北十几个郡的劳力开凿太行山，其目的是要保障由太行山以东的河北平原通往北方军事重镇晋阳的驰道畅通无阻。此次开凿太行山，应当不止一条道路。隋代以晋阳控

---

[1]　[唐] 魏徵等：《隋书》卷四十五《文四子传》，北京：中华书局 1973 年版，第 1244 页。

制太行山以东的河北诸郡，实际上是东魏、北齐时以晋阳城控制邺城等地的延续。

唐代安史之乱时，叛军由范阳一路南下，直指洛阳。当时安禄山派遣部下数千人把守井陉口，以防备从太行山之西来的唐军切断自己的后路。常山太守颜杲卿用计解除了安禄山部署在井陉的防守部队，又命藁城县尉崔安石等人晓谕河北诸郡云："大军已下井陉，朝夕当至，先平河北诸郡。先下者赏，后至者诛！"[1] 又派一百骑兵拖着树枝奔驰向南，路上尘土飞扬，造成大军过境的景象。半天时间，消息已经传了数百里，河北诸郡闻讯响应。颜杲卿只用了"大军已下井陉"一句宣传口号和百人骑兵部队，就收复了河北十七郡，可见太行井陉道在当时战略地位上的重要程度。不久，李光弼、郭子仪从井陉道东出太行，给叛军以沉重打击，叛军老巢范阳至洛阳的通道被切断，军心开始动摇。安禄山召集谋臣商议对策，甚至一度打算放弃洛阳，撤兵回范阳。

藩镇割据时期，太行山的战略地位尤为重要。建中二年（781年），魏博节度使（驻魏州，今河北省邯郸市大名县）田悦企图兼并邢、磁二州，这样西边就可以依凭太行山。田悦派一支军队围攻邢州，自己率兵数万围攻临洺（今河北省邯郸市永年区）。河东节度使马燧、昭义节度使李抱真奉命平叛，合兵 8 万，从上党东出太

---

[1] ［宋］司马光：《资治通鉴》卷二一七《唐纪三十三》，北京：中华书局1956 年版，第 6946 页。

行，经滏口陉东下，直逼邯郸，战场上的态势发生了明显的变化。无论是心理上还是形势上，唐军都占了上风。田悦兵败，逃往洹水（今河北省邯郸市魏县），平叛的河东军、昭义军乘胜追击，又在漳河边歼敌2万多人。会昌年间，唐王朝的五路大军出兵上党，平定刘稹的泽潞叛乱。泽、潞地处太行台地，居天下之脊，向为兵家必争之地。昭义军直属的泽、潞、邢、洺、磁五州位置重要，为唐王朝的腹心之地。昭义军节度使刘悟在唐穆宗时移镇潞州，拥兵自重，不听命于朝廷。到其子刘从谏承袭昭义军节度使后，更加跋扈。从刘悟移镇潞州以来，20年间此五州不服从朝廷。此次平定泽潞之叛，不仅将太行山东西五州重新归于朝廷统辖之下，对其他拥兵自重的藩镇也是一个威慑，在一定程度上加强了中央集权，为唐武宗的"会昌中兴"在太行山奠定了基础。

在唐朝末年的军阀割据战争中，北方地区最后形成了朱温、李克用两大军事集团。天复元年（901年）三月，朱温部署六路大军围攻晋阳，企图一举解决河东战事。在六路大军中，有五路是取道太行山的新口、井陉关、马岭关、飞狐道、天井关各处关隘进军，可见作为李克用势力的东部屏障太行山已经全部被朱温所部控制。太行山的各处防线被突破之后，李克用的部将纷纷投降、逃跑，沁州、泽州、潞州等地都被朱温控制。

五代之中的后唐、后晋、后汉三个政权都是以太原为大本营，控制太行山，兵临河洛，进而夺得天下。三垂冈之战，李存勖一战立威名，把后梁的势力赶出太行山以北。开平四年（910 年）的年底，李存勖率兵东出太行，在柏乡（今河北省邢台市柏乡县）之战中大败后梁军队，朱温的精锐部队几乎全军覆没。这次战役之后，太行山以东的力量对比发生了重大变化。乾化二年（912 年），李存勖派遣周德威从太原北上，取道飞狐陉东出太行，攻克幽州，控制了太行山前诸州。李存勖的军队在十多年间，不断地东出太行，通过柏乡之战、幽州之战、元城（今河北省邯郸市大名县）之战，控制了千里太行山，最终消灭了后梁。显德元年（954 年）二月，北汉主刘崇趁后周国丧，领兵 3 万，与契丹的 1 万多骑兵从太原出发，企图南下太行，消灭后周。周世宗命东路军经磁州固镇（今河北省邯郸市武安县西）过太行山，从辽州绕到北汉军队的背后；命西路军从晋州（今山西省临汾市）东北拦截北汉军队；南路军主力赶赴泽州，周世宗亲临阵前督战。周世宗的军事部署，是为了阻挡北汉的军队南下太行，要在太行山以北的上党台地与北汉决战。两军在巴公原（今山西省晋城市高平县之南的巴公镇一带）决战，后周大获全胜，确保了太行山对首都开封的屏护。

隋唐五代时期，尤其是唐中期以后，太行山飞狐陉、井陉、滏口陉、太行陉、轵关陉几条通道的重要性十分突出，控制这几处太行山口，往往成为左右战争形势的关键。

宋元明时期太行山攻防力量的消长是国力强弱的晴雨表

北宋立国的第一战是太行山上的泽州之战。宋军快速出击，调虎离山，占领要塞，把李筠堵在上党台地；太行山东、南两线合围，集中优势兵力，关键时刻血战攻城，不给对手以喘息之机，军事部署无懈可击。尤其是赵匡胤"勿纵筠下太行"的部署，快速控制了太行陉通道上的天井关，保障了宋军源源不断北上，充分发挥了太行陉的战略作用。

宋初雍熙北伐失败，幽云诸州收复无望，太行山北段的东西两侧都被辽军占领，辽军无论是从山前还是从山后，都可以向南进犯北宋。尤其是以幽州为代表的山前诸州被辽军控制，往南是平坦的河北大平原，宋军无险可守。北宋从立国之初就没有控制整个太行山系，在对北边游牧民族的防务上始终疲于应付。因为没有太行山作脊梁，北宋在160多年间都没有在军事上挺起腰杆，先是受制于契丹人，后来又被女真人赶到了江南。

金人灭辽，从控制太行天险居庸关开始。宣和四年（1122年）十二月五日，金军抵达居庸关，还没等金军进攻，这里发生了山崩。《金史》记载："金兵至关，崖石自崩，戍卒多压死，辽人不战而溃。"燕京（今北京市）城中的辽国萧太后得知居庸关天险已失，连夜率城中的契丹老幼出逃。控制了太行山前、山后的金人十分狂妄，根本不把宋朝放在眼里，紧接着就开始部署南下灭宋的战争。靖康元年（1126 年）二月，部分金军南下攻陷隆德府（今山西省长治市），进军至高平，太行山防线告急，北宋举朝震惊，急派 3 万军队驻防河阳，又北扼太行琅车之险（琅车，即今山西省晋城市拦车村，琅车之险即天井关之险），试图以太行、黄河天险屏护首都。十一月，金军的右路军南下太行，兵临汴京。金军两路合围，北宋灭亡。

蒙古灭金，也是从控制太行山开始。贞祐元年（1213 年）七月，蒙古大军在太行山紫荆关西边的五回岭打败金军，攻取涿、易（今河北省保定市易县）二州。接着又从南口进攻居庸关。在攻破居庸关之后，蒙古军队兵分三路南下，右路军沿着太行东侧南下抵达黄河岸边，又绕太行山西麓北上回师，把太行山从北到南、从南到北扫荡了一遍。像这样环绕太行山一周的大规模军事行动，在历史上是唯一的一次，给金人以重创。失去了太行山的屏障，金朝的中都（今北京市）已无法为都，次年五月，金朝迁都开封。

元代定都北京（时称"大都"）后，皇帝经常往返于大都和上都（今内蒙古自治区锡林郭勒盟正蓝旗上都镇）之间，都是取道居庸关，太行山军都陉通道成了皇帝出巡经常要通过的国道。元代末年，红巾军三路北伐，元军名将察罕帖木儿奉命留在山西阻挡红巾军的进攻，"遂分兵屯泽州，塞碗子城；屯上党，塞吾儿峪；屯并州，塞井陉口，以杜太行诸道"[1]。红巾军从各处的太行山隘口

---

[1]　[明] 宋濂等：《元史》卷一四一《察罕帖木儿传》，北京：中华书局1976 年版，第3386 页。

进攻，都被元军阻击于太行险关之外，河东暂时稳定。可见太行山对于山西的防守起着重要的作用。

明代，太行山为北京的西部屏障。为了防御蒙古势力南犯，在山西北部从西到东有偏头关、宁武关、雁门关三座雄关构成北京的外围防线，称为"外三关"；在太行山上有居庸关、紫荆关、倒马关为拱卫北京的第二道防线，称为"内三关"。太行山上的"内三关"，居庸关是北京西北的门户，紫荆关是北京西南的咽喉，倒马关控扼着飞狐陉的西南出口。在古代历史上，还没有一座都城像北京这样与太行山的关系如此密切，因而太行山在明代的战略地位更为重要，山西对首都的拱卫作用也更加明显。

因为国力不强，宋代一直没有收回太行山前、山后的幽云诸州。由于失去对太行山的控制，辽、金也相继亡国。而当元朝开始刻意防守太行山时，它已经离亡国不远了。正统十四年（1449 年）土木之变后，明朝开始强化太行山上的"内三关"对北京的拱卫作用，标志着明朝的国力由盛转衰。太行山攻防力量的消长是宋、元、明时期国力强弱的晴雨表。

屏障南北

恒山在古代国家防御体系中的作用

在中国古代，中原王朝皆向北防御。遥远的呼伦贝尔草原是古代各游牧民族兴起的摇篮，势力壮大之后，他们逐渐向南迁徙1500千米，来到阴山附近的乌兰察布高原，然后越过阴山占据阴山南麓的前套平原，即著名的敕勒川，接着就可以南下黄河流域。中原王朝在北部有两道天然的防御线，第一道是阴山防线，第二道是恒山—太行山—燕山防线。历史学家翦伯赞先生在《内蒙访古》一文中对阴山的重要性有精彩的论述："阴山以南的沃野不仅是游牧民族的苑囿，也是他们进入中原地区的跳板。只要占领了这个沃野，他们就可以强渡黄河，进入汾河或黄河河谷。如果他们失去了这片沃野，就失去了生存的依据，史载'匈奴失阴山之后，过之未尝不哭也'，就是这个原因。在另一方面，汉族如果要排除从西北方面袭来的游牧民族的威胁，也必须守住阴山的峪口，否则这些骑马的民族就会越过鄂尔多斯沙漠，进入汉族居住区的心脏地带。"战国时期的赵国北部长城，著名的高阙塞、光禄塞等都分布在阴山防线上。汉、唐时期阴山也具有象征意义，尽量不让北方草原上的游牧部族越过阴山，即古诗所谓"不教胡马度阴山"。宁武关、雁门关、平型关、倒马关、飞狐关、居庸关、喜峰口、山海关都分布在第二道防线上。第二道防线直接屏护华北平原，特别是山西中部的盆地走廊，其安危与中原王朝的兴衰息息相关。恒山山系位于第二道防线的西半段。

恒山山系为西南—东北向，横亘于山西北部的桑干河与滹沱河之间，向东北伸入河北省。恒山山系的主脉位于桑干河以南、滹沱河上游谷地与灵丘盆地之间，西起宁武县恢河谷地之东，西南与吕梁山系之云中山相望，为大同盆地与忻定盆地的界山，主脉向东到浑源县、灵丘县、广灵县。南支脉从灵丘县北部向东北延伸至河北省蔚县南部的南山，东至小五台山。北支脉西起应县东北，向东北经河北省阳原县与蔚县之间，延伸到河北省涿鹿县西。古人认为，恒山一直绵延到河北平原，南接太行山，《尚书·禹贡》说道："太行、恒山，至于碣石，入于海。"

中国古代有五岳四渎——五座具有象征意义的大山、四条独流入海的大河。五岳是具有方位坐标象征性的、经过国家礼法认定的五座名山，五岳之内称为"岳域"，是华夏文明的"腹里"区域。《晋书》形容西晋末年的八王之乱和永嘉之乱，有"九州波骇，五岳尘飞，干戈日寻，戎车竞逐"之语。隋唐之际，李渊在太原起兵誓师，其誓词有"四海波振而冰泮，五岳尘飞而土崩"之语，以"五岳尘飞"形容中原地区动荡。"岳镇方位，当准皇都"，历代王朝的都城一般都在岳域之内，如果都城在岳域之外，要么迁都，要么调整岳域的范围。古代把五岳中的北岳定于恒山山系，恒山一线因而成为古代"岳域"的北界。北魏前期的都城在大同，处于北岳恒山之北数百里，为了追求华夏地理正统，于是迁都洛阳。在五岳之中，唯北岳恒山具有自然与人文的双重景观分界——华北地区明显的农牧分界、古代岳域的分界。

　　恒山山系属于断块山，海拔多在 2000 米左右，陡峭险峻，群峰高耸，横断南北。在恒山主脉西段的代县句注山上，有一处"U"形山峪，两山对峙，其形如门，古人选择在此穿越恒山，这里成为沟通南北的要塞，因为地处句注山上，故名句注塞。在河北蔚县之南，有壶流河的支流北口沙河，古称飞狐关水，飞狐关水切穿恒山南支脉形成谷道——飞狐陉，南北向的飞狐陉沟通涞源盆地与蔚县盆地，两个盆地分界处的黑石岭是飞狐陉的最高点，古代在此设有飞狐关。

　　从地理空间来看，恒山山系地处河北平原、山西高原、蒙古高原交界的三角地带，是蒙古高原的游牧势力南下河北平原、山西中南部盆地走廊的必经之地，是中原王朝防御北方游牧民族的前沿重地。从地貌情形来看，西南—东北向的恒山山系绵延 300 千米左右，形成一道阻隔南北的天然屏障，向南屏护着广袤的河北平原和山西中南部的几大盆地。古人认为北方有三大天险，西晋咸宁元年（275 年）的《句注碑》说："北方之险，有卢龙、飞狐、句注为之首，天下之阻，所以分别内外也。"[1] 卢龙塞即河北的燕山喜峰口，飞狐关、句注塞是恒山东西两端的要塞，卢龙塞、飞狐关屏护河北平原诸州，句注塞屏障山西中南部腹地，所以古代把这三个要塞并列为北方天险。秦汉以来，从蒙古草原兴起的游牧势力南犯中原，主要从陕北高原和山西高原两个方向进攻。从山西高原南下时，会遇到长达数百里的恒山屏障阻拦，他们都是选择西边的句注塞、东边的飞狐关作为突破口。即便突破句注塞防线，在恒山以南还有重重山脉阻拦，而游牧势力一旦越过飞狐关南下，河北平原的郡县基本上没有招架之力，所以他们更多的时候会把飞狐关作为重点来进攻。在较长的时期内，"太行八陉"之一的飞狐陉在军事攻防上表现为南北民族间的进犯与防御，在交通方面主要是因为防御而强化的阻隔作用，其次才是对道路两端平原与高原的连通作用。

　　司马迁在《史记》中，给古代的农耕区和游牧区画了一条线，

---

[1] [唐]李吉甫：《元和郡县图志》卷十四《河东道三·雁门县》，北京：中华书局 1983 年版，第 402 页。

即著名的"龙门—碣石线"，"龙门、碣石北多马、牛、羊、旃裘、筋角"。"龙门—碣石线"在山西境内为西南—东北向，从吕梁山南端开始，经过太原、忻州以北，向东北沿恒山到河北平原，从燕山南麓一线到渤海。从植被生态而言，恒山山系是古代华北地区明显的农牧分界线。恒山山系是地理景观的南北分界，有时候也是民族分布的南北分界。汉、唐、宋时期，太原是关中、河洛的北大门，恒山上的关塞则是太原的门户。恒山防线失守，太原危矣；太原失陷，长安、洛阳震动。元代以前，中原王朝对恒山山系的关注度极高。从曹魏开始，雁门郡、代州的州郡治所一直在恒山南麓，这里是太原以北的军事重镇，代州城（今山西省忻州市代县）承担着镇守恒山防线的重任。战争时期，无数名将越过恒山出塞远征，成千上万的胡马从恒山南下袭扰中原，恒山是南北攻防的重地；和平时期，恒山的山谷则成为塞南塞北商旅往来的要道。加之恒山山系地势高峻，无霜期短，即使是夏天，早晚与中午的温差也很大，向来有"六月雨过山头雪""早穿皮袄午穿纱"的说法，更给恒山山系增添了几分神秘的色彩，吸引着无数的文人骚客前往游历，留下了数以百计的壮丽诗篇。恒山山系不仅是一列高耸的大山，在某些时段还是胡汉军事力量消长的"寒暑表"。在数千年的历史上，中原地区的农耕文明，倚仗恒山这道屏障的保护得以发展。恒山屏障是中原王朝防御北方游牧民族最南端的一条防线，因而在古代具有极高的战略地位。

春秋战国时期恒山的战略地位

关塞都设于道路的咽喉处，著名的关塞是因为控制重要的交通线而闻名天下的。成书于战国晚期的《吕氏春秋》论及当时的天下九塞，即天下最著名的九处关塞，九塞在北方的有六处：大汾（今山西省霍州市与晋中市灵石县之间的汾河峡谷要塞）、崤（崤山——函谷关）、井（今山西省阳泉市平定县与河北省石家庄市井陉县之间的太行山要塞）、令疵（今河北省燕山喜峰口）、句注（今山西省忻州市代县西北恒山上的要塞）、居庸（今北京市居庸关）。其中句注、居庸、令疵三处关塞，分别扼守穿越恒山、太行山、燕山的三条交通要道，自西向东构成了当时最北边的一组关隘，处于恒山—太行山—燕山防线上。

春秋晚期，晋国的势力已经发展到恒山一线，从太原盆地向北到恒山，当时是晋国六卿之一赵氏家族的地盘，恒山以北是戎狄代国的势力范围。有一天，赵简子对几个儿子进行考察，以便确定自己的继承人。他召见儿子们说："我将宝符藏于恒山之上，你们去寻找吧，先找到者有赏。"于是几个儿子都骑马前往恒山寻宝。然而，他们都空手而归，谁也没有带回宝符。但赵毋恤却说："我得到了宝符。"赵简子便让他把宝符呈上来。赵毋恤说："控制恒山，居高临下进攻，代国即可归赵所有。"赵简子听罢十分高兴，他认为只有毋恤明白自己的良苦用心，是赵氏大业难得的继承人。遂废掉长子赵伯鲁，破例立赵毋恤为继承人。赵简子去世后，赵毋恤承袭了晋卿之职，即赵襄子。赵襄子计划兼并恒山以北的代国。他命令工匠制作了一个铜勺子，把勺子柄打造得很长，长到可以用来打人。有一天，赵襄子跟代君约定在句注塞会晤。在和代君喝酒之前，赵襄子告诉厨子说："当我们喝得正高兴时，你就送上热汤，那时就趁机用长柄勺子打死代君。"当酒喝得正酣畅时，厨子端上热汤进来，趁机用勺子猛击代君的头部，代君当下被打死。赵襄子的姐姐是代国国君的妻子，听说这件事后，用磨尖的金簪自杀了。赵襄子杀死代国的国君后，很快出兵吞并了代国。后来赵武灵王称赞赵襄子灭代之举——"襄主并戎取代以攘诸胡"[1]。赵襄子以恒山为战略依托攻取代国，遏制了北方诸胡向南发展，为赵国后世子孙向北发展奠定了基础。

战国时期，公元前311年，纵横家张仪到燕国劝说燕王与秦国联盟，张仪追述了赵襄子在恒山句注塞举办的宴会上杀死姐夫代君的旧事，以此说明赵王的凶狠暴戾，六亲不认。张仪为了破坏楚国与列国联合抗秦，吓唬楚王说："秦地半天下，兵敌四国，被山带河，四塞以为固。虎贲之士百余万，车千乘，骑万匹，粟如丘山。法令既明，士卒安难乐死。主严以明，将知以武。虽无出兵甲，席

---

[1] [汉]司马迁：《史记》卷四十三《赵世家》，北京：中华书局1982年版，第1809页。

卷常山之险，折天下之脊，天下后服者先亡。"[1]　其所云"常山之险"是西汉刘向编订《战国策》时避汉文帝刘恒之讳，把恒山改作"常山"，即指恒山屏障。《史记》记载赵国名将李牧在雁门防备匈奴，李牧驻防的雁门指赵国的雁门郡，在今右玉县，恒山一线当时是赵国防御匈奴的第二道屏障。公元前283年，恒山句注塞还出现在另一位纵横家苏厉的笔下，他给赵王写信说："秦以三军攻王之上党而危其北，则句注之西非王之有也。"[2]　说明恒山句注塞是战国中期一处知名度很高的要塞。

公元前307年，赵武灵王准备实行军事改革——胡服骑射。改革之前，赵武灵王进行舆论准备，他说自己胡服骑射的目的是"继襄主之迹，开于胡、翟之乡"。赵襄子当年越过恒山兼并代国，为赵国开辟了胡、翟之地。赵武灵王向赵国上下宣示，他要继承赵襄子向北发展的事业，灭掉中山国，向恒山以北更北的地方开疆拓土。实施胡服骑射之后，恒山之北的代地在军事上发挥了巨大作用，"代相赵固主胡，致其兵"，赵固主持改编了附近的胡人之兵，建立了赵国的"胡军"。赵国对中山国的战争以公元前305年的战争规模最大，赵军三路出击：一路由赵武灵王为统帅向北出击，下辖公子章率领的中军、赵袑率领的右军、许钧率领的左军；一路由

[1]　[汉]刘向编订，诸祖耿集注汇考：《战国策集注汇考》卷十四《楚策一》，南京：江苏古籍出版社1985年版，第753页。
[2]　[汉]刘向编订，诸祖耿集注汇考：《战国策集注汇考》卷十八《赵策一》，南京：江苏古籍出版社1985年版，第901页。

牛翦率领的车骑和赵希率领的胡、代之军穿越恒山向南出击；一路是由赵与率军从晋阳出兵井陉向东侧击。赵国向北攻取丹丘（今河北省保定市曲阳县西北）、华阳（今河北省保定市唐县西北）、鸱之塞（今河北省保定市唐县西北的倒马关），向南攻取鄗（今河北省石家庄市藁城区）、石邑（今河北省石家庄市西南）、封龙（今河北省石家庄市西南）、东垣（今河北省石家庄市东北），中山献四邑求和。可以看出，赵军此次征伐中山国，目标是控制中山国西北的恒山通道、西南的太行山通道。

公元前296年，赵国灭掉中山国，史称"北地方从，代道大通"。狭义的"代道"即由中山国通往代地的道路飞狐陉，广义的"代道"是指由赵都邯郸北通恒山之北代地的北向大道。赵国灭了中山国，控制了穿越恒山的道路，可以持续发力向西北发展。赵武灵王时期，赵国疆域的北界从恒山以北推进到阴山一线，并在阴山一线修筑了数百里的长城。打通恒山飞狐道，对赵国在北方开拓疆域提供了强有力的保障，为秦汉时期的北方疆域奠定了基础。赵国以恒山山系为依托，疆域从恒山附近向西北延伸千里，在邯郸以北建立了辽阔的战略纵深。赵武灵王晚年，曾经想以恒山为界把赵国一分为二，把长子章封到恒山以北的代地为王。公元前229年，赵王迁投降了秦国。赵国的残余势力拥立赵王迁的兄长嘉为王，逃往恒山以北的代地。赵王嘉以恒山为屏障，获得了短暂的安稳时光，在代地称王六年。后来秦军派兵越过恒山进攻代地，赵国彻底灭亡，秦国在恒山以北设立了代郡、在恒山以南的中山国故地设立了恒山郡。从赵襄子越过恒山灭代，到秦国在代地彻底灭赵，230多年间，恒山山系在赵国历史上发挥了巨大的战略作用。

先秦时期，恒山山系对中原地区的屏障作用还没有凸显出来。

秦汉魏晋时期恒山的战略地位

秦、汉在恒山以北设立雁门郡、代郡，阴山山系是防御北方游牧部族的第一道防线，恒山山系为第二道防线。楚汉相争时，汉高帝三年（前204年），谋士郦食其建议刘邦"杜太行之道，距蜚狐之口"，北边控制恒山飞狐陉，南边控制太行陉，以恒山之南、太行山之西的山西高原为战略基地东向争天下。汉初白登之战后，汉对匈奴采取和亲之策，汉匈之间基本和平相处。汉文帝晚年，匈奴绝和亲，犯汉境。文帝前元十五年（前165年）之后，匈奴多次南下进犯雁门郡（治今山西省朔州市右玉县右卫镇）、代郡（治今河北省张家口市蔚县），汉朝派大将驻守恒山上的句注塞、飞狐口，以备匈奴。说明在汉文帝晚年，恒山以北地区已经不时地受到匈奴的攻击，恒山承担起阻挡匈奴骑兵南下的作用，有时匈奴会突破这道防线南下，"胡骑入代、句注边，烽火通于甘泉、长安"[1]。从

---

[1] ［汉］司马迁：《史记》卷一一〇《匈奴列传》，北京：中华书局1982年版，第2904页。

地理形势来看，位于恒山山系的句注塞、飞狐口是距离长安较近的防御匈奴的军事要塞，当匈奴南下越过句注塞、飞狐口，都城长安就会接到警报。汉武帝元光二年（前133年），汉军以恒山之北的马邑城（今山西省朔州市）为诱饵，引诱匈奴南下，匈奴单于贪图马邑城的财物，以10万骑兵从武州塞（今山西省大同市左云县）南下，向马邑进发。30余万汉军通过恒山句注塞北上，埋伏于马邑附近。不料，汉军的意图被匈奴察觉，匈奴退兵，汉军无功而返。虽然这次马邑之战没有开打，但标志着西汉持续了近70年的向北防守国策已经改变，开始对匈奴进行反击，恒山之北的塞北重镇马邑就是汉朝北征行动的重要地标。67年前，汉高祖率领的数十万大军从马邑被匈奴诱惑北上，遭受了白登之辱，此番汉军准备在马邑伏击匈奴10万大军，也有雪耻的意味。数年之后，汉军开始连续北征匈奴，李广、卫青、霍去病都曾通过恒山句注塞、飞狐口北征。在汉武帝北伐匈奴的战争中，源源不断的汉军，多次越过恒山一线北上远征，恒山见证了汉朝从防守到北征的转折。汉武帝时期，为了扩大朝廷直接控制的区域，在元鼎年间施行了"广关"之举，即扩大"关中"的范围，将函谷关东移到洛阳附近的新安县，在北边"以常山为阻"[1]，把恒山以南、太行山以西的太原郡、上党郡、河东郡都划入中央直接控制的"关中"范围。

---

[1]　[东汉]班固：《汉书》卷四十七《文三王传》，北京：中华书局1962年版，第2211页。

东汉初，乌桓崛起，乌桓和匈奴多次南下，在塞北地区抄掠。建武十三年（37 年），诏令上谷郡太守王霸治理恒山飞狐道，东汉军队堆石布土，筑起亭障，修筑了一道防线。东汉部署的这条防线，从平城向东南穿过恒山北支脉延伸到太行山附近，阻挡乌桓和匈奴从西边的平城、东边的恒山飞狐道南下。由于匈奴南下抢掠日盛，建武十五年（39 年），光武帝派人将雁门、代、上谷三郡的百姓 6 万多人迁到居庸关、常山关以东，以避其锋，实际上以今倒马关与居庸关之间 150 多千米的恒山—太行山作为防御乌桓、匈奴的屏障。

东汉后期，在北方崛起的鲜卑不断南下骚扰，对东汉形成威胁。熹平六年（177 年）八月，东汉军队分三路北伐鲜卑，南边的一路由使匈奴中郎将臧旻与南匈奴单于率领骑兵 1 万多人从恒山雁门塞出发。这一时期，鲜卑南下侵扰几乎每年都有发生，恒山以北几乎成为鲜卑的天下。东汉末年，朝廷准备放弃恒山以北之地，在恒山以南置新兴郡（今山西省忻州市忻府区），安置北边的定襄、云中、五原、朔方、上郡五郡的流散百姓。云中郡、五原郡、朔方郡的辖区都在阴山附近，朝廷在恒山以南设置新兴郡安置阴山附近诸郡百姓，说明在东汉末年中原王朝的实际控制区已经从阴山一线南缩至恒山一线。曹魏初，"自陉岭以北并弃之"，即完全放弃了恒山以北的土地，将归顺的鲜卑步度根部安置在句注塞南守边，称为"保塞鲜卑"。魏明帝青龙元年（233 年），鲜卑步度根部要北上与鲜卑轲比能部会合，并州刺史毕轨出兵追击。因为恒山以北是鲜卑控制区，魏明帝恐怕毕轨的军队过恒山后吃亏，下诏不让他越过句注塞[1]。但诏书未到，毕轨的军队已经越过句注塞，结果折损了两员大将。曹魏时，雁门郡的治所从恒山之北的阴馆县（今山西省朔州市东南）迁到恒山之南的广武县（今山西省忻州市代县西南古城村）。从雁门郡治的不断南移，可以看出中原王朝防御线的逐步内缩。

西晋初年，恒山上的飞狐关、句注塞和燕山卢龙塞并列为北方三处天险，"天下之阻，所以分别内外也"，句注塞、飞狐陉在此时依然承担着向北防御的职责。西晋末年，并州刺史刘琨率兵进攻匈奴，请求鲜卑出兵相助。刘琨与鲜卑首领拓跋猗卢结为兄弟，并请晋怀帝封猗卢为代公，以代郡为封邑。拓跋猗卢认为代郡与他们的驻地相隔太远，要求把陉岭（恒山）以北的地方作为封地。从曹魏初年至此近百年来，恒山以北就是鲜卑的势力范围，拓跋猗卢此时要求把陉岭之北作为封地，只是让西晋朝廷在手续上认可而已。刘琨把陉岭以北的楼烦（今山西省朔州市南）、马邑、阴馆、繁畤（今山西省大同市浑源县西南）、崞县（今山西省大同市浑源县）五个县的百姓迁往恒山之南[2]，拓跋猗卢把鲜卑族的3万余家迁

---

[1]　[晋] 陈寿：《三国志》卷三《魏书·明帝纪第三》，北京：中华书局1959年版，第99页。

[2]　[北齐] 魏收：《魏书》卷一《序纪第一》，北京：中华书局1974年版，第7页。

到陉北五县。这次迁入恒山之北的鲜卑人数有 15 万左右，鲜卑在
陉岭以北的势力日益强盛。西晋的实际控制线局限于陉岭以南，恒
山一线成为胡汉分界线。雁门繁畤人莫含，世代经商，资累巨万。
其宅院建在恒山以北、桑干河之南，世称莫含壁、莫回城（在今山
西省朔州市应县三门城一带）。刘琨把五个县的百姓迁往恒山以南
时，拓跋猗卢慕名请求把莫含留在恒山以北为官，莫含很想南迁。
刘琨对他说："当今胡寇滔天，泯灭诸夏。百姓流离，死亡涂地；
主上幽执，沉溺丑虏。唯此一州，介在群胡之间，以吾薄德，能自
存立者，赖代王之力。是以倾身竭宝，长子远质，觊灭残贼，报雪
大耻。卿为忠节，亦是奋义之时，何得苟惜共事之小诚，以忘出身
之大益。入为代王腹心，非但吾愿，亦一州所赖。"[1] 刘琨想通
过莫含与拓跋猗卢搞好关系，把恒山以北作为并州的后援。

　　魏晋时期，恒山山系已经成为"天下之阻"，屏护中原的作用明显。

北朝时期恒山的战略地位

　　恒山的战略价值对北魏来说是贯穿始终的。建立北魏的鲜卑拓
跋部兴盛的舞台就是恒山以北、阴山之南的广袤之地。北魏登国十

[1]　[北齐]魏收:《魏书》卷二十三《莫含传》，北京：中华书局 1974 年版，第 603 页。

一年（396 年），拓跋珪统步骑 40 余万，南出马邑，越恒山句注塞，旌旗连绵，浩浩荡荡，兵临晋阳城下，击败后燕守军，控制了并州。此年十月，北魏军从晋阳城东出太行山井陉道，进入河北平原，各地的后燕守军望风而逃。控制了北部的恒山句注塞、东部的太行井陉关两处军事要塞之后，北魏在山西高原、河北平原的军事攻势，已经无人可以阻挡。北魏立国之后，将都城从阴山之南的盛乐（今内蒙古自治区呼和浩特市和林格尔县北）南迁到恒山之北的平城，阴山和恒山是北魏初期的南北屏障。太武帝拓跋焘时期，为了防御北方的柔然，在阴山一线设立了六座军事重镇，史称"六镇"，屏护首都平城。北魏末年六镇之乱时，尔朱荣深知恒山的军事价值，防止六镇之乱波及恒山以南，广召义勇，"北捍马邑，东塞井陉"[1]，控制恒山雁门关、太行山井陉要塞，以晋阳城为大本营，成为左右北魏朝政的大军阀。从北魏初年魏军南下恒山，控制晋阳，东出太行开始，"恒山雁门关—晋阳城—太行山井陉关"，一城两要塞的军事组合关系变得愈来愈明晰。这样的军事态势，一直延续到北宋末年。

北魏时期，开发了穿越恒山山脉的灵丘道——从平城取道灵丘县，东南穿越恒山，经过唐县倒马关，通往河北平原上的中山城（今河北省定州市）。灵丘道之开通，始于北魏天兴元年（398 年）。

---

[1] [唐]李延寿：《北史》卷四十八《尔朱荣传》，北京：中华书局 1974 年版，第 1753 页。

此年，拓跋珪从邺城北上到中山城，准备返回代地（今山西省朔州市应县东）。"车驾将北还，发卒万人治直道，自望都铁关凿恒岭至代五百余里。"[1] 铁关，即汉代的常山关，今称倒马关，在河北省唐县西北60千米。望都，即今河北省望都县，地处太行山东麓。恒岭，即恒山。"自望都铁关凿恒岭"，即开凿倒马关西北至灵丘县马头关之间的峡谷。与原来从灵丘绕道涞源，再从涞源西南取道倒马关到中山城的路线相比，新开通的灵丘道是在道路上的裁弯取直。北魏对灵丘道最大规模的一次治理是在太和六年（482年），"秋七月，发州郡五万人，治灵丘道"[2]。从道武帝到孝文帝，北魏皇帝从平城经过灵丘道出巡中山等地20次，这条通道是当时穿越恒山—太行山最繁忙的一条道路，是当时的国道。北魏通过恒山灵丘道加强平城与太行山以东地区的联系，皇帝通过持续不断地出巡河北诸州，对后燕的旧地进行震慑。因为灵丘当地百姓的负担为此增加了不少，朝廷采取了"复民租调十五年"的优惠政策。恒山作为皇帝出巡的必经之地，战略地位的重要性大为提高。北魏时期，在恒山地区营建了许多寺庙，如灵丘觉山寺，是魏孝文帝为报母恩而敕建的。今繁峙县公主寺，是为北魏诚信公主出家修行而建。著名的浑源县悬空寺，也始建于北魏后期。

---

［1］［唐］李延寿：《北史》卷一《魏本纪第一》，北京：中华书局1974年版，第17页。

［2］［北齐］魏收：《魏书》卷七上《高祖纪》，北京：中华书局1974年版，第151页。

东魏、北齐时期，高欢家族一直不敢对恒山以北的军事势力掉以轻心。天保三年（552 年），北方的柔然被突厥攻击，柔然可汗兵败自杀，柔然王子庵罗辰逃至北齐。天保四年（553 年）底，突厥又一次攻击柔然，柔然举国投奔北齐。北齐皇帝高洋从晋阳出兵迎战突厥，接纳柔然部众。北齐军队越过恒山追击突厥至朔州一带，突厥投降北返。高洋把柔然部众安置在恒山以北的马邑川（今山西省朔州市以北），立柔然王子庵罗辰为柔然可汗。不料仅过了几个月，庵罗辰竟然率众背叛北齐。次年四月，柔然经恒山南犯北齐，高洋从晋阳出兵，北出恒山，追击到恒州（今山西省大同市），柔然部众溃散。高洋下令北齐大军返回晋阳，自己率领 2000 多名精锐殿后。在黄瓜堆（即今黄花梁，在今山西省朔州市山阴县、应县和怀仁市交界处），高洋指挥 2000 多名北齐重装骑兵部队，突破数万敌军的重围，以一当百，3 万多柔然部众被俘虏。黄瓜堆之战，彻底击垮了柔然南下恒山的勇气。

河清二年（563 年），北周武帝派杨忠率领 1 万名步骑兵，联合突厥南下讨伐北齐，又派大将军达奚武率领 3 万名步骑兵向平阳进发，计划在晋阳会师。杨忠从北面进攻，连续攻克北齐 20 余城。北齐的军队驻守陉岭关（今雁门关之西的白草口铁裹门），杨忠所部突破陉岭防线。突厥的 10 万兵马分三路从恒州南下，当时大雪已经下了几十天，塞内外一片白茫茫，平地积雪数尺。通过恒山南下晋阳的突厥军队，看到北齐将士杀气腾腾、严阵以待，被北齐军队的气势所吓倒，都上了晋阳西山，不肯出战，只留下杨忠的 1 万兵马被北齐军队痛击，大败而还。突厥士兵心有余悸，一路北逃。经过恒山时，地冻路滑，无法行走，突厥士兵只好在山路上铺上毛毡，十分狼狈。从冬季路滑的情形可知，突厥北逃时，为了节省时间，没有走南下时的白草口—太和岭道，而是选择了相对径直的关沟河道，就是现在雁门关所在的这条道路。北朝时，通过恒山的道路以西边的太和岭道为主，但坡陡难行；东边的关沟河道较平坦，但多有流水，入冬则坚冰塞道，不易通行。东魏、北齐以晋阳为大本营经营了 40 多年，与其北控恒山有很大关系。

隋唐时期恒山的战略地位

隋朝初年，突厥开始南下，恒山以北的塞北地区不时遭到骚扰。大业十一年（615 年），隋炀帝到雁门一带北巡，突厥始毕可汗率 10 万大军南下恒山，围攻隋军，隋炀帝被困于雁门城（今山西省忻州市代县），差点当了突厥的俘虏。突厥得知勤王的援兵已到忻口，方才解围北去。突厥的雁门之围，宣告了突厥与隋朝关系的破裂，恒山一线进入多事之秋。

隋末，刘武周依附突厥，割据恒山之北的马邑，成为太原（晋阳）以北不可忽视的一支军事力量。李渊准备从太原起兵进占长安，但恒山以北的刘武周是其后顾之忧，如果刘武周联合突厥从恒山南下太原，李渊就会腹背受敌。为了确保太原无虞，李渊只好向突厥示好。

从唐初到唐末，恒山以北都是唐朝向北防御的重点区域，也是唐朝安置归附游牧民族的主要地区之一，这是由地处农牧交错地带的恒山以北地区的区位特点决定的。唐初武德二年（619 年）三月，刘武周联合突厥南下恒山，占领了榆次、平遥等地，然后迂回北上占领了太原，对刚刚立国的唐王朝形成威胁。李世民通过柏壁之战，收复了河东、太原，但恒山以北还在突厥的控制之下。恒山以南直到石岭关，在唐初的情形也不乐观。据唐高祖《赦代州总管府内诏》云："往者刘武周窃据边陲，拥逼良善。石岭以北，皆罹其弊。虽复武周奔窜，寄命番夷，而残党余氛，尚怀旅拒。……朔方黎元，逆命日久，今虽归附，仍怀反侧。其代州总管府内石岭关以北，自从武德四年二月二十九日以前，所有愆犯，罪无轻重，悉从原宥，可并令安居复业，勿使惊扰。"[1] 唐朝在恒山之南的代州设立总管府防御突厥，辖代州、忻州、蔚州（今山西省大同市灵丘县）三州，石岭关以北、恒山以南的忻定盆地以及恒山东部的灵丘盆地、涞源盆地都属于代州总管府的防区。为了重点防御恒山屏障，并为下一步北出恒山驱逐突厥做准备，唐朝政府对恒山—石岭

[1]　[清]董诰等编：《全唐文》卷二，高祖《赦代州总管府内诏》，上海：上海古籍出版社 1990 年版，第 6 页。

关之间原来属于刘武周势力控制区域内的反叛者，采取了不论罪责轻重，一律既往不咎的宽松政策，以安人心。唐初，突厥凭借恒山以北的马邑作为据点，不断南下骚扰。史载，"突厥比数为寇，良以马邑为之中顿故也"[1]。武德六年（623年）六月，依附突厥的马邑城守将高满政归附唐朝，被任命为朔州总管，唐军在恒山以北有了向北经略的军事重镇，朔州在军事指挥体系上隶属于恒山以南的代州都督府。突厥为了夺回南下恒山的中继站，连续四次对马邑发动进攻。七月，突厥进犯马邑，李世民率兵进驻太原，防备突厥从恒山南下。武德七年（624年）八月，突厥南下恒山，进攻忻州、太原，长安城为此戒严。这和西汉初年的情形一样，两个王朝都把恒山一线作为河东地区防御北方势力的最后一道屏障。只要恒山屏障被突破，长安就会戒严。唐太宗李世民即位后，派名将镇守太原，突厥至此才不敢越过恒山南下。国力强盛后，大唐开始了出塞行动，北出恒山，远征突厥。贞观三年（629年），唐太宗派三路大军北伐突厥，其中从恒山之北马邑出发的一支3000人的精锐骑兵，一直追击到阴山一带，突厥的势力方才退出了塞北地区。调露元年（679年），突厥又南下骚扰，人数有几十万之众。唐高宗诏令裴行俭统率18万人马讨伐突厥，大军北出恒山，军旗连绵上千里，史称"唐世出师之盛，未之有也"，唐军大获全胜。第二年，

[1]　[宋]司马光：《资治通鉴》卷一九〇《唐纪六》，北京：中华书局1956年版，第5968页。

裴行俭又率大军北上，"顿代州之陉口"[1]。名将薛仁贵晚年担任代州都督，镇守恒山，出塞北击突厥，在云州大败突厥。代州因为北毗恒山，控制雁门关南下的要冲，在整个唐代都是向北防御、镇守恒山防线的军事重镇，其军事地位高于忻定盆地南部的忻州。在恒山以北的朔州，唐朝先后设置神武军、天宁军长期驻防。武则天时期，在太原设置北都，加强了太原正北的恒山西部防务，但恒山东部防务薄弱，河北州县不时受到突厥南下侵犯的威胁。圣历元年（698 年），突厥默啜可汗从恒山东部南下进犯飞狐县（今河北省保定市涞源县），经过五回道接连攻陷定州（今河北省定州市）、赵州（今河北省石家庄市赵县）等地，杀害百姓万余人。为了加强防御，朝廷诏令侍御史桓彦范阻塞穿越恒山南下的岳岭（灵丘道）、五回（五回道）等路。[2] 唐玄宗先天元年（712 年），在恒山东部的定州置恒阳军，在蔚州、妫州（今河北省张家口市涿鹿县）置怀柔军，屯兵 5 万。开元六年（718 年），又将蔚州的横野军 3 万人东移到恒山以北的大安古城南（今河北省张家口市蔚县），加强恒山东部的防御力量，突厥不敢再从飞狐道、五回道南下河北。开元十八年（730 年），诏命河东节度使兼任大同军使（驻今山西省朔州市）之职，河东节度副使兼任代州刺史，从指挥层级上加强了

[1]　[宋] 欧阳修，宋祁：《新唐书》卷一〇八《裴行俭传》，北京：中华书局 1975 年版，第 4088 页。

[2]　[后晋] 刘昫等：《旧唐书》卷一八五下《宋庆礼传》，北京：中华书局 1975 年版，第 4814 页。

对恒山南北代州、朔州的军事领导。天宝十四载（755 年），安史之乱爆发，郭子仪指挥唐军在静边军（今山西省朔州市右玉县右卫镇）大败叛军，又派遣一支 2000 人的骑兵部队攻克军事重镇马邑。马邑南通恒山西陉关，北达苍头河谷，为南北要冲。唐军控制马邑，为大军南下提供了屏护。当时为了防御叛军南下，代州、太原等地皆闭关严防，设置路障，塞北的叛军还没有被完全剿灭，恒山上的西陉关还不敢开关通行，唐军只好取道恒山东陉关。东陉关在代县东北、山阴县东南的胡峪峡谷，与西陉关遥遥相对。通常情况下，南北往来大都走西陉关，东陉关不常使用，所以唐军需要开通此道。唐军开通恒山东陉关，打通了由塞北南下战略重地河东的通道，具有十分重要的战略意义。东陉关开通后，李光弼、郭子仪率领部队先后通过东陉关南下太原，然后东出井陉关，在河北嘉山大败叛军，斩杀叛军 4 万人，唐军声威大振。作为军事要塞，恒山上的西陉关、东陉关对战略全局的影响，以此时为最。唐武宗会昌年间，恒山上已经形成雁门关、西陉关、东陉关三关。会昌二年（842 年）八月，"回纥乌介可汗过天德，至杷头烽北，俘掠云、朔北川，诏刘沔出师守雁门诸关"[1]。

今应县城东的镇子梁乡城下庄村，地处恒山北支脉山下，唐末在此置金城县、应州，而应州之名就是源于恒山主脉和北支脉南北

---

[1]　[后晋]刘昫等：《旧唐书》卷十八上《武宗本纪》，北京：中华书局1975 年版，第 591 页。

呼应。元和年间，西突厥的别部沙陀人开始入居恒山以北，大量的沙陀人被安置在恒山以北的黄花梁附近，称为"陉北沙陀"。唐文宗太和四年（830 年），李克用的祖父朱邪执宜奉命挑选部属 3000人防守恒山以北。朱邪执宜担任阴山府都督、代北行营招抚使，隶属河东节度使。朱邪执宜治理云、朔，标志着恒山以北沙陀军事集团的初步形成。沙陀人在李克用的祖父、父亲的经营下，发展成为一支上万人的劲旅，朝廷也不得不对他们予以提防。唐武宗大中十二年（858 年），朝廷以河东马步都虞侯段威为朔州刺史，充任天宁军使，兼任兴唐军、沙陀三部落防遏都知兵马使。[1] 驻防朔州的段威，担负着遏制恒山以北沙陀三部的责任。唐末，李国昌、李克用父子在金城建立了沙陀的大本营，号称"三岗四镇护金城"。金代元好问有诗赞曰："南北东西俱有名，三岗四镇护金城。古来险阻边陲地，威镇羌胡万里惊。"李国昌父子以金城为中心、以恒山为屏障，把整个塞北地区纳入其势力范围。唐代后期，恒山北麓的应州军事地位提升，成为大同盆地南部可以和朔州相抗衡的军事重镇。以金城（应州）为根据地的李克用乘朝廷无暇北顾之机，南越恒山，控制了代州、忻州。中和二年（882 年），朝廷急于平定黄巢，无兵可用，遂赦免了李克用擅杀大同防御使段文楚的罪责，任命李克用为忻、代等州留后，雁门节度使，率领陉北沙陀军南

---

[1]　[后晋] 刘昫等：《旧唐书》卷十八下《宣宗本纪》，北京：中华书局1975 年版，第 644 页。

下，联合蒲州的王重荣进军关中，击败黄巢，收复了长安。李克用后来称霸河东道，与朱温逐鹿中原，恒山南北的忻、代、应、朔为其战略后盾。有唐一代，代州、朔州、应州先后发展为军事重镇，都是依托恒山屏障而兴起的。

唐代末年，兴起于东北的契丹势力已经进逼到云州（今山西省大同市）一带。后唐清泰三年（936年），驻守在晋阳的河东节度使石敬瑭，为了打败后唐的军队，派人向契丹皇帝耶律德光求援，承诺把契丹皇帝当作父辈尊敬，约定事成之后，"卢龙一道及雁门关以北诸州与之"。石敬瑭割让幽云十六州给契丹人，使河北平原的北部屏障尽失，而恒山一线竟成了中原王朝的边界线，从而改变了唐代以来的疆域格局，中国历史将出现长达300多年的南北对峙局面。

宋、辽对峙时期恒山的战略地位

在宋王室南迁以前，宋朝疆域的北端基本上被限制在恒山一线。正是由于幽云诸州未收复，使宋朝从立国之初就受制于人，占据恒山以北的契丹人就像蹲在宋朝北门口的一只猛虎，让宋朝成天提心吊胆。正如南宋学者吕中所云："盖燕、蓟之所当取者有二：一则中国之民陷于左衽，二则中国之险移于夷狄。燕、蓟不收则河北之地不固，河北不固则河南不可高枕而卧也。"宋朝要解除契丹对北大门的威胁，只有将恒山、太行山天险收复，拿回幽云诸州，建立起国家的北部屏障。雍熙三年（986 年），宋军兵分三路北伐辽军，试图收复幽云诸州，史称"雍熙北伐"。西路军主将杨业率军北出恒山，所向披靡，接连收复了恒山以北的朔、寰（今山西省朔州市东）、应、云四州，部队很快就到了恒山东部要塞飞狐口，杨业在飞狐口大败辽军，消灭了 3 万辽军。由于曹彬的失误，东路主力大败，宋军合围幽州的战略意图已不可能实现。辽军开始反扑，乘胜攻陷恒山以北的蔚州、寰州等地，西路军处于十分不利的境地。宋太宗诏令潘美、杨业护送云、朔、寰、应四州百姓内迁。杨业主张分兵应州，诱辽军向东，以强弩手千人扼守石碣谷口（今山西省朔州市南下石碣峪村）阻击辽军，以保护百姓安全南撤。监军王侁对杨业的战功过多心怀嫉妒，不仅不采纳杨业的建议，还冷嘲热讽，逼杨业出兵寰州与辽军正面对阵。杨业建议潘美、王侁在陈家谷口（今山西省朔州市西南、忻州市宁武县东北的阳方口，谷口两侧有山峰，形势险要）设伏兵接应。杨业率部血战，当他回师到陈家谷口时，却不见潘美、王侁的接应部队。杨业孤军奋战，负伤被俘，绝食而死，其子杨延玉亦战死。杨业以身殉职，宋军士气受挫。防守云州、应州的将领听到杨业殉职的消息，都弃城而去。这次雍熙北伐，宋军的西路军在杨业的率领下已经越过恒山，收复了恒山以北四州，因为东路军的失败又得而复失。在杨业之后，宋军再也没有越过恒山一线，恒山山脉成为北宋和辽之间的界山。

端拱二年（989 年），因为辽军不断南犯，宋太宗让文武群臣对与辽国的战事各陈己见。户部郎中张洎上奏："自幽、蓟用兵，累载于兹，其故何哉？盖中国失地利，分兵力，将从中御，士不用命故也。中国所恃者，险阻而已。朔塞以南，地形重阻，深山大谷，连亘万里，天地所以限中外也。今自飞狐以东，重关复岭，塞垣巨险，皆为契丹所有；燕、蓟以南，平壤千里，无名山大川之阻，此所以失地利而困中国也。"[1] 张洎认为宋初以来对契丹的用兵处于不利地位，其失策在于兵力分散，河北平原上的各个城邑各自为战，以一城之兵对付契丹一国之兵，都逃脱不了失陷的命运。大漠以南的恒山、燕山、太行山这样的深山大谷，本应该是游牧民族与汉民族之间天然的缓冲带。失去了恒山、太行山、燕山的地利，面对辽军的南下，河北平原上的各个城邑"分师而守"，"咸婴城自固，莫敢出战"，结果只能是任由契丹铁骑南下，各地的城邑不断被攻破。

北宋科学家沈括在《梦溪笔谈》中对恒山飞狐道有过考察记述："北岳恒山，今谓之大茂山者是也。半属契丹，以大茂山分脊为界。岳祠旧在山下，石晋之后，稍迁近里。今其地谓之神棚，今祠乃在曲阳。祠北有望岳亭，新晴气清，则望见大茂。祠中多唐人故碑，殿前一亭，中有李克用题名云：'太原河东节度使李克用，

---

[1] [清] 毕沅：《续资治通鉴》卷十四《宋纪十四》，北京：中华书局 1957 年版，第 343 页。

亲领步骑五十万，问罪幽陵，回师自飞狐路即归雁门。'今飞狐路在茂之西，自银冶寨北出倒马关，度房界，却自石门子、令水铺入瓶形、梅回两寨之间，至代州。今此路已不通，唯北寨西出承天阁路，可至河东，然路极峭狭。太平兴国中，车驾自太原移幸常山，乃由土门路。至今有行宫。"北寨，即今河北阜平县。从沈括的记述可知，北宋时期恒山飞狐道已经被契丹所控制，从定州一带去往山西，要从今阜平县西行翻越太行山，但这条道路十分艰险。

宋真宗时期的澶渊之盟后，宋辽之间的战事基本平息，双方的使节往来有的要通过恒山。因为大臣张耆长期在河东任职，熟悉边事，真宗询问他河东北部的地理情形。张耆建言："云、应、蔚、朔四郡，间遣人以文移至并、代间，非觇边虚实，即欲熟道路。宜密谕代州，使自云、应、蔚至者由大石谷入，自朔至者由土墱入，余间道皆塞之以示险。"[1] 大石谷，即今应县东南的大石口峡谷；土墱，即今宁武县东北的盘道梁。当时为了防止契丹南下的使者侦察恒山一线的道路情况，北宋只开放东部的大石谷道、西部的土墱道，其他山间道路皆阻塞禁止通行。

北宋末年，宋金联合灭辽，双方约定灭辽之后，蔚州（今河北省张家口市蔚县）、应州、飞狐、灵丘两州两县之地归北宋。北宋的目的很明显，就是要拿回恒山东段飞狐陉、西段大石谷道的控制

[1] [元] 脱脱等：《宋史》卷二九〇《张耆传》，北京：中华书局1985年版，第9710页。

权，重点经营恒山之北的应州、蔚州，保障恒山防线的安全。当时金军已经部署好东西两路大军南下灭宋之事，北宋浑然不知。金兵分两路南下攻宋时，东路军从南京平州府（今河北省秦皇岛市卢龙县）进攻燕山府（今北京市），西路军从大同南下，经过怀仁县、河阴县（今山西省朔州市山阴县），由恒山的胡峪峡谷等处进犯代州。金军原以为突破宋军的恒山防线必有数场恶战，不料根本没有遇到宋军，很快占领代州、忻州，进逼太原。金军为了保障南北之间的联系不被宋军切断，南下恒山时在雁门关留兵驻守。北宋的朔州守将孙翊计划率兵从雁门关南下驰援太原，因为金兵把守雁门关，孙翊遂向西改由宁化（今山西省忻州市宁武县宁化村）、宪州（今山西省忻州市静乐县）出天门关（今山西省太原市尖草坪区东关口村之西）以援太原。

宋、辽对峙时期，北宋的河东路北部、河北东路、河北西路北部成为临边之地，宋军分别在河东、河北建立起抵御契丹的北部防线。在河东路北部，北宋依托恒山屏障，在崞县（治今山西省原平市崞阳镇）、代州、繁峙县滹沱河以北的山间险要地段修筑军事堡寨13座，控制南北谷道，甚至采取极端措施阻塞谷道。恒山之上的13座军事堡寨西起楼板寨，东到瓶形寨，连点成线，形成长达200多千米的恒山西段弧形防线，这是北宋在河东向北防御的第一道防线，军事重镇太原为第二道防线。因为恒山的西段防线发挥了巨大的战略屏障作用，辽军在河东的进犯很难得逞。北宋末年，宋、金联合灭辽之后，恒山以北的武（武州治今山西省忻州市五寨县北大武州村）、朔二州划归宋朝，宋朝没有处理好原来在契丹统治下的汉族军人（史书上称为"山后汉儿"）的问题，在金军突然发兵南下之时，武、朔二州的"山后汉儿"相继投降，恒山防线很快崩溃，恒山以南的代州、忻州等城邑接连陷落，金军兵临太原城下。在河北两路的北部，由于恒山东段以及太行山北段、燕山被契丹所控制，太行山前的易州、涿州等地为契丹的辖地，北宋只好在毗邻契丹的边界地带设置益津关（今河北省霸州市）、瓦桥关（今河北省保定市雄县）、淤口关（今河北省霸州市信安镇）三座雄关防御辽军，又在三关以南设置了诸多驻军防守。河北东路四军：保定军（今河北省廊坊市文安县西北）、信安军（今河北省霸州市信安镇）、乾宁军（今河北省沧州市青县）、永静军（今河北省沧州市东光县）；河北西路五军：广信军（今河北省保定市徐水区西）、安肃军（今河北省保定市徐水区）、顺安军（今河北省保定市高阳县东）、永宁军（今河北省保定市博野县）、天威军（今河北省石家庄市井陉县天长镇）。河北两路北部诸军中的天威军在井陉道上，为县级军事单位，以井陉知县兼天威军使，其军事职责是与西边河东路的平定军相呼应，保障井陉道的安全。其余诸军都为州级军事单位，分布在飞狐陉出山口的东南方向以及太行山前诸州之南，在这一区域形成弧形防御线。在河北两路的三关、九军之南分布着真定（今河北省石家庄市正定县）、中山、河间三座军事重镇，形成河北平原上的第二道防线。尽管北宋在河北两路北部部署了三关、九军、三镇多层防线，但失去恒山、太行山天然屏障，这些设置在平原上的军事防御体系很难抵挡辽军骑兵的南下。

　　恒山上的雁门关、飞狐关在古代文人诗词中出现的频率很高。南北朝孔稚珪的《白马篇》有诗句："早出飞狐塞，晚泊楼烦城。虏骑四山合，胡尘千里惊。"南北朝虞羲的《咏霍将军北伐》有诗句："凉秋八九月，虏骑入幽并。飞狐白日晚，瀚海愁云生。"唐代王昌龄的《塞上曲》有诗句："秋风夜渡河，吹却雁门桑。遥见胡地猎，鞴马宿严霜。"刘长卿的《从军六首·其四》有诗句："目极雁门道，青青边草春。"韦应物的《杂曲歌辞·突厥三台》有诗句："雁门山上雁初飞，马邑阑中马正肥。日盱山西逢驿使，殷勤南北送征衣。"罗邺的《边将》有诗句："马上乘秋欲建勋，飞狐夜斗出师频。"陶翰的《古塞下曲》有诗句："进军飞狐北，穷寇势将变。日落沙尘昏，背河更一战。"北宋苏轼的《雪浪石》有诗句："太行西来万马屯，势与岱岳争雄尊。飞狐上党天下脊，半掩落日先黄昏。"南宋陆游的《夜游宫·雪晓清笳乱起》有诗句："雪晓清笳乱起。梦游处、不知何地。铁骑无声望似水。想关河，雁门西，青海际。"陆游的《长歌行》有诗句："国仇未报壮士老，匣中宝剑夜有声。何当凯还宴将士，三更雪压飞狐城。"严羽的《从军行》有诗句："朔风嘶马动，遥想雁门秋。"在南宋诗人的作品中，恒山雁门关、飞狐城成为北方故国的象征。

明代恒山的战略地位

明代，退居蒙古草原的元朝残余势力一直是明朝的北部威胁。为了防御元朝残余势力南下骚扰，明朝在北方修建了大量的关塞。洪武初年，在恒山雁门关、太和岭等地，"武、朔诸山谷间，凡七十三隘，俱设戍兵"[1]。洪武六年（1373年），在代州设立镇武卫。虽然是在恒山之南设立镇武卫，但是依凭恒山天险防御元朝残余势力从雁门关南下，这和唐代时薛仁贵驻防代州抵御突厥的情形是一样的。明代在山西的北边设立了偏头关、宁武关、雁门关三处关塞，被称为"外三关"。外三关之中，偏头关在西，雁门关居东，偏头关为门户，雁门关为堂奥。外三关之中的宁武关、雁门关都在恒山之上。明代的外三关防线，黄河老牛湾—管涔山为西部防区，管涔山—恒山山系的云中山为中部防区，云中山—平型关为东部防区。洪武七年（1374年），在今关城的位置修筑雁门关城，后来在嘉靖、万历年间又多次增修、复修。在修筑雁门关城时，还在附近修筑了长城。在关、隘、口、堡、长城等军事设施的连通下，形成了南北纵深20千米、东西横跨近200千米，点线结合、以点护线、体系完备、雄伟壮观的雁门关防御体系。

---

[1]　[清]张廷玉等：《明史》卷九十一《兵志三》，北京：中华书局1974年版，第2235页。

从宋代以来，雁门关防御体系形成了"两关四口十八隘"。两关指雁门关、西陉关；四口指太和岭口、南口、旧广武口、新广武口；十八隘指雁门关以东十隘——水峪、胡峪、马兰、茹越、小石、大石、北楼、太安、团城、平型关，雁门关以西八隘——太和、水芹（八岔口）、吊桥、庙岭（盘道梁口）、石匣、阳武峪、玄岗、芦板口。在明代的九边重镇中，大同镇、山西镇都地处恒山以北。大同镇驻防大同城，山西镇前期驻防偏头关，后来移驻宁武关。因为在地理位置上靠近首都北京，恒山防线构成北京的外围防线，其战略地位是恒山历史上最重要的时期。当时，大同为首都北京防御蒙古骑兵南下的第一道防线，雁门关等要塞为第二道防线，居庸关、紫荆关、倒马关"内三关"为最后一道防线。大同和外三关有失，京师就会告急。恒山防线上的雁门关地位最为重要，雁门关西抵宁武关、偏头关，东连平型关、紫荆关、倒马关，乃北京之藩卫、山西之屏垣，既屏护山西中南部，也是首都北京的外围防线。

"内三关"中的紫荆关、倒马关防御皆与恒山防线有关，明代的《西关志·紫荆关·边情》云："本关西北外通大同，虏骑犯大同地方，从浑源州灵丘县进入，可犯浮图峪、白石口、插箭岭、倒马关、紫荆关。东北外通宣府，虏骑犯宣府地方，有两路：一路从葛峪堡、龙门、永宁等处进入保安州，可犯马水口、大龙门至紫荆关；一路从洪州、蔚州、广昌县进入，可犯浮图峪、白石口、插箭岭。"[1] 蒙古骑兵从大同或宣府（今河北省张家口市宣化区）进犯紫荆关、倒马关，都要突破恒山的东部防线。正统十四年（1449年）土木之变后，蒙古贵族也先带着被俘的明英宗经过大同、阳和（今山西省大同市阳高县），取道恒山飞狐道南下，通过紫荆关进攻北京。也先在北京城下与明军相持五日，感到攻克北京无望，带领人马从良乡经过易州、紫荆关，又取道恒山飞狐道经蔚州、阳和大掠而去。明景泰之后，国力转弱，大同防线已难以阻挡蒙古骑兵南下，外三关防线频频告急。因为雁门关有比较完备的防御体系，蒙古南犯的军队或止步于雁门关之北，或选择从宁武关、偏头关南进。但随着蒙古南下规模的增大，冲击力越来越强，雁门关防线多次被俺答所部突破，雁门关以南的繁峙、五台、忻州等地均遭劫掠。嘉靖二十一年（1542年）六月，俺答所部突破雁门关，由太原南下，劫掠晋中、晋东南各地，深入至襄垣、长子一带；返回时由太原北上，从雁门关北出。俺答所部此次南犯，涉及山西境内30多县，杀戮甚众，危害极大。可见，当国力衰弱、军无斗志时，即使坐拥雁门关这样形势险要的雄关也无能为力。嘉靖三十二年（1553年），蒙古俺答部从恒山东部南犯，接连攻陷浑源、灵丘、广昌（今河北省保定市涞源县），急攻插箭岭、浮图峪（在今河北

---

[1] [明] 王士翘：《西关志·紫荆关》，北京：北京古籍出版社1990年版，第299页。

省保定市涞源县东北，为紫荆关防御的前哨），企图从倒马关一带进犯。紫荆关、倒马关的防御事关北京之安危，明军紧急调动了西北固原、宁夏的军队驰援恒山战事，击退了俺答军队的进攻。

可见，在明代后期，恒山防线事关北京和山西的安危。

名列岳镇

霍山在中国古代山岳崇拜体系中的地位

霍山作为五镇之一的中镇，始于隋朝，确立于北宋。唐代的岳、镇之山是五岳、四镇。《旧唐书·礼仪志》载："五岳、四镇、四海、四渎，年别一祭，各以五郊迎气日祭之。东岳岱山，祭于兖州；东镇沂山，祭于沂州；东海，于莱州；东渎大淮，于唐州。南岳衡山，于衡州；南镇会稽，于越州；南海，于广州；南渎大江，于益州。中岳嵩山，于洛州。西岳华山，于华州；西镇吴山，于陇州；西海、西渎大河，于同州。北岳恒山，于定州；北镇医无闾山，于营州；北海、北渎大济，于洛州。其牲皆用太牢，笾、豆各四。祀官以当界都督刺史充。"[1] 即每年由当地的地方最高长官代表国家进行祭拜。到了宋朝，在东、西、南、北四镇的基础上增加了中镇霍山，霍山从此进入五岳、五镇的中国十大岳镇名山之列。《宋史·礼志·岳渎》载："太平兴国八年，河决滑州，遣枢密直学士张齐贤诣白马津，以一太牢沉祠加璧。自是，凡河决溢、修塞皆致祭。秘书监李至言：'按五郊迎气之日，皆祭逐方岳镇、海渎。自兵乱后，有不在封域者，遂阙其祭。国家克复四方，间虽奉诏特祭，未著常祀。望遵旧礼，就迎气日各祭于所隶之州，长史以次为献官。'其后，立春日祀东岳岱山于兖州，东镇沂山于沂州，东海于莱州，淮渎于唐州。立夏日祀南岳衡山于衡州，南镇会稽山于越州，南海于广州，江渎于成都府。立秋日祀西岳华山于华州，西镇吴山于陇州，西海、河渎并于河中府，西海就河渎庙望祭。立冬祀北岳恒山、北镇医巫闾山并于定州，北镇就北岳庙望祭，北海、济渎并于孟州，北海就济渎庙望祭。土王日祀中岳嵩山于河南府，中镇霍山于晋州。"[2]（《宋史》中的医巫闾山即《旧唐书》中的医无闾山）北宋太平兴国八年是公元 983 年，中镇霍山从这一年开始明确进入国家祀典序列。

---

[1]　[后晋] 刘昫等：《旧唐书》卷二十四《礼仪志四》，北京：中华书局1975 年版，第 910 页。

[2]　[元] 脱脱等：《宋史》卷一〇二《礼志·岳渎》，北京：中华书局 1985 年版，第 2486 页。

霍山成为中镇之前在山岳崇拜体系中的地位

　　霍山又名霍太山、霍泰山、太岳山。霍太山是上古时期原始信仰体系中重要的山岳崇拜对象。《周礼·夏官司马·职方氏》："河内曰冀州，其山镇曰霍山，其泽薮曰杨纡，其川漳，其浸汾、潞。"《尚书·禹贡》："壶口、雷首，至于太岳。"霍山在先秦时期就已经成为天下的岳、镇名山。《史记·赵世家》："晋献公之十六年，伐霍、魏、耿，而赵夙为将伐霍。霍公求奔齐。晋大旱，卜之，曰'霍太山为祟'。使赵夙召霍君于齐，复之，以奉霍太山之祀，晋复穰。晋献公赐赵夙耿。"[1] 晋国灭了霍国后，霍国的国君逃亡。恰逢晋国大旱，占卜的结果是霍山之神作祟，晋国只好派人将流亡齐国的霍君召回，恢复霍君之位，"以奉霍太山之祀"，晋国的旱情很快就解除了，庄稼获得了丰收。晋献公所灭的霍国是西周初年周王分封的姬姓国家，第一任霍国的国君是周武王的弟弟，在辈分上比晋国的始祖唐叔虞高一辈。当时周武王的弟弟被分封到霍山附近建立霍国，一则是因为这里形势险要，是西周王室在山西高原建立的最靠北的一个封国，在此镇守霍山屏障；二则可能就是要霍国的国君代表周王"奉霍太山之祀"。《国语·晋语》记载，晋献公时

---

　　[1]　[汉] 司马迁：《史记》卷四十三《赵世家》，北京：中华书局 1959 年版，第 1781 页。

期，晋国的疆域"景、霍以为城"，北方的霍山就像晋国的外城屏障着山北的游牧民族。春秋末年，晋阳之战前夕，赵襄子号称得到了"霍泰山山阳侯"的朱书，霍山之神将帮助赵氏消灭智伯。可见，对霍山神灵的崇拜在战国以前十分盛行。

秦汉时期，未见到国家层面对霍山神的祭祀活动。北朝时期，河东地区对霍山神的祭祀持续不断。郦道元《水经注·汾水》："汾水又南与彘水合，水出东北太岳山，《禹贡》所谓岳阳也，即霍太山矣。……霍太山有岳庙，庙甚灵，鸟雀不栖其林，猛虎常守其庭，又有灵泉以供祭祀，鼓动则泉流，声绝则水竭。"一直到隋唐之际，朝野还十分崇拜霍山神。《隋书·礼仪志》："开皇十四年闰十月，诏东镇沂山，南镇会稽山，北镇医巫闾山，冀州镇霍山，并就山立祠。……其霍山，雩祀日遣使就焉。十六年正月，又诏北镇于营州龙山立祠。东（中）镇晋州霍山镇，若修造，并准西镇吴山造神庙。"[1] 雩祀是国家举行盛大礼仪的高规格祈雨活动。开皇十八年（598年）改永安县为霍邑县（今山西省霍州市），因霍山而名。霍山在隋代时参照东镇、南镇、北镇"就山立祠"，参照西镇吴山建造国家级的神庙，并以霍山为县名。霍山神的国家祭祀在战国以后逐渐沉寂，隋代开始被列入"五大镇山"。隋末，李渊从太原起兵南下，在霍山一带遇到隋军将领的顽强抵抗，李渊声称

---

[1]　[唐]魏微等：《隋书》卷七《礼仪志二》，北京：中华书局1973年版，第140页。

霍山神为自己指点迷津，取得了胜利。《旧唐书·高祖本纪》记载："有白衣老父诣军门曰：'余为霍山神使，谒唐皇帝曰：八月雨止，路出霍邑东南，吾当济师。'高祖曰：'此神不欺赵无恤，岂负我哉！'八月辛巳，高祖引师趋霍邑，斩宋老生，平霍邑。"[1] 贞观五年（631年），唐太宗敕令整修霍山庙。[2] 天宝十载（751年），封霍山神为应圣公。从春秋到隋唐，对霍山之神的崇拜持续了1500多年，隋代由国家为霍山神建立祠庙进行祭祀，唐代对霍山神赐予封号，宋代将霍山列入岳、镇名山已经水到渠成。北宋政和三年（1113年），封霍山神为应灵王。元代，在霍山之麓修建了规模宏大的水神庙。中镇霍山虽然在五大镇山之中入列最晚，但它在中国古代山岳崇拜体系中的"神资"很深厚，可以追溯到西周初年。

霍山成为中镇的区位基础

在中国的名山中，五岳、五镇构成的岳镇之山与"九州""华夏"的概念是密切相关的。一般而言，传统的九州之地和历代王朝的都城都在五岳之内，即处于"岳域"，如果都城不在岳域，朝廷

---

[1] ［后晋］刘昫等：《旧唐书》卷一《高祖本纪》，北京：中华书局1975年版，第3页。

[2] ［唐］李吉甫：《元和郡县图志》卷十二《河东道·赵城县》，北京：中华书局1983年版，第341页。

就会调整岳域的范围，保证都城不至于在山川地理上过于偏于一隅，如西周时把吴山（今陕西省宝鸡市吴山）定为西岳。北魏时，魏孝文帝认为平城在北岳恒山之北，地处岳域之外，在中原传统观念的九州之外，如果一直把平城作为都城，北魏就难以成为正统的中原王朝，因此他决定迁都洛阳。但是，魏孝文帝为追求文化和地理上的正统性而离开战略重镇平城，却导致了北魏的快速衰落。在中国的山岳崇拜信仰中，五镇仅次于五岳，但五镇的军事价值更大些。从五镇与五岳的方位关系来看，五镇都在五岳之外，五镇是五岳的外屏。霍山作为中镇，是中岳嵩山的屏障，也就是中原地区的北部屏障。从中原来看，地处山西高原北部的恒山山系是向北防御的第一道防线，著名的句注塞（雁门关）、飞狐关都在恒山之上；地处山西高原中南部交界处的霍山峡谷是向北防御的第二道防线，《吕氏春秋》所说的"大汾塞"指的就是霍山峡谷，如果北方军事势力突破霍山防线，很快就会逼近中原王朝的最后一道防线南太行山，饮马黄河，威胁河洛、关中的安全。霍山在五镇名山中虽然入列最晚，但凭借其特殊的区位在历史上发挥了重要的战略作用。如金朝末年，面对蒙古军队的南下，根据防御形势的变化，金朝对河东地区的行政区划进行了调整，提升了一些军事价值较高州县份的行政级别，以适应战时的军事指挥需要，如升霍县为霍州，辖赵城、灵石、汾西，并一度从蒙古军队手中收复了霍州。

霍山成为中镇之前的战略地位

从太原盆地沿着汾河谷地南下，经过介休之后，往南直到霍州，为连绵的崇山峻岭，道路穿行在山谷之间。这段穿行在灵石、霍州山谷之间的道路长约百里，可以称为灵霍峡谷道。百里灵霍峡谷道在灵石县南分为东西两条道路，西道为雀鼠谷道（河谷道），东道为高壁岭（也称韩侯岭）道（山谷道）。元代以后，高壁岭道为驿道所经。在战争期间，大规模的军事行动一般都是在经过灵石县城之后，从雀鼠谷道转入高壁岭道，这是沟通太原盆地与临汾盆地的咽喉要道，先秦时期的"天下九塞"之一的大汾塞就在这里。

两条古道的情况大致如下：

雀鼠谷道：介休市义棠镇之北峡谷入口—灵石县冷泉村—灵石县—夏门镇（阴地关）—富家滩—南关—霍州市。

高壁岭道：灵石县—高壁岭—郭家沟—仁义镇—逍遥岭—霍州市老张湾—师庄—周村—坡底村—十里铺—霍州市。

清代祁韵士在《万里行程记》中云："灵石县……南行登山十里至韩侯岭……由岭南下三十里至仁义镇。"[1] 董醇在《度陇记》

---

[1]　[清] 祁韵士：《万里行程记》，太原：山西人民出版社 1992 年版，第 4 页。

中云："五里坡底镇，自此路渐陡，夫如猱升，不见汾水矣。五里竹竿坡……五里韩侯岭，淮阴墓踞其巅。……五里郭家沟，出祠下岭，沟在岭底，有汛，有天险桥，过桥，复升。八里北台，七里仁义驿，有镇，四围皆山，状如深阱，人烟颇稀。……十里逍遥岭……五里老张湾，五里白水，十里师庄镇……十里周村汛，五里北坡，五里十里汛，十里霍州。"

据《北齐书》记载，封子绘在东魏任平阳太守时，因为穿越霍山的旧道千里径路况较差，便组织两个州的民夫在旧道的东侧山谷重修了一条道路。"晋州北界霍太山，旧号千里径者，山坂高峻，每大军往来，士马劳苦。子绘启高祖，请于旧径东谷别开一路。高祖从之，仍令子绘领汾、晋二州夫修治，旬日而就。高祖亲总六军，路经新道，嘉其省便，赐谷二百斛。"[1] 从这条史料可知，从太原南下晋州，霍山峡谷是必经之路，当原来的道路影响到军队南北往来时，只好将旧道废弃，在距离旧道不远的东侧山谷另修新路。新路刚修好不久，高欢率领的大军就从新路上通过，对新路十分满意，还对封子绘进行嘉奖。可见，千里径这条沟通南北的要道早就存在，也是一条主要的行军道路。在封子绘另开新路后，这条新路就沿用了"千里径"的名称，后来几百年间，南北之间的军事行动穿越高壁岭，都是使用东魏时期开凿的这条峡谷道路。千里径

---

[1] [唐] 李百药：《北齐书》卷二十一《封子绘传》，北京：中华书局1972年版，第304页。

往北，与灵石县境内的雀鼠谷道北段衔接。现在从灵石县经过韩信岭通往霍州，道路翻越崇山峻岭，蜿蜒曲折，险峻之状依然。

建德五年（576年），北周发起平阳之战时，北周宇文宪率精锐骑兵2万扼守雀鼠谷，宇文纯率步骑2万扼守千里径，分别从河谷道、山谷道两路防御北齐的援军南下。为了使防守更加严密，北周又派遣宇文盛率步骑1万扼守汾水关。北齐后主率领10万大军南下，雀鼠谷防线、千里径防线都被齐军突破，北齐后主令北齐军一部沿汾河南下出汾水关，自率大军通过高壁岭南下，上鸡栖原与北周宇文椿对阵。后来，北齐军队从平阳城下败退，北周军队一路北上，北齐军部署在高壁岭的1万守军望风而逃，北周追兵顺利通过霍山峡谷千里径，经过雀鼠谷北段继续追击，介休的北齐军守将韩建业也不战而降，北周军很快就兵临晋阳城下。从北齐军队南下的路线和北撤的路线可以看出，规模庞大的军事行动，一般都是经过雀鼠谷北段后，在灵石县南的汾河向西折流处向东南取道霍山峡谷的千里径。选择这样的行军路线，是因为雀鼠谷道的南段——灵石县夏门镇一带的沿河道路通行条件不适宜大兵团的行军。北周大军包围了平阳城之后，为了迟滞北齐的援军快速南下，在雀鼠谷和千里径都部署了防守的军队，说明灵霍峡谷为南北之间重要的战略通道。北齐军队在北撤时，如果部署得当，北周的追兵是很难越过高壁岭的。高壁岭失守后，太原盆地一马平川，无险可守，北周军队很快就兵临晋阳城下。

隋开皇十八年（598 年）改永安县为霍邑县，因霍山而名，说明隋文帝时期对霍山的屏障作用十分重视。隋炀帝即位之初，杨谅在晋阳起兵造反。杨素率领隋军渡过黄河，从蒲州北上平叛，杨谅的部将赵子开拥兵 10 余万，阻塞汾河谷道，屯据高壁岭，布阵 25千米，企图依险据守，把杨素的军队挡在高壁岭以南。杨素率领一支奇兵潜入霍山，沿崖谷而进，绕到赵子开军队的背后，一战破之，杀伤数万。杨谅的部下介州（今山西省介休市）刺史梁修罗屯兵介休，得知隋军突破高壁岭，便弃城而走。杨谅退至清源（今山西省太原市清徐县），晋阳城已近在咫尺。杨谅的军队虽然人数众多，是杨素兵力的四倍以上，但高壁岭一旦失守，在气势上已经处于下风，可见高壁岭在战略上的重要意义。

隋大业十三年（617 年）七月，李渊从太原（晋阳）起兵，先到西河（今山西省汾阳市），对当地的山胡形成震慑，以保障太原附近的安全，然后从西河南下进入雀鼠谷。大军在贾胡堡驻扎，适逢大雨连绵，军中乏粮，李渊又派一支军队回太原运粮。八月上旬，雨过天晴，李渊的军队从贾胡堡南下，进攻霍邑。贾胡堡的位置，《元和郡县图志》说在灵石县南约 17 千米，《读史方舆纪要》说在霍州东北 25 千米，从地形与距离上来看，应当在今灵石县逍遥村一带。李渊军队的南下路线和北齐大军的南下路线一样，因为当时大雨下了一个月左右，雀鼠谷南段的沿河道路不适宜通行，也容易遭到伏击，所以在经过雀鼠谷北段后，大军穿行于霍山峡谷之间。

　　武德二年（619 年）五月，刘武周的军队攻陷平遥。六月，占领介州，太原城告急。唐高祖派兵救援太原，被刘武周的军队击败于雀鼠谷。唐高祖又派裴寂为晋州道行军总管，督军抗击刘武周。八月，裴寂进军至介州，与宋金刚战于度索原（今山西省介休市绵山附近），唐军溃败，裴寂只身逃回晋州。这年冬天，李世民东渡黄河，开始收复河东。武德三年（620 年）四月，与唐军相持 5 个月的宋金刚终因粮食供给不足，被迫向北撤退。李世民率领唐军从柏壁军营出发，追击逃敌，一昼夜追了百余千米，一直追到高壁岭。唐军在雀鼠谷北段追上宋金刚，一日八战，连战连捷。李世民率领唐军追击宋金刚的路线，是先取道霍山峡谷的山道，然后在灵石县南进入雀鼠谷，与李渊军队的南下路线、北齐大军南下路线一样。分析李世民此次北上的行军路线，可进一步确定从东魏以来通过灵霍峡谷的南北军事通道，大多是取道雀鼠谷道—千里径（高壁岭道）。唐军通过雀鼠谷之后，在介休大败敌军，宋金刚逃走。刘武周得知宋金刚兵败，便弃太原城而走，李世民一路北上，收复了太原。这和北周消灭北齐时的情况一样，北上的军队只要翻越高壁岭、通过雀鼠谷，太原城就指日可下，灵霍峡谷对太原城的屏障作用十分明显。

擦亮自然、人文合一的中镇霍山名片

明末大学者顾炎武有《霍山》诗句："霍山古帝畿，崔嵬据汾左。东环太行趋，北负恒山坐。幽泉迸雷出，奇峰挟云堕。百物饶姿容，名花献千朵。"高度概括了霍山北望恒山，东环太行，高踞汾水之左，山峰高出云表，花草争奇斗艳，自古屏障畿辅重地。霍山的山势雄伟，最高峰2566米，是中国十大岳镇名山中最高的山脉。霍山不但人文历史悠久，而且自然风光秀丽，素为文人骚客称赞。明人刘廷桂有《霍泉》诗："浑浑源泉昼夜流，无边风景即瀛洲。山排屏障青霄外，鸟叶笙簧绿树头。云影徘徊鸥影泛，天光掩映水光浮。分明大地开图画，留与今人作胜游。"在诗人的笔下，源源不断的霍泉不舍昼夜地流淌着，无边的霍山风光像仙境一样。霍山的座座山峰像绿色的屏障直插云霄，各种鸟儿鸣唱的声音像笙簧一样动听，蓝天白云倒映在水中，这分明是上天在大地上展开的一幅美丽画卷，让人留连忘返。

而今可以给霍山定位如下："中镇霍山，屏障中原；山水如画，风景无边。"以霍州市附近的霍山为中心，整合周边霍泉、广胜寺、水神庙古建筑群等，建立"大霍山"的发展观念，提升霍山在全国的知名度，让更多人领略厚重的霍山人文历史、优美的中镇风光。

胡马南徙

『并州之胡』的形成与中国历史上的第一次大分裂

西晋永嘉五年（311 年），匈奴汉国的军队从河东平阳城南下攻陷洛阳，将晋怀帝掳至平阳。永嘉七年（313 年），晋怀帝的侄子司马邺在长安即皇帝位，年号建兴。建兴四年（316 年），匈奴汉国的军队又攻破长安，晋愍帝司马邺出降，西晋灭亡。一年后，琅琊王司马睿在建康（今江苏省南京市）即晋王位。大兴元年（318 年），司马睿即皇帝位，在江南重建晋朝政权，史称“东晋”。在东晋之后，江南先后建立了宋、齐、梁、陈四个政权。在北方黄河流域，以匈奴、鲜卑、羯、氐、羌为主的北方游牧部族先后建立了影响较大的十六个政权，史称“五胡十六国"。十六国之后,北方先后建立了北魏、东魏、西魏、北齐、北周五个政权。从建兴四年(316 年)西晋灭亡到隋开皇九年(589 年)隋军攻入建康灭亡陈朝的 270 多年间,中国历史上呈现出南北大分裂的格局,这也是秦汉大一统王朝建立以后南北分裂时间最长的一个时期。导致中国历史上出现第一次大分裂的诱因是西晋末年的八王之乱,但其根源从汉宣帝甘露三年(前 51 年)匈奴呼韩邪单于留居汉长城光禄塞沿线开始,历经西汉末年、东汉、曹魏、西晋初年,以匈奴为主的北方游牧部族不断南徙,在 300 多年的时间里逐渐形成了威胁中原王朝的"并州之胡"。当中原王朝处于四分五裂的状态时,已经南移 750 多千米的"并州之胡"发起致命一击,南北大分裂的大幕就此开启。

明确提出"并州之胡"这一概念的,是时任西晋太子洗马的大臣江统。元康九年(299 年),有感于西北地区的氐人、羌人发动的齐万年反叛事件威胁关中,江统向朝廷上表《徙戎论》:"并州之胡,本实匈奴桀恶之寇也。汉宣之世,冻馁残破,国内五裂,后合为二,呼韩邪遂衰弱孤危,不能自存,依阻塞下,委质柔服。建武中,南单于复来降附,遂令入塞,居于漠南,数世之后,亦辄叛戾,故何熙、梁槿戎车屡征。中平中,以黄巾贼起,发调其兵,部众不从,而杀羌渠。由是于弥扶罗求助于汉,以讨其贼。仍值世丧乱,遂乘衅而作,虏掠赵魏,寇至河南。建安中,又使右贤王去卑诱质呼厨泉,听其部落散居六郡。咸熙之际,以一部太强,分为三率。泰始之初，又增为四。于是刘猛内叛，连结外虏。近者郝散之变，发于谷远。今五部之众，户至数万，人口之盛，过于西戎。然其天性骁勇，弓马便利，倍于氐、羌。若有不虞风尘之虑，则并州之域可为寒心。……夫为邦者，患不在贫而在不均，忧不在寡而在不安。以四海之广，士庶之富，岂须夷虏在内，然后取足哉！此等皆可申谕发遣，还其本域，慰彼羁旅怀土之思，释我华夏纤介之忧。惠此中国，以绥四方，德施永世，于计为长。"[1]

在江统上表《徙戎论》之前20年，太康元年（280年），侍御史郭钦看到匈奴渐为边患，当时就提出了"渐徙平阳、弘农、魏郡、京兆、上党杂胡"的建议，其上疏曰："戎狄强犷，历古为患。魏初人寡，西北诸郡皆为戎居。今虽服从，若百年之后有风尘之警，胡骑自平阳、上党不三日而至孟津，北地、西河、太原、冯翊、安定、上郡尽为狄庭矣。宜及平吴之威，谋臣猛将之略，出北地、西河、安定，复上郡，实冯翊，于平阳已北诸县募取死罪，徙三河、三魏见士四万家以充之。裔不乱华，渐徙平阳、弘农、魏郡、京兆、上党杂胡，峻四夷出入之防，明先王荒服之制，万世之长策也。"[2]

《晋书·匈奴传》回顾综述了西汉末年、东汉末年、西晋初年

---

[1]　[唐]房玄龄等：《晋书》卷五十六《江统传》，北京：中华书局1974年版，第1534页。

[2]　[唐]房玄龄等：《晋书》卷九十七《四夷·匈奴传》，北京：中华书局1974年版，第2549页。

几个历史时段匈奴势力不断南下的情形，也就是"并州之胡"的逐渐形成过程："前汉末，匈奴大乱，五单于争立，而呼韩邪单于失其国，携率部落，入臣于汉。汉嘉其意，割并州北界以安之。于是匈奴五千余落入居朔方诸郡，与汉人杂处。呼韩邪感汉恩，来朝，汉因留之，赐其邸舍，犹因本号，听称单于，岁给绵绢钱谷，有如列侯。子孙传袭，历代不绝。其部落随所居郡县，使宰牧之，与编户大同，而不输贡赋。多历年所，户口渐滋，弥漫北朔，转难禁制。后汉末，天下骚动，群臣竞言胡人猥多，惧必为寇，宜先为其防。建安中，魏武帝始分其众为五部，部立其中贵者为帅，选汉人为司马以监督之。魏末，复改帅为都尉。其左部都尉所统可万余落，居于太原故兹氏县；右部都尉可六千余落，居祁县；南部都尉可三千余落，居蒲子县；北部都尉可四千余落，居新兴县；中部都尉可六千余落，居大陵县。武帝践阼后，塞外匈奴大水，塞泥、黑难等二万余落归化，帝复纳之，使居河西故宜阳城下。后复与晋人杂居，由是平阳、西河、太原、新兴、上党、乐平诸郡靡不有焉。"[1]

　　据《晋书·匈奴传》的观点，呼韩邪单于在西汉末年率部落入臣于汉，朝廷割并州北界以安之，随着时间的推移，南下的匈奴部族不断增加，容纳匈奴居住的北边郡县逐渐失去对匈奴的控制。到了西晋初年，并州中南部的太原、新兴、西河、上党诸郡都有大量

---

　　[1]　[唐]房玄龄等：《晋书》卷九十七《四夷·匈奴传》，北京：中华书局1974年版，第2549页。

的匈奴人居住。而江统在《徙戎论》中回顾"并州之胡"形成的最早时间，也认为是在"汉宣之世"，呼韩邪单于衰弱孤危，依阻塞下。汉代并州的辖地，相当于今内蒙古自治区呼和浩特以南地区和山西省除临汾、运城之外的地方以及陕北地区。根据有关史料，梳理自"汉宣之世"到"永嘉之乱"350多年间"并州之胡"的形成，对系统了解西晋末年出现的南北大分裂是十分必要的。

两汉魏晋时期并州范围的变迁

据《汉书·地理志》，西汉的并州刺史部下辖朔方郡、定襄郡、云中郡、五原郡、上郡、西河郡、雁门郡、太原郡、上党郡，共计9郡。朔方郡治朔方（今内蒙古自治区鄂尔多斯市杭锦旗东北），辖10县；定襄郡治成乐（今内蒙古自治区呼和浩特市和林格尔县西北），辖12县；云中郡治云中（今内蒙古自治区呼和浩特市托克托县东北），辖11县；五原郡治九原（今内蒙古自治区包头市九原区），辖16县；上郡治肤施（今陕西省延安市），辖23县；西河郡治平定（今内蒙古自治区鄂尔多斯市东南），辖36县；雁门郡治善无（今山西省朔州市右玉县右卫镇），辖14县；太原郡治晋阳（今山西省太原市西南），辖18县；上党郡治长子（今山西省长治市长子县西南），辖13县。

　　东汉时期的并州刺史部依然下辖朔方郡、定襄郡、雁门郡、太原郡等9郡，但有的郡治发生了变化，下辖的县也减少了，总的情形是辖境向南收缩。朔方郡治临戎（今内蒙古自治区巴彦淖尔市磴口县北），辖县由10县减少为6县；定襄郡治南迁到原来的雁门郡治善无城，南移50多千米，辖县由12县减少为5县；雁门郡治由善无城南迁到恒山附近的阴馆城，南移近150千米；五原郡辖县由16县减少为10县；西河郡治东移到离石（今山西省吕梁市离石区），辖县由36县减少为13县；上郡辖县由23县减少为10县。汉灵帝末年，因为北方的羌胡侵扰，朔方郡、云中郡、五原郡、定襄郡、上郡5郡的百姓分散流亡，并州北部5郡名存实亡。汉献帝建安十八年（213年），将并州省入冀州。建安二十年（215年），在恒山之南新设新兴郡，安置并州北部5郡的流散百姓，又从上党郡析置乐平郡。从东汉时期定襄郡治、雁门郡治的连环南移和灵帝末年并州北部5郡的名存实亡，可以看出北方游牧部族在东汉时期的不断南徙，已经逼近恒山一线。

　　三国魏黄初元年（220年）复置并州，陉岭（恒山）以北的地方已经放弃，此时的并州下辖恒山以南的雁门、新兴、太原、西河、乐平、上党6郡。

　　西晋建立后，并州依然下辖雁门、新兴、太原、西河、乐平、上党6郡。

　　两汉时期并州的范围比较大，不仅包括现在山西省的大部，还包括内蒙古自治区和陕西省北部。到了曹魏、西晋时期，并州的范围缩小，不仅不再包括两汉时期的云中郡、朔方郡、五原郡、定襄郡、上郡，甚至恒山以北的地方也不在并州的辖区之内了。

西晋时期江统在《徙戎论》中所说的"并州之胡"，是指曹魏以来居住在恒山以南太行山、吕梁山间和滹沱河谷地、汾河谷地的南迁北胡部族。

两汉魏晋时期"并州之胡"的逐渐形成

西汉末年，汉宣帝神爵三年（前59年），匈奴首领虚闾权渠单于去世，匈奴内部大乱，先后有匈奴贵族屠耆、呼韩邪、车犁、乌藉、呼揭互相攻打，争夺单于名号，史称"五单于争立"。一度强势的呼韩邪单于在争斗中失败，携率部落，入臣于汉。甘露三年（前51年），汉朝将呼韩邪部族安置在阴山光禄塞，首开划地安置北方游牧民族之先河，即《晋书·匈奴传》所云"割并州北界以安之"。江统在《徙戎论》中所说的"呼韩邪遂衰弱孤危，不能自存，依阻塞下，委质柔服"，也指此事。此举实为"并州之胡"形成之发端。之后，匈奴人入居阴山以南的河套地区，与汉人杂居。

把匈奴部族安置在并州北界，虽然远在长安之北750多千米，没有近忧，但实属缺乏远虑的招祸之举，后来以匈奴为代表的北方部族在 300 多年间不断南徙，皆源于此。

王莽时期，匈奴经常南下入塞骚扰，"大辈万余，中辈数千，少者数百，杀雁门、朔方太守、都尉，略吏民畜产不可胜数，缘边虚耗"[1]，阴山以南的并州北部诸郡不得安宁。

东汉初，并州的治所在晋阳城。由于匈奴、乌桓南下抢掠日盛，建武十五年（39 年），光武帝派人将雁门郡、代郡、上谷郡三郡的百姓 6 万多人迁到居庸关、常山关以东，[2] 以避其锋，实际上是将今倒马关与居庸关之间 150 多千米的太行山作为防御乌桓、匈奴的屏障。恒山以北的并州北部，汉族人口大量减少，匈奴、乌桓的人口逐渐迁入。建武二十四年（48 年），匈奴因争夺王位又发生了内乱，分裂为南北二部。南部匈奴首领日逐王比率八部匈奴万余人依附东汉称臣，又被汉朝安置在并州北部的河套地区。不久，因南匈奴在与北匈奴作战中失败，汉朝又允许南匈奴入居沿边八郡，南匈奴的王庭被安置在西河郡美稷县（今内蒙古自治区鄂尔多斯市准格尔旗纳林乡北），已经接近今山西省西北部。南单于既居西河，在并州北部列置诸部王，韩氏骨都侯屯北地郡，右贤王屯朔方郡，当于骨都侯屯五原郡，呼衍骨都侯屯云中郡，郎氏骨都侯屯定襄郡，左南将军屯雁门郡，栗籍骨都侯屯代郡。沿边八郡中有六

---

[1]　[东汉] 班固：《汉书》卷九十四下《匈奴传》，北京：中华书局 1962 年版，第 3824 页。

[2]　[宋] 范晔：《后汉书》卷一下《光武帝纪第一下》，北京：中华书局 1965 年版，第 64 页。

个郡（朔方、五原、云中、西河、定襄、雁门）属于并州，今山西北部大同、朔州一带成为匈奴的合法迁入地，汉人与匈奴人在这里杂居。汉章帝章和元年（87 年），北匈奴在鲜卑的打击下损失严重，屈兰、储卑、胡都须等北匈奴五十八部到云中、五原、朔方、北地降附汉朝。还有不少北匈奴部众归附南匈奴，南匈奴势力大增，到永元二年（90 年），入居并州北部的南匈奴人数有 20 多万。随着时间的推移，南匈奴"户口渐滋，弥漫北朔，转难禁制"。因部族成分复杂，难以控制，南匈奴多次发生反叛事件，滋扰东汉边塞。永和五年（140 年），南匈奴内部再次发生变乱，攻掠并、凉、幽、冀四州。东汉政府用了几年时间才平息了叛乱，但大批南匈奴部众由阴山附近的并州北部逐渐深入恒山以南的并州中部，部分南匈奴入居汾河流域，西河郡徙治离石，南匈奴的王庭也在这一时期迁移到左国城（今山西省吕梁市方山县南村），今吕梁地区迁入了大量的匈奴人。

东汉后期，在北方崛起的鲜卑不断南下骚扰，对东汉形成威胁。熹平六年（177 年）八月，东汉军队分三路北伐鲜卑，乌丸校尉夏育由高柳（今山西省大同市阳高县）出发，破鲜卑中郎将田晏由云中（今内蒙古自治区呼和浩特市西南）出发，匈奴中郎将臧旻与南匈奴单于由恒山雁门塞出发，各自率领骑兵 1 万多人，可见并州的恒山以南居住了不少匈奴部族。中平五年（188 年），反叛的南匈奴部众进攻太原郡、西河郡，攻杀了并州刺史张懿、西河郡守邢纪。中平六年（189 年），南匈奴单于于弥扶罗与白波军合兵攻打河东郡县，当时各地多聚众筑壁自保，于弥扶罗抄掠无所得，只好留在平阳，平阳城一度成为南匈奴的聚居地。建安七年（202 年），南匈奴单于呼厨泉在平阳起兵反叛，曹操派司隶校尉钟繇围攻平阳，与曹操抗衡的袁尚委任郭援为河东郡太守，与并州刺史高干一起增援南匈奴，关西名将马超率领 1 万多人赴平阳驰援钟繇，击败郭援、高干的援军，呼厨泉投降。建安十一年（206 年），曹操任命梁习到晋阳为并州刺史，当时晋阳一带"胡狄在界，张雄跋扈；吏民亡叛，入其部落；兵家拥众，作为寇害"[1]。大量匈奴人入居晋阳，他们骚扰汉族百姓的事十分常见，一些图谋不轨的汉人加入匈奴的部落中，与匈奴人联手滋事。梁习采取了分化瓦解的策略，招大量的汉人入军中，对少数抗命者进行镇压。失去汉人中亡命之徒的支持后，晋阳一带的匈奴再也不敢飞扬跋扈，"单于恭顺，名王稽颡，部曲服事供职，同于编户"。这说明晋阳一带的匈奴人已经和在册的汉人一样负担赋税、劳役。

建安二十一年（216 年），南匈奴单于呼厨泉入朝，曹操将其留于邺城，派右贤王去卑监国。分匈奴之众为五部，分别安置在并州诸郡，每部择立贵族为帅，以削其势：左部 1 万余落置于兹氏县（今山西省汾阳市），右部 6000 余落置于祁县，中部 6000 余落置于

---

[1]　[晋]陈寿：《三国志》卷十五《魏书·刘司马梁张温贾传》，北京：中华书局 1959 年版，第 469 页。

大陵县（今山西省吕梁市文水县），北部 4000 余落置于新兴县（今山西省忻州市忻府区），南部 3000 余落置于蒲子县（今山西省临汾市隰县）。曹操对南匈奴采取分而治之的办法，表面上看是削减了匈奴的势力，但无形中却把十几万匈奴人分散于并州腹地，遍地开花，加速了"并州之胡"的形成。

魏晋时期，因为入居并州地区的匈奴人数众多，驻晋阳城的并州刺史有时兼任匈奴中郎将，监督并州地区的游牧部族。曹魏时期，并州刺史田豫、陈泰、孙礼都兼任使持节护匈奴中郎将。史载，陈泰在晋阳城任职，对晋阳附近的匈奴等游牧部族采取怀柔政策，"怀柔夷民，甚有威惠。京邑贵人多寄宝货，因泰市奴婢，泰皆挂之于壁，不发其封。及征为尚书，悉以还之"[1]。典故"陈泰挂壁"即发生在晋阳城，当时京城中的权贵常常给并州刺史陈泰寄来珍宝奇货，让陈泰给他们从战俘中购买胡人奴婢提供方便，这些珍宝奇货陈泰全都不开封，只挂在墙壁上，后来回京城时一一原封退回。当时在晋阳城中不但有匈奴人，还有乌桓人和鲜卑人。

居住在北方的乌桓，在东汉初也开始崛起，乌桓和匈奴多次南下，在塞北地区抄掠。为了防御乌桓和匈奴的南下，建武十三年（37 年），光武帝诏令上谷郡（今河北省张家口市怀来县）太守王霸治理飞狐道，东汉军队堆石布土，筑起亭障，自代县（今河北省

---

［1］ ［晋］陈寿：《三国志》卷二十二《魏书·桓二陈徐卫卢传》，北京：中华书局 1959 年版，第 638 页。

张家口市蔚县）至平城 150 余千米，修筑了一道防线。东汉部署的这道防线，绝大部分在今山西境内，从大同东南延伸到太行山附近，阻挡乌桓和匈奴从西边的大同、东边的飞狐道南下。同时，为了防御匈奴、乌桓的南下，从太原到井陉构建了第二道防线。为了减少内地转运军粮之烦，东汉政府在太原一带部署屯田，[1] 太原成为东汉王朝防御匈奴、乌桓南下的战略重镇。几年之后，汉朝与乌桓的关系有所改善，允许乌桓入居塞内，汉朝给乌桓提供衣食，乌桓为汉朝打击匈奴、鲜卑，雁门郡、代郡、太原郡有部分乌桓迁入，史书上有"代郡乌桓""雁门乌桓""太原乌桓"之称。大量的乌桓入居雁门郡、太原郡，增加了"并州之胡"的数量。

东汉中期，北方崛起的鲜卑也不断南下骚扰，恒山以北几乎成为鲜卑的天下。从永元十三年（101 年）开始，鲜卑族不断地进犯太行山前的渔阳郡（今北京市密云区西南）和太行山后的上谷郡，及代郡（今山西省大同市阳高县）、定襄郡（今山西省朔州市右玉县南）、雁门郡（今山西省朔州市东南），有时还会进犯至太原一带。到了建安时期，鲜卑族以步度根部、轲比能部势力最强。曹魏初，步度根部与轲比能部不断相互攻打，步度根部的势力日益衰弱，所部数万人南下雁门郡，请求归附。归顺的步度根部被安置在句注塞以南守边，被称为"保塞鲜卑"。此时的恒山南北，生活着

---

[1] ［宋］范晔：《后汉书》卷二十二《杜茂传》，北京：中华书局1965年版，第776页。

大量鲜卑人。

曹魏时期，汾河下游也有大量的匈奴人迁入。为了加强对汾河以北的匈奴人的管理，正始八年（247 年）从河东郡划出汾北 10 县，设立了平阳郡。当时设立平阳郡的目的，是想在 "并州之胡" 与洛阳之间建立一个缓冲区，让平阳郡承担起防御北方胡马南下的堡垒作用。嘉平元年（249 年），并州地区的匈奴右贤王、左贤王合为一部，实力很强。邓艾上疏曰："戎狄兽心，不以义亲，强则侵暴，弱则内附，故周宣有猃狁之寇，汉祖有平城之围。每匈奴一盛，为前代重患。自单于在外，莫能牵制，去卑诱而致之，使来入侍。由是羌夷失统，合散无主。以单于在内，万里顺轨。今单于之尊日疏，外土之威浸重，则胡虏不可不深备也。闻刘豹部有叛胡，可因叛割为二国，以分其势。去卑功显前朝，而子不继业，宜加其子显号，使居雁门，离国弱寇，追录旧勋，此御边长计也。"又说："羌胡与民同处者，宜以渐出之，使居民表。"[1] 邓艾指出戎狄的本性是 "强则侵暴，弱则内附"，不能听任匈奴的左右两部合为一处，应该 "割为二国，以分其势"。他建议给匈奴贵族去卑的后代赐加封号，徙居北部的雁门郡，达到 "离国弱寇" 之目的。对于大量入居内地的北方游牧部族，邓艾建议 "渐出之"。匈奴、乌桓、鲜卑等北方游牧部族从东汉初年开始进入并州北部诸郡，到此时已

---

[1] ［晋］陈寿：《三国志》卷二十八《魏书·王毌丘诸葛邓钟传》，北京：中华书局 1959 年版，第 776 页。

经历经 200 年，要把他们全部迁回草原根本不可能，强行北迁就会激化矛盾，所以邓艾建议采取和缓的办法逐步北迁。可能是顾虑引发游牧部族的反抗，邓艾的和缓之策也没有被采纳。

西晋初年，又有两万余落匈奴内迁，"平阳、西河、太原、新兴、上党、乐平诸郡，靡不有焉"[1]。曹魏末年的咸熙之际，又把并州地区过于强大的匈奴一部分为三部。西晋泰始之初，又分为四部。太安年间（302—303 年），并州发生饥荒，并州刺史司马腾采纳部下的建议，把并州一带的胡人抓起来贩卖到太行山以东，下令"虏群胡将诣冀州，两胡一枷"，可见当时并州地区的胡人数量庞大。石勒起家时的"十八骑"中，既有羯人，也有匈奴人。

西晋末年，匈奴贵族刘渊（字元海）在洛阳作人质，结交名流，心怀异志。齐王司马攸对皇帝说："陛下不除刘元海，臣恐并州不得久宁。"太康末年，刘渊被任命为北部都尉。并州的五部匈奴俊杰无不与其联络，"幽冀名儒，后门秀士，不远千里，亦皆游焉"。刘渊建汉国后，石勒率领人马投奔刘渊，被封为辅汉王、平晋将军，石勒又到乐平郡（治今山西省晋中市昔阳县）收服了那里的乌桓部落。当平阳的匈奴汉国发生内乱时，石勒率兵进驻平阳附近的襄陵（今山西省临汾市襄汾县襄陵镇），有 4 万余落羌族、羯族投奔石勒。平阳城被石勒大军包围，又有 10 万余落羌族、羯族

---

[1] [唐]房玄龄等：《晋书》卷九十七《四夷·匈奴传》，北京：中华书局 1974 年版，第 2549 页。

归附。从相关记载来看，在西晋末年，平阳附近的羌族、羯族人数当在 70 万左右，他们应该是从并州各地集中到平阳附近的。加上定襄郡、雁门郡、新兴郡、太原郡、西河郡、上党郡的匈奴、乌桓、鲜卑等部族，并州诸郡的游牧部族人口当在 100 多万，人数庞大的"并州之胡"已经形成。

郭钦在太康元年（280 年）提出从中原地区迁出 4 万家移民到平阳以北各县，逐步将上党、平阳等地的匈奴人迁出，以改变并州地区的民族比例，避免匈奴对中原地区的威胁。当时匈奴的王庭内迁已经 140 年，要强迫他们再回到本土去，已经没有任何可能性了。郭钦的"部族稀释"建议虽有一定的可操作性，却未被朝廷采纳。江统在元康九年（299 年）上表《徙戎论》时，"并州之胡"已经对中原地区形成了碾压之势，匈奴的骑兵三天左右就可以奔驰到洛阳城下，西晋朝廷只能听天由命了。

"并州之胡"南下中原

从东汉以来，入居北方的游牧部族多集中在并、凉、幽三州，凉、幽二州距离中原较远，而并州南部紧邻中原畿辅重地，并州是唯一的临边近畿之地。并州有警，中原震动，"并州之胡"对中原王朝的威胁最大，"并州之胡"的动向关乎中原王朝的存亡。

西晋末年的八王之乱期间，并州刺史东嬴公司马腾、安北将军王浚，联合并州、幽州北部的乌桓、鲜卑起兵讨伐邺城的成都王司马颖。刘渊当时为司马颖的幕僚，他对司马颖说："今二镇跋扈，众余十万，恐非宿卫及近都士庶所能御之，请为殿下还说五部，以赴国难。"[1] 刘渊认为乌桓、鲜卑不如并州五部匈奴强悍，可以匈奴二部阻击司马腾，以另外三部阻击王浚。司马颖于是拜刘渊为北单于、参丞相军事，让刘渊北归并州发动匈奴五部兵马。

永兴元年（304 年）十月，从洛阳北归的刘渊在吕梁山中的左国城南郊筑坛设祭，自称汉王，建立汉国。二旬之间，从并州各地投奔而来的匈奴人就达到 5 万多，刘渊建都于离石。并州刺史司马腾率领 2 万余户并州百姓东下太行山。刘渊部署匈奴军队进犯太原、泫氏（今山西省高平市）、屯留、长子、中都（今山西省晋中市平遥县）。次年，离石一带发生大饥荒，刘渊让太尉刘宏、护军马景留守离石，自己率领部分人马迁于上党黎亭，一来是因为上党有邸阁粮仓，二来是因为上党是匈奴部族的聚居地之一。后来，刘渊以离石为根据地进据河东，攻占军事重镇蒲坂（今山西省永济市蒲州镇西北的蒲州古城）、平阳，河东郡、平阳郡各县基本上都被匈奴控制，洛阳城已岌岌可危。此时距江统上表《徙戎论》刚刚过去 6 年，而郭钦所担忧的"胡骑自平阳、上党不三日而至孟津"已

---

[1] ［唐］房玄龄等：《晋书》卷一〇一《刘渊海载记》，北京：中华书局1974 年版，第 2648 页。

成事实。

刘渊在离石建立匈奴汉国，举起反晋的大旗，上郡的四部鲜卑、氐族的大单于、羯族的石勒都到并州投奔刘渊，从而在并州地区形成了一支由匈奴、鲜卑、羯、氐、羌等北方各族组成的强大的反晋力量。永嘉二年（308 年），刘渊在蒲子（今山西省临汾市隰县）正式称帝。因为蒲子地域狭小，不可长久安身，不久又迁都平阳。面对强悍凶猛的"并州之胡"组成的军队，西晋衰弱的军力根本无法与之抗衡。因为在西晋初年，鉴于东汉末年以来州郡长官领兵容易形成地方军阀的弊端，晋武帝司马炎做出了军事改革，即裁减州郡兵："天下罢军役，示海内大安，州郡悉去兵，大郡置武吏百人，小郡五十人。"[1] 同时，为了巩固司马家族的权力，把宗室子弟分封到各地建立郡国，诸王都有一定数量的军队："封诸王，以郡为国。邑二万户为大国，置上中下三军，兵五千人；邑万户为次国，置上军下军，兵三千人；五千户为小国，置一军，兵千五百人。"[2] 诸王的军队在八王之乱期间都成为各自争夺权力的私人武装，根本无力去抵抗"并州之胡"的进攻。永嘉二年（308 年），刘曜、刘聪等两次围攻洛阳；永嘉四年（310 年），刘曜、刘粲与石勒再次南下围攻洛阳；永嘉五年（311 年）四月，石勒率骑兵在

---

[1]　[唐] 房玄龄等：《晋书》卷四十三《山涛传》，北京：中华书局 1974 年版，第 1227 页。

[2]　[唐] 房玄龄等：《晋书》卷十四《地理志上》，北京：中华书局 1974 年版，第 414 页。

苦县宁平城（今河南省周口市郸城县东北）围歼 10 万晋军，消灭了西晋军队最后的主力。六月，刘曜、石勒、呼延晏等会攻洛阳，洛阳陷落，洛阳坊市被烧毁，晋室王公及百官以下 3 万余人被杀，晋怀帝、皇后及传国玉玺被送至平阳，西晋走向灭亡。

回顾"并州之胡"的形成过程：西汉宣帝时，以并州北界安置匈奴部族，首开"北胡"入居边郡之先河。东汉初年，允许匈奴入居沿边八郡，并州北部六郡的匈奴部族渐多，大量的乌桓人也开始入居雁门郡、太原郡。东汉中期，大批南匈奴部众由并州北部深入到并州中部的西河郡，南匈奴的王庭也迁移到吕梁山地区。东汉末年，恒山南北都分布着大量的鲜卑部族，匈奴部族已经深入到并州腹地的汾河谷地以及并州之南的平阳郡。东汉中期以后是"并州之胡"形成的重要阶段。西晋初年，并州最南端的上党郡也入居了大量的匈奴人、羯人，北方游牧部族已经遍布并州六郡。"并州之胡"从"弥漫北朔"到南居平阳、上党，用了 350 多年。

民族熔炉

古代山西的民族融合是中国民族融合史的缩影

中国是一个多民族国家，在数千年的历史上，各民族之间既有战争，也有交流、融合，而融合是主流。古代民族之间的战争主要发生在北方。秦汉以来，从北方草原上兴起的游牧民族不断地、周期性地向南冲击，与从事农耕的汉民族争夺生存空间，这是两种文明形态的碰撞，由此而引起的南北过渡地带的战争十分频繁。从战国开始，中原政权在北部边疆地带防御游牧部落南下，也基本成为一种常态。从北方草原区先后兴起的匈奴、乌桓、鲜卑、柔然、突厥、契丹、女真、蒙古等游牧民族，在与汉民族的碰撞中，受中原文化的影响，有不少游牧民族仿效中原王朝建立了政权，有的甚至进入中原腹地。在强大的中原农耕文明的影响下，这些北来的游牧民族，基本都与汉民族融合在一起。经过漫长的历史岁月，匈奴、乌桓、鲜卑、突厥、契丹等强盛一时的游牧民族消失得杳无踪迹，成为一个个历史文献中的符号，他们的后代早已融合进中原汉民族之中。历史发展有它的轨迹，波澜壮阔的民族融合进程也有可以寻找的轨迹。通过阅读历史文献，结合广泛的田野考察，发现鲜活的民族融合实例，庶几可看到黄河之东、太行之西的民族融合轨迹，使民族融合不再是一个抽象的概念。尽管历经近两千年，但从人类基因、民俗习惯、姓氏源流、地名沿革等方面入手研究，我们还能在山西各地发现一些匈奴族、鲜卑族的后代，他们特有的高鼻、深目，是祖先遗传在他们身上的印记；亲朋间来往以羊为重礼，则是他们千年不变的游牧民族习俗。这些便是民族融合的鲜活案例。

数千年民族融合的遗存，在北方的大部分地方已经很难找到，只有在太行山之西、黄河以北的山西省还能有所发现，这与山西特殊的地理位置、地形特点有很大关系。司马迁在《史记》中，给古代的农耕区和游牧区划了一条线，即著名的"龙门—碣石线"，并提及"龙门、碣石北多马、牛、羊、旃裘、筋角"。这条线在今山西境内为西南—东北向，从吕梁山南端开始，经过太原、忻州以北，向东北沿恒山到河北平原，从燕山南麓一线到渤海。从现在的行政区划来看，除了运城、临汾（部分）、晋城、长治、晋中，山西的西部、北部大部分地方都处于古代的农牧交错地带。在山西的代县、繁峙县以北，横亘着西南—东北向的恒山山脉，绵延数百里，形成一道天然屏障，将太原盆地、忻定盆地与大同盆地隔开。这道屏障也是古代山西的农牧分界线，古人把这条线以北称为塞外、塞北。有古代歌谣曰："雁门关外野人家，不养丝蚕不种麻。百里并无桑柘树，三春哪见桃杏花？"塞北是不适合从事农耕、桑蚕的。历史上，山西中南部的农耕文明依赖这道屏障提供屏护。当北方游牧民族越过阴山南下后，首先选择的活动区域就是恒山以北的塞北之地，即今大同、朔州一带；然后逐步南下，进入塞南，即今忻州、吕梁北部。有些游牧民族臣服于中原王朝后，就被安置在塞南定居，为中原王朝守边。倘若他们继续南下，就深入到今吕梁南部、晋中、临汾、长治一带。山西境内多山，山间又多有可放牧之处，时过境迁，相当一部分游牧民族后代就留在了山西的山川之间，逐渐成为汉民族的一员。在数千年的历史上，山西就像一个角力场，匈奴、乌桓、鲜卑、柔然、突厥、契丹、女真、蒙古等游牧民族，在此轮番与汉民族对阵。当游牧民族在中原地区建立政权，局势基本稳定之后，游牧民族与汉族之间的融合度就会越来越高，在文化上、生活习惯上不断向汉族靠近，原来的游牧习俗逐渐淡化。当入主中原的游牧族政权败亡后，中原的平川地带是很难供他们藏身的，他们往往会选择山西等地的山川之间作为居留之地。游牧民族的少数个体，他们的后代一直居住在山西的山川之间，随着时间的推移，基本上无人知道他们的祖先是草原上的游牧者，这就是民族融合的力量。

先秦时期山西地区的民族融合

　　山西地处温带与暖温带的过渡地带，也是农耕带与游牧带的交错地带，自古就是华夏民族与北方游牧民族混合居住的地区。在夏、商、周时期，今山西地区就居住着不少游牧民族。西落鬼戎在今吕梁一带，燕京之戎在今太原一带，条戎在今中条山一带，余无戎在今晋东南。西周初年，周成王的弟弟叔虞被分封到黄河以东的汾河下游，这里虽然是夏人的故地，但境内也有不少戎狄部族居住。《左传·昭公十五年》记载了晋国大夫籍谈向周景王描述晋国受封之初的情形："晋居深山，戎狄之与邻，而远于王室。王灵不及，拜戎不暇。"而周景王则反驳说唐叔虞受封时是"匡有戎狄"，虽然与众多的戎狄部族为邻，但晋国对他们拥有主导权。周王向叔虞提出"启以夏政，疆以戎索"的治国原则，即要兼顾游牧民族的生产生活习惯。可知，在晋国立国之初，境内的人员组成就包括原来居住在这里的"夏人""戎族"和新来的"周人"。可以说，山西地区具有与生俱来的多民族性特色。这也许就是后来晋国"和戎"强盛、赵国率先胡服骑射、北魏主动进行民族融合的原因。公元前806年，晋穆侯征伐中条山地区的条戎，出师不利，恰巧他的大儿子出生，晋穆侯给长子取名"仇"，以铭记这次征伐的失利。四年之后，晋穆侯北伐戎狄，大获全胜，班师回国，恰遇次子出生，晋穆侯给二儿子取名"成师"，以示庆贺。可见，直到公元前9世纪，今山西南部还居住着大量的戎狄部族。

到了公元前7世纪的晋献公时代，晋国的周边还分布着许多戎狄部族，《国语》记载当时的情形是"戎狄之民实环之"[1]。晋献公所兼并的小国有相当数量为戎狄之国，《国语·晋语一》有云："狄之广莫，于晋为都。晋之启土，不亦宜乎？"晋国东南边的太行山被赤狄部落占据。晋献公十七年（前660年），晋献公派太子申生征伐东山赤狄。《左传·闵公元年》："晋侯使太子申生伐东山皋落氏。"在晋国的打击下，居住在太行山一带的赤狄被迫北迁。东山皋落氏，在今垣曲县，该地现在还有皋落乡。晋献公与晋国周边的游牧族通婚，他的儿子中有好几个都有狄人的血统，晋献公最小的两个儿子，是献公与骊戎（亦称"丽土之狄"，在今中条山东部）之女所生。公元前636年，周王室发生内乱，刚即位不久的晋文公出兵勤王。当时由晋国通往洛阳最便捷的道路是经过太行山的轵关陉，有两段道路分别被"草中之戎"和"丽土之狄"控制着。为了快速通过太行山，晋国"乃行赂于草中之戎与丽土之狄，以启东道"[2]，送给山中的戎狄不少宝物。晋景公（前599—前581年

---

[1]　上海师范大学古籍整理研究所校点：《国语》卷八《晋语二》，上海：上海古籍出版社1998年版，第301页。

[2]　上海师范大学古籍整理研究所校点：《国语》卷十《晋语四》，上海：上海古籍出版社1998年版，第373页。

在位）时，在今山西省东南部的长治、潞城、黎城、屯留一带分布着一些赤狄部落，包括潞氏、甲氏、留吁、铎辰等分支。晋景公六年（前594年），晋国通过连续的军事行动，消灭了这些赤狄部落。

公元前6世纪上半叶，原来生活在今陕西北部的白狄东迁到今山西中部。公元前569年，居住在今太原一带的白狄部族无终戎的首领嘉父派人出使晋国，想与晋国建立和睦关系。晋悼公原想拒绝并计划征伐。晋国的大臣魏绛认为和戎有五利，力主采取和戎之策。晋悼公采纳了魏绛的建议，派魏绛与北部的戎狄订立盟约，[1] 从此晋之国势日隆。太原一带的白狄部落带着晋国给的钱财逐步往东发展，占据了太行山中段的山前平原地带。这就是著名的"魏绛和戎"。

战国时期，今山西北部经常受到匈奴、东胡、林胡的骚扰，"边不得田畜"，边境地区的农牧生产活动都无法正常进行。赵国名将李牧多年驻守雁门郡（今山西省朔州市右玉县右卫镇）防备匈奴。李牧大败匈奴，击败东胡，收降林胡，[2] 保障了赵国北疆的安全。李牧收降林胡，说明战国后期林胡已经被安置在今山西北部地区。

---

[1]　[东周] 左丘明著，杨伯峻注：《春秋左传注·襄公四年》，北京：中华书局1990年版，第939页。

[2]　[汉] 司马迁：《史记》卷八十一《廉颇蔺相如列传》，北京：中华书局1982年版，第2450页。

两汉时期山西地区的民族融合

经过长期的交流、兼并，居住在山西境内的游牧民族逐渐同华夏族融为一体。到了秦汉时，山西境内基本上以汉族为主。秦汉之际，匈奴进入山西北部。西汉初，匈奴南下，刘邦率兵出征，但出师不利，兵败于今大同附近的白登山。白登之战后，汉对匈奴采取和亲之策，汉匈之间基本和平相处。

西汉末，匈奴大乱，五单于争立，呼韩邪单于失败，率部落入臣于汉，汉朝把他们安置在并州北部。匈奴一部入居今内蒙古河套地区，临近山西北部，与汉族杂居，首开划地安置北方游牧民族之先河。汉元帝时，呼韩邪单于向汉朝提出建议，愿意为汉朝守边，东自上谷郡，西到敦煌郡（今甘肃省敦煌市），要求汉朝撤回在边境地区的守边军队。大臣侯应熟悉边疆事务，他认为不应该采纳匈奴提出的建议。侯应的理由有十条，其中有四条说到汉军守边的目的是防止在汉境的人逃往匈奴。[1] 由此可知，当时包括今山西北部地区在内的边塞地区，汉族与匈奴的联系频繁，彼此的分界并不十分明显。东汉初年，由于匈奴、乌桓南下抢掠日盛，建武十五年（39年），光武帝派人将雁门、代、上谷三郡的百姓6万多人迁到

---

[1] ［东汉］班固：《汉书》卷九十四下《匈奴传》，北京：中华书局1962年版，第3804页。

居庸关、常山关以东，以避其锋，恒山以北的山西北部，汉族人口大量减少，匈奴的人口逐渐迁入。建武二十四年（48 年），匈奴因争夺王位发生内乱，分裂为南北二部。南部匈奴首领日逐王比率八部匈奴万余人依附东汉称臣，被汉朝安置在河套地区。不久，因南匈奴在与北匈奴作战中失败，汉朝又允许南匈奴入居沿边八郡，南匈奴的王庭已经接近今山西的西北部。沿边八郡中有四个郡（西河、定襄、雁门、代郡）与今山西有关，今山西北部大同、朔州、吕梁、忻州一带成为匈奴的合法迁入地，汉族与匈奴族在这里杂居。汉朝设立匈奴中郎将对南匈奴进行监护，每年给归附的南匈奴提供一定的粮食、丝帛等物资，南匈奴则协助东汉政府共同抵御北匈奴的侵扰。东汉初年，还有部分羌人从陇右迁居今山西南部。东汉中晚期，有不少北匈奴部众归附南匈奴，南匈奴势力大增，到永元二年（90 年），南匈奴人数超过 20 万。随着时间的推移，南匈奴"户口渐滋，弥漫北朔，转难禁制"。因部族成分复杂，难以控制，南匈奴多次发生反叛事件，滋扰东汉边塞。永和五年（140年）以后，大批南匈奴部众由沿边八郡逐渐深入到并州诸郡，部分南匈奴入居汾河流域，南匈奴的王庭也在这一时期（140 年）迁移到左国城（今山西省吕梁市方山县南村），今吕梁地区迁入了大量的匈奴人。南迁的南匈奴，有时还率部跟随汉军北征鲜卑。中平四年（187 年），南匈奴发生内讧，南匈奴一部参加了农民起义军的活动，主要活动区域在今河南省黄河以北、山西省南部地区。

　　建安十一年（206 年），并州刺史高干在上党之战中被曹操击败，曹操任命梁习到晋阳为并州刺史，当时晋阳一带的情形是"胡狄在界，张雄跋扈；吏民亡叛，入其部落；兵家拥众，作为寇害"[1]。经过梁习的治理，"单于恭顺，名王稽颡，部曲服事供职，同于编户"。可以看出，当时晋阳一带的匈奴人已经与在册的汉人一样负担赋税、劳役。据记载，太原乌桓王鲁昔跟随曹操征伐汉中，战后被安排在外驻屯，他的妻子则被留在晋阳城当人质。他思念妻子，便率 500 人到晋阳城去抢人，不料被发觉，梁习命太原城中的鲜卑射箭高手将乌桓王射死。可见，当时并州刺史统领的军中不仅有匈奴人，乌桓、鲜卑族也大有人在。建安二十一年（216 年），曹操将南匈奴分为左、右、前、后、中五部，左部 1 万余落置于兹氏县，右部 6000 余落置于祁县，中部 6000 余落置于大陵县，北部 4000 余落置于新兴县，南部 3000 余落置于蒲子县。[2]每部择立贵族为帅，另选汉人为司马进行监督。

　　居住在北方的乌桓，在东汉初也开始崛起，乌桓和匈奴多次南下，在塞北地区抄掠，其中以代郡（今山西省大同市阳高县）以东的太行山左右受到的冲击最大。为了防御乌桓和匈奴的南下，光武

---

　　[1]　[晋] 陈寿：《三国志》卷十五《魏书·刘司马梁张温贾传》，北京：中华书局 1959 年版，第 469 页。

　　[2]　[唐] 房玄龄等：《晋书》卷九十七《匈奴列传》，北京：中华书局 1974 年版，第 2548 页。

帝于建武十三年（37 年）诏令上谷郡太守王霸治理飞狐道，东汉军队堆石布土，筑起亭障，修筑了一道防线，自代县（今河北省张家口市蔚县）至平城有 150 余千米。东汉部署的这道防线，绝大部分在今山西境内，从大同东南延伸到太行山附近，阻挡乌桓和匈奴从西边的大同、东边的飞狐道南下。建武二十一年（45 年），伏波将军马援率部出太行山五阮关（今紫荆关）击乌桓，结果在回师时被乌桓尾追，损失惨重。可见，当时太行山以西、恒山以北都被乌桓控制。为了防御匈奴、乌桓南下，从太原到井陉建立了第二道防线。几年之后，汉朝与乌桓的关系有所改善，乌桓人被允许入居塞内，部分乌桓人迁入雁门郡、代郡、太原郡。

从永元十三年（101 年）开始，鲜卑族不断向南进犯，恒山以北几乎被鲜卑族控制。到了东汉末年，朝廷准备放弃恒山以北之地，在今忻州置新兴郡，安置原来在北边的定襄、云中、五原、朔方、上郡等 5 郡的流散百姓。从东汉时期雁门郡、定襄郡治的连环南移（雁门郡治由今山西省朔州市右玉县南移到今朔州市东南，定襄郡治由今内蒙古自治区呼和浩特市和林格尔县南移到今山西省朔州市右玉县）可以看出，汉族的居住区开始不断地退缩，这种郡县名称的大幅度南移，正是北方游牧民族大踏步入居山西在地名上的体现。

魏晋南北朝时期山西地区的民族融合

曹魏初，因为恒山（时称"陉岭"）以北都被鲜卑族控制，曹魏政权已经无力管辖，只好"自陉岭以北并弃之"[1]。部分归顺的鲜卑部族被安置在句注塞以南守边，称为"保塞鲜卑"。此时的恒山南北生活着大量鲜卑人。

曹魏时期，汾河下游也有大量的匈奴人迁入。为了加强对汾河以北匈奴人的管理，在 247 年把河东郡的汾北 10 县划出，设立平阳郡。[2] 西晋初年，又有 2 万余落匈奴内迁，"平阳、西河、太原、新兴、上党、乐平诸郡靡不有焉"，今太原、吕梁、临汾、晋中、长治已经遍布匈奴人，史书上称他们为"并州之胡"。西晋末年，针对大量少数民族深入内地居住的问题，一些官员提出将少数民族迁回原地的建议，以元康九年（299 年）江统的《徙戎论》最著名。其中专门说到居住在今山西的匈奴，"今五部之众，户至数万，人口之盛，过于西戎。然其天性骁勇，弓马便利，倍于氐、羌。若有不虞风尘之虑，则并州之域可为寒心"。"此等皆可申谕发遣，还其本域"。当时匈奴王庭内迁已经 150 年，再要强迫他们回到本土去，已经没有任何可能性了。另一位大臣郭钦在此前 20 年

---

　[1]　[唐] 房玄龄等：《晋书》卷十四《地理志上》，北京：中华书局 1974 年版，第 428 页。

　[2]　[晋] 陈寿：《三国志》卷四《魏书·三少帝纪第四》，北京：中华书局 1959 年版，第 122 页。

也提出，从中原地区迁出 4 万家移民到平阳以北各县，逐步将上党、平阳等地的匈奴人迁出，以改变山西地区的民族比例，避免匈奴对中原地区的威胁。[1] 可见，当时匈奴在平阳以北的人数已经十分庞大，让人不能不担心。郭钦的建议有一定的可操作性，但未被朝廷采纳。

中国古代北方的民族融合，以西晋末年南匈奴首领刘渊在山西建立历史上第一个入居中原的游牧民族政权为标志。永兴元年（304 年），刘渊在左国城南郊筑坛设祭，自称汉王，建立汉国（后改为赵，亦称汉赵国）。永嘉二年（308 年），刘渊在蒲子正式称帝。因为蒲子地域狭小，不可长久安身，不久又迁都平阳。永嘉五年（311 年），匈奴军队攻入洛阳，西晋走向灭亡。刘渊的南匈奴政权占据了今山西的中南部，西晋的并州刺史刘琨为了对付匈奴，请北方的鲜卑出兵相助，刘琨与鲜卑首领拓跋猗卢结为兄弟，并请晋怀帝封猗卢为代公，以代郡（今河北省张家口市蔚县）为封邑。拓跋猗卢认为代郡与他们的居住地相隔太远，便要求把陉岭以北的地方作为封地。拓跋猗卢把鲜卑族的 3 万余家迁到陉北 5 县。这次迁入恒山之北的鲜卑人数约有 15 万，鲜卑在陉岭以北的势力日益强盛。繁畤的莫含家族世代从事胡汉贸易，获利丰厚，正是凭借这里地处胡汉交界区域的地利。当时北边的毛皮、南边的粮食，源源

---

[1]　[唐] 房玄龄等：《晋书》卷九十七《匈奴列传》，北京：中华书局 1974 年版，第 2549 页。

不断地通过句注塞，胡汉百姓各获所需，句注塞一度成为繁忙的商道。汉民族的实际控制区基本局限于太原附近，山西的南北各地，分别被匈奴、鲜卑占据。太原郡、上党郡、雁门郡等地还居住着不少羯人、乌桓人。太安年间（302—303 年），并州发生饥荒，并州刺史司马腾采纳部下的建议，准备把并州一带的胡人抓起来贩卖到太行山以东，当时太原地区的羯族等胡人数量庞大，羯人石勒就在被贩卖的群胡之中。石勒起家时的"十八骑"中，既有羯人，也有匈奴人，还有汉人，可知当时的人们并没有明显的胡汉概念，在社会底层，民族融合早就开始了。建兴三年（315 年），刘琨面临着石勒的强势进攻，有部将建议刘琨闭关守险，"内收鲜卑之余谷，外抄残胡之牛羊"[1]，可知当时太原附近居住着不少鲜卑人，他们从事农耕，不但自给自足，还家有余谷。大兴元年（318 年），平阳的匈奴汉国发生内乱，石勒率兵进驻平阳附近的襄陵城（今山西省临汾市襄汾县襄陵镇），有 4 万余落羌族、羯族人投奔石勒。平阳城被石勒大军包围，又有 10 万余落羌族、羯族人归附。[2]从相关记载来看，平阳附近的羌族、羯族人数当在数十万人。后来，石勒建立的后赵，鲜卑慕容氏建立的前燕、后燕、西燕，氐族建立的前秦，都先后控制黄河以东的河东、并州等地。前秦王苻坚

[1]　[唐] 房玄龄等：《晋书》卷六十二《刘琨传》，北京：中华书局 1974年版，第 1685 页。

[2]　[唐] 房玄龄等：《晋书》卷一〇四《石勒载记上》，北京：中华书局 1974 年版，第 2728 页。

为了有效地控制河东、并州等地，把部分氏族从关中迁移到平城、晋阳、蒲坂。鲜卑慕容家族建立的西燕以长子为都，在上党地区形成了大面积的鲜卑族聚集区，人数达 30 多万。在十六国时期，匈奴、鲜卑、羯、氐、羌，都在山西有大量的分布。后来，鲜卑拓跋氏建立的北魏不但控制了山西全境，还以山西为根据地统一了整个北方。北魏前期以平城为都，为了充实平城附近的人口，把太行山以东原来后燕统治下的鲜卑人、汉人迁到平城附近，建立北周的宇文家族就是在此时迁到平城附近的。北魏又将留在盛乐（今内蒙古自治区呼和浩特市和林格尔县）的鲜卑人迁到平城附近，后来又把征伐西北时俘虏的 10 万高车人、10 多万北凉匈奴人迁到平城附近，陆续迁居到恒山以北的游牧民族有 80 多万人。当北魏政府将吕梁山中的山胡向北迁徙时，引起山胡的强烈反抗。天兴元年（398年），"离石胡帅呼延铁、西河胡帅张崇等不乐内徙，聚党反叛"[1]。离石胡、西河胡是东汉时南迁的南匈奴后裔，北魏的"内徙"对他们来说是逆向的"外徙"，自然不乐意了。对迁入的游牧民族，北魏采取了"离散诸部，分土定居，不听迁徙"[2]的措施，即打乱游牧民族原来的部落关系，让他们耕种田地，实行定居，不准随便迁徙。为了平衡平城附近的民族比例，北魏还将部分

[1]［北齐］魏收：《魏书》卷二十八《庾业延传》，北京：中华书局1974年版，第684页。

[2]［北齐］魏收：《魏书》卷八十三上《外戚列传上》，北京：中华书局1974年版，第1812页。

汉族百姓迁往平城，如太平真君九年（448 年），"徙西河、离石民五千余家于京师"[1]。北魏对迁到平城附近的各族人口"计口授田"，促进了塞北地区的农业发展。同时随着数百万头牛、羊、马作为战利品进入塞北，平城附近的畜牧业也得到较大的发展。北魏皇室在迁都洛阳以前，就带头和汉族的世家大族通婚。汾阴（今山西省运城市万荣县）薛氏家族的薛谨，其长子本名薛洪祚，北魏太武帝给其赐名初古拔，多有战功。皇兴三年（469 年），薛洪祚与文成帝的女儿西河长公主结婚，拜驸马都尉，这是薛氏家族第一次与鲜卑皇室联姻，标志着薛氏步入世家大族之列。魏孝文帝也不忌讳别人说他是"胡虏"，薛谨的孙子薛聪在魏孝文帝时深得信任，担任禁军统帅，"陪侍帷幄，言兼昼夜，时政得失，预以谋谟，动辄匡谏"。有一天，魏孝文帝与薛聪开玩笑说："世人都称你们薛氏为'蜀薛'，你们到底是不是蜀人呢？"薛聪回答说："我的远祖薛广德在汉朝为官，当时称为汉人。我的九世祖薛永随刘备入蜀，当时称为蜀人。我现在是陛下的大臣，是虏人而非蜀人也。"魏孝文帝笑着说："你说清楚你不是蜀人就行了，何必还要挖苦朕呢？"在皇室的带领下，普通的鲜卑百姓也纷纷与汉族通婚，北魏的民族融合在平城时期就已经开始，平城是中国北部的民族融合中心。北朝时期，在山西境内出现了不少侨治郡县，也是当时民族迁徙、融合

---

[1] ［北齐］魏收：《魏书》卷四《太武帝本纪》，北京：中华书局 1974 年版，第 102 页。

的一种体现。如北魏太平真君年间，把受阳县（今山西省晋中市寿阳县）的百姓迁移至大陵（今山西省吕梁市文水县）城南，别置受阳县，直到隋开皇十年（590 年），才将受阳县迁回。[1] 北部蒙古草原上的朔州 5 郡 13 县，又侨置到今寿阳县境内。现在寿阳的地名中，还保留了一些侨置郡县名称。如现在寿阳县的太安驿是太安郡的寄治地，尖山村是神武郡尖山县的寄治地，太平村是太平郡的寄治地，今寿阳城则是朔州的寄治地。20 世纪 70 年代发掘的寿阳县城南边的北齐贵族库狄回洛墓，墓志称库狄回洛是"朔州部落人也，大酋长公之孙，小酋长公之子"。"葬于朔州城南门"，证明了寿阳是当时朔州的寄治地，大量的鲜卑族聚居在这里，库狄回洛"叶落归根"，归葬于此，其实是把这里当作故乡了。

东魏、北齐时期，除了大量的鲜卑族之外，山西的北部和吕梁山地区，还生活着突厥、柔然以及南匈奴的分支稽胡。稽胡也称"山胡"，生活在吕梁山中的稽胡被称为"离石胡""西河胡""汾州胡"，人数众多，势力强大。早在北魏初年，政府就不时出兵进山镇压山胡，但一直没有解除山胡的威胁。因为山胡危害极大，当时把山胡造成的破坏与水旱、灾荒并列，称为"胡荒"。《水经注》记载："（胜）水西出狐岐之山，东经六壁城南，魏朝旧置六壁于其下，防离石诸胡，因为大镇。"六壁镇即今孝义市西六壁头村，

---

[1]　[唐] 李吉甫：《元和郡县图志》卷十三《河东道二·寿阳县》，北京：中华书局 1983 年版，第 369 页。

北魏后期在此置显州。北齐时，汾州（今山西省临汾市吉县）之北，离石以南，"悉是生胡，抄掠居人，阻断河路"。吕梁山的黄河沿岸地区都被山胡控制着，吕梁山地区的山胡数量数以十万计。天保三年（552 年），北齐在吕梁山黄栌岭修长城，北至社平戍，长200 余千米，置三十六戍。黄栌岭位于今离石、汾阳交界处，社平戍在今五寨县。北齐当时国力正强，不需要防御黄河之西的北周，修筑这道长城，就是为了防御吕梁山地区的山胡。天保五年（554年），北齐皇帝高洋御驾亲征山胡，北齐军队分三路围剿石楼山胡，高洋从离石向南，斛律金从六壁城向西，高演从晋州（今山西省临汾市）向西北，三路大军在石楼会合，斩杀数万山胡，获杂畜 10余万。石楼形势险要，从北魏以来朝廷的军队就没有到过这里，此次山胡在石楼惨败，远近山胡莫不慑服。北周灭北齐之后，为了有效地管理吕梁山地区的山胡，在离石之西设立定胡县。现在吕梁山北部的岚县，北魏时期置岢岚县、岚州，因县西岢岚山而名。根据《元和郡县图志》的记载，"后魏于今理置岚州，因州西岢岚山为名也"[1]。当时把"岢岚山"读作"贺兰山"，说明北魏时期当地居住着大量的鲜卑人。

突厥属于北狄系。北齐初年，突厥的势力就到达了今大同一带。天保三年（552 年），北方的柔然被突厥攻击，柔然可汗兵败

---

[1]　[唐] 李吉甫：《元和郡县图志》卷十四《河东道三·岚州》，北京：中华书局 1983 年版，第 393 页。

自杀，柔然王子庵罗辰逃至北齐。次年底，突厥又一次攻击柔然，柔然举国投奔北齐。北齐皇帝高洋从晋阳出兵迎战突厥，接纳柔然部众。北齐军队追击突厥至今朔州一带，突厥投降北返。高洋把柔然部众安置在马邑川，当时雁门关以北成为柔然的居住地。河清二年（563年），10万突厥大军南下进攻北齐，和北周的军队对北齐形成南北夹攻之势。北齐虽然击溃了突厥的进攻，但盘踞在雁北的突厥从此成为北齐的后顾之忧。东魏、北齐的一些重臣都有游牧民族的血统，如与高欢关系密切的刘懿是匈奴后裔，刘懿父子两代都与东魏的鲜卑皇室联姻，刘懿与高欢还是儿女亲家。高欢以太原作为东魏的政治军事中心，他的军队中有大量来自蒙古草原的游牧民族，当高欢在玉壁战败返回太原与文武大臣相见时，为了鼓舞士气，让斛律金唱起具有浓郁草原风情的《敕勒歌》，高欢和众人被《敕勒歌》的苍茫意境感染，泪流满面。这一时期，生活在山西境内的游牧民族人数超过了汉族，但大部分的南匈奴人、鲜卑人已经改游牧为定居，生活习惯逐渐与汉人接近。

刘渊在山西建立的汉国，已经在政治、文化上有了与汉族融合的萌芽。到了鲜卑族建立的北魏于平城立都时，开始了民族融合。魏孝文帝从平城迁都洛阳，立即开始了全面改革，把从草原起家的鲜卑族完全融入汉民族之中。到了唐代中期，这些定居于山西等地的南匈奴、鲜卑、高车等已不再是一个个独立的群体，已经与汉人融为一体。他们也有了各自的姓氏，刘、贺、呼延、万俟等姓就是匈奴后裔的汉姓，元、穆、陆、楼、于、嵇、尉、长孙、狄、乙等姓就是鲜卑后裔的汉姓。

隋唐宋辽金元时期山西地区的民族融合

隋初，突厥分裂为东西两部，隋朝与突厥的关系有所缓和。开皇七年（587 年），突厥沙钵略可汗"请猎于恒、代之间"，恒山以北成为突厥人经常涉足的地区。启民可汗时，突厥百姓经常南入长城进入今山西的塞北，"人民羊马，遍满山谷"。大业八年（612 年），隋朝将西突厥一部迁移到楼烦（今山西省忻州市静乐县），东突厥始毕可汗与隋朝的矛盾渐深。大业十一年（615 年），隋炀帝巡视雁门郡，东突厥始毕可汗率 10 万大军围攻隋军，隋炀帝被困于雁门城，差点当了突厥军队的俘虏。突厥从此成为隋朝北部的一大威胁，隋炀帝让李渊驻防太原，与马邑郡（今山西省朔州市）太守王仁恭共同防御突厥。大业十三年（617 年）初，王仁恭被部下刘武周杀死，刘武周随后依附于突厥。离石一带的山胡在几年前曾经聚众造反，人数多达数万，听说刘武周在马邑反叛时，又在吕梁山聚众呼应。李渊从太原发兵时，北边有刘武周和突厥虎视眈眈，西边有吕梁山胡蠢蠢欲动，太原周边的民族成分复杂，政治环境并不乐观。李渊从太原发兵，西突厥的阿史那大奈也率部众跟随李渊出征。李渊大军南下，同时派遣一支部队西征离石一带的山胡，以保障太原附近的安全。可见北朝时期困扰朝廷的山胡问题在隋末依然存在。

隋代，太原附近还生活着大量的游牧民族后裔。阳曲县洛阴村发现的隋代仁寿年间《洛阴修寺碑》的碑阴、碑侧题名，佐证了这里当时居住着不少匈奴、鲜卑的后裔。据《水经注》记载，阳曲县洛阴村在十六国时期就是胡人的寄居地，隋代在洛阴村设立洛阴军府。《洛阴修寺碑》碑阴、碑侧题名中的胡人后裔有一大半，既有贺兰、慕容、尔朱、厍狄、侯莫陈、宇文等常见的匈奴、鲜卑复姓，还有伏六居、吐勘、伏胄、王孤、匹孤、步大兰、吐那、吐律、无勿、史稽等文献中稀见的胡族复姓。从北朝到隋代，在河东地区还生活着不少粟特人。近年在太原出土的隋代虞弘墓，墓主虞弘就是中亚粟特人，他以柔然使节的身份出使北齐，到太原后没有再返回柔然，而是出仕北齐。北周时期，虞弘领并、代、介三州乡团，检校萨保府。隋开皇中，转仪同三司，敕领左帐内，镇押并部。萨保府是北朝、隋、唐时期设立的管理入居内地胡人的官职，北齐称为"萨甫"，北周称为"萨保"，视正九品，"诸州胡二百户以上"设立萨保府。[1] 在河东居住的粟特人有翟姓、曹姓、虞姓、安姓、米姓等。河南洛阳出土的隋代《翟突娑墓志》记载：

---

[1] [唐]魏徵等：《隋书》卷二十八《百官志下》，北京：中华书局1973年版，第791页。

"君讳突娑，字薄贺比多，并州太原人也，父娑，摩诃大萨宝。"汾阳出土的唐代《曹怡墓志》记载，曹怡之父曹遵，"皇朝介州萨保府车骑骑都尉"。可知，从北朝后期到唐初，北自代州，南到介州，分布着不少粟特人，其中以太原的粟特人为多，故有"大萨宝（保）"之职。虞弘在北周、隋朝兼任军职，汾阳曹遵任介州萨保府车骑骑都尉，也是军职，说明河东的粟特人可能要服兵役，或者组建地方武装，由政府任命粟特官员进行管理。在唐初，灵石县有地名曰"贾胡堡"，可能是从事贸易的粟特人聚集之地。有意思的是，太原的《虞弘墓志》将其祖先追溯到中国传说时代的虞舜，"虞舜膺箓，徙赤县于蒲坂。奕叶繁昌，派枝西域"。虞舜的发祥地在山西南部，虞弘一族东迁太原多年，他们认为自己家族是生活在西域的虞舜后裔，表明了虞弘家族希望融入华夏民族的愿望，也说明了中原文明对粟特人有强烈的向心引力。粟特人一直活跃到唐末，河东沙陀三部落之中的萨葛部、安庆部就是由粟特人组成的两个部落。粟特人与沙陀人在五代之后都在河东融入汉族。

唐初，突厥势力强盛，凭借马邑作为据点，连年南下攻掠，太原经常受到威胁。武德七年（624 年）八月，突厥从雁门南下，进攻忻州、太原，长安城为此戒严。这和西汉初年的情形一样，都把雁门一线作为河东地区防御北方势力的最后一道屏障，只要雁门屏障被突破，长安就会戒严。并州大总管窦静"以突厥频来入寇，请断石岭以为障塞"[1]，可见当时太原附近的石岭关以北基本上都在突厥的控制之下。贞观三年（629 年），大量的突厥归附唐朝，被安置在唐朝的北疆，有部分突厥人入居代州、朔州一带。唐高宗时期，突厥人还在南迁，当时把这些入居朔州、代州等地的突厥人称为"降户"，他们已经被唐朝编入户籍。[2] 突厥的南迁持续到唐玄宗开元初，进入河东地区的突厥被称为"河东九姓""突厥九姓"。"突厥九姓新来内附，散居太原以北"[3]，忻州、代州、朔州、云州等地都有突厥人居住。并州长史张嘉贞建议对这些新来的突厥人进行震慑，朝廷在太原设立天兵军。"河东九姓"突厥还跟随唐军到西北平叛。当时也有部分回纥族开始进入河东，居住在恒山以北，朔州大武军的左军讨击大使由回纥都督夷健颉利发担任。部分回纥人迁居到太原，元和二年（807 年），太原的回纥人请求修建摩尼寺，得到朝廷的允准。[4] 元和四年（809 年），西突厥的别部沙陀人进入山西。沙陀此前居住在西北的灵武（今宁夏回族自治区吴忠市），朝廷顾虑沙陀靠近吐蕃，害怕沙陀与吐蕃勾结起来反叛，灵武节度使范希朝调任河东节度使时，朝廷命令灵武的沙

---

[1] ［后晋］刘昫等：《旧唐书》卷六十一《窦威传》，北京：中华书局 1975 年版，第 2369 页。

[2] ［后晋］刘昫等：《旧唐书》卷一九四《突厥传上》，北京：中华书局 1975 年版，第 5168 页。

[3] ［后晋］刘昫等：《旧唐书》卷九十九《张嘉贞传》，北京：中华书局 1975 年版，第 3090 页。

[4] ［宋］王溥：《唐会要》卷四十九《摩尼寺》，北京：中华书局 1960 年版，第 864 页。

陀部族随范希朝东迁河东。范希朝到河东后，挑选了 1200 名沙陀精锐组成一支"沙陀军"；[1] 大量的沙陀人被安置在朔州的黄花堆（今山西省朔州市山阴县东北），称为"陉北沙陀"。太和年间，柳公绰担任河东节度使，委任沙陀首领在朔州、云州废弃的旧府兵军营训练沙陀军，组建了拥有 3000 名沙陀军的代北行营。唐末，沙陀首领李克用因为镇压黄巢起义军有功，被任命为河东节度使，为唐朝镇守太原，大量的沙陀人合法地从恒山以北入居太原，并逐渐迁移到河东各地。从元和初年到五代时期，100 多年间，入居河东道的沙陀人基本上已与河东各地的汉人融合在一起了。唐代，迁居河东北部的还有吐谷浑（又称退浑，属于鲜卑族分支）、室韦等部族。唐代宗广德元年（763 年），有部分吐谷浑从太原附近迁到潞州，"大将李万江者，本退浑部。李抱玉送回纥，道太原，举帐从至潞州，牧津梁寺，地美水草，马如鸭而健，世所谓津梁种者，岁入马价数百万。子弟姻娅隶军者四十八人，从谏徙山东，惧其重迁且生变，而子弟亦豪纵，少从谏，不甚礼，因诬其叛，夷三族，凡三百余家"[2]。善于养马的吐谷浑部来到水草优良的潞州盘秀山一带，很快就培育出天下名马，因为牧马之地在津梁寺附近，所以其培育出的马匹被称为"津梁种"。今屯留之西、安泽之东的良

---

[1] [宋] 欧阳修，宋祁：《新唐书》卷二一八《沙陀传》，北京：中华书局 1975 年版，第 6155 页。

[2] [宋] 欧阳修，宋祁：《新唐书》卷二一四《藩镇列传·宣武彰义泽潞》，北京：中华书局 1975 年版，第 6015 页。

马寨，就是唐代在这一带牧马遗留的地名。

　　直到会昌年间，太原附近还居住着吐谷浑、室韦。会昌二年（842 年）八月，为了平定回纥残部乌介可汗对朔方、代北的骚扰，"诏太原起室韦、沙陀三部落、吐浑诸部，委石雄为先锋"[1]。唐代后期，河东北部的云、朔地区还居住着羌族、吐谷浑、粟特部族，唐懿宗咸通十三年（872 年），诏令沙陀首领李国昌从振武节度（今内蒙古自治区呼和浩特市和林格尔县西北）移镇大同，李国昌拒绝赴任，其子李克用在大同反叛。唐懿宗任命卢简方为云州刺史、大同军防御使，在思政殿召见卢简方："卿以沧州节镇屈转大同，然朕以沙陀、羌、浑扰乱边鄙，以卿曾在云中，惠及部落，且忍屈为朕此行。"[2]僖宗广明元年（880 年），吐谷浑赫连铎部、白义诚部在云州、蔚州击败李克用，朝廷任命赫连铎担任云州刺史、大同军防御使，白义诚担任蔚州刺史，萨葛（粟特人）米海万担任朔州刺史。[3]中和元年（881 年）二月，在代州行营担任监军的陈景思率领由沙陀部、粟特萨葛部、粟特安庆部、吐谷浑部 3 万人组成的大军南下长安平定黄巢，途经绛州时，粟特将领翟稽纵

　　[1]［后晋］刘昫等：《旧唐书》卷十八上《武宗本纪》，北京：中华书局 1975 年版，第 593 页。

　　[2]［后晋］刘昫等：《旧唐书》卷十九上《懿宗本纪》，北京：中华书局 1975 年版，第 681 页。

　　[3]［后晋］刘昫等：《旧唐书》卷十九下《僖宗本纪》，北京：中华书局 1975 年版，第 707 页。

兵抢掠,[1] 陈景思感到胡兵难以统辖,只好北返。河东的沙陀、粟特、吐谷浑能够组建 3 万大军,说明当时生活在河东北部的沙陀人、粟特人、吐谷浑人的数量庞大。

肇始于北魏孝文帝时期的改革,鼓励各民族之间通婚融合,这样的风气一直延续到了唐代。河东大族柳氏家族的《柳行满墓志铭》中记载:"(柳行满)前夫人弘农刘氏……后夫人河南乙弗氏……合葬于蒲州永贵原。"墓志铭所说的"河南乙弗氏"是北魏鲜卑族的一支,给柳行满续弦的乙弗玉是鲜卑族贵族后裔。说明在唐代初年,作为河东大姓之一的柳氏与鲜卑族后裔通婚,这是汉族的世家大族与少数民族通婚的实证,也进一步说明这样的事实:一直到唐代初年,汉族与少数民族通婚的情形在社会的中上层都比较常见。

魏晋北朝时期是中国北方民族融合的高峰期,大量的北方游牧民族入居中原,在给中原地区带来冲击时,也与汉族进行融合,向汉族不断地输送新鲜血液。来自北方草原的"胡风"劲吹,使得汉民族在波澜壮阔的民族战争中不断地得到洗礼、锤炼,伴随着新的兄弟民族的融入,形成了隋唐时期更加蓬勃向上的"新汉族",创造出空前繁荣的大唐文明。山西在这数百年的民族交流、融合中,处在最前沿,受到的冲击最大,得到的锤炼也最多,因此在唐代产生的杰出人物也就最多。

---

[1] [后晋]刘昫等:《旧唐书》卷十九下《僖宗本纪》,北京:中华书局1975 年版,第 710 页。

　　五代时期，李存勖不断地从太原东出太行山与后梁争战，其军队中有不少吐谷浑人。后唐同光二年（924 年），吐谷浑白承福部数万人迁徙到代州东南，[1] 即五台山一带，他们利用五台山地区丰富的牧草资源养马、养羊，经常向后唐进贡马匹。后唐对吐谷浑进贡的马匹支付较高的回报，又吸引了更多的吐谷浑部族来投奔。明宗长兴元年（930 年），有两批吐谷浑人来投奔后唐，每批都有数千人，一批被安置在静乐县天池川，另一批被安置在岚州（今山西省吕梁市岚县），[2] 吐谷浑被安置的地方都属于牧草资源丰富之地。后晋时，由于不堪忍受契丹人的欺压，数万吐谷浑人移居到太原、忻州、代州等地。[3] 吐谷浑首领白承福家甚富，饲马用银槽，当时率部居住在太原附近。郭威劝驻防太原的刘知远诛杀之，收其家资以充军费。后晋开运三年（946 年），刘知远秘密上表："吐谷浑反覆难保，请迁于内地。"于是将太原附近的吐谷浑军队1900 人分置河阳及诸州。刘知远随后派遣郭威引诱白承福等五族入居太原城中，并诬陷白承福等谋反，围杀吐谷浑 400 余人。[4]后汉天福十二年（947 年）八月，"丙午，以吐浑府节度使、检校

　　[1]　[宋] 薛居正等：《旧五代史》卷三十二《唐书八·庄宗纪第六》，北京：中华书局 1976 年版，第 443 页。
　　[2]　[宋] 薛居正等：《旧五代史》卷四十一《唐书十七·明宗纪第七》，北京：中华书局 1976 年版，第 567 页。
　　[3]　[宋] 司马光：《资治通鉴》卷二八二《后晋纪三》，北京：中华书局 1956 年版，第 9219 页。
　　[4]　[宋] 司马光：《资治通鉴》卷二八五《后晋纪六》，北京：中华书局 1956 年版，第 9307 页。

太尉王义宗为沁州刺史，依前吐浑节度使"[1]。部分吐谷浑人迁居沁州。后周广顺元年（951 年）二月，郭威"诏移生吐浑族帐于潞州长子县江猪岭"，又诏令"吐浑府留后王全德加检校太保，充宪州刺史"[2]，江猪岭即丹朱岭，在今长子县西南。说明后周时潞州长子县、宪州（今山西省忻州市静乐县）都有吐谷浑部落。

契丹属于东胡系，他们的祖先居住在东北的西拉木伦河一带，以游牧、狩猎为生，不断内迁。到唐朝末年，契丹时常进犯河东北部的云州、代州。后唐清泰三年（936 年），驻守在晋阳的河东节度使石敬瑭为了打败后唐的军队，派人向契丹皇帝耶律德光求救，承诺愿把契丹皇帝当作父辈尊敬，约定事成之后，"卢龙一道及雁门关以北诸州与之"。雁门关以北是契丹人做梦也想得到的地方，对于石敬瑭送上门来的这一重礼，契丹人大喜过望，痛快答应发兵支援石敬瑭。石敬瑭割让幽云十六州给契丹人，大量的契丹人迁居恒山以北，雁门关一线竟成了中原汉族政权的边界线，这样的情形一直持续到北宋末年。契丹人在恒山以北居住的时间长达 180 多年，在雁门关以北形成了大范围的民族融合区域。契丹人建立的辽国以大同为西京，他们还把自己的祖庙建在大同。大同南面不远的应县木塔，也是契丹人把大同定为西京后建造的。当时在以西京大

[1]［宋］薛居正等：《旧五代史》卷一〇〇《汉书二·高祖纪下》，北京：中华书局 1976 年版，第 1337 页。

[2]［宋］薛居正等：《旧五代史》卷一一一《周书二·太祖纪第二》，北京：中华书局 1976 年版，第 1469 页。

同为中心的塞北地区，契丹族和汉族共同开发这片土地。在灵丘县的觉山寺，有一座建于辽代的佛塔，塔上面有雕刻的伎乐天，其形象就是典型的游牧民族。在北宋前期，河东地区居住的吐谷浑人数量依然不少。雍熙三年（986 年）宋军北伐时，"徙云、应、寰、朔吏民及吐浑部族，分置河东、京西"[1]。

北宋政和年间（1111—1117 年），女真族崛起，并建立了金政权。宋朝以为自己收复幽云诸州的机会来了，便联合金人对辽政权进行南北夹击。新兴的金政权以摧枯拉朽之势灭掉了契丹人的辽国，他们同时也看到了宋朝军队的衰弱。完颜宗翰在大同设立枢密院，当时称为西朝廷，大同成为女真族的两大军政中心之一。女真族以大同为其西路前哨，南下中原，兵临汴京城下。在金人灭辽之后，原来在契丹统治下的汉人南迁河东中南部，因为这些汉人长期生活在契丹统治区，在风俗习惯上不可避免地带有契丹风格，被北宋另眼相看，由他们组成的"义胜军"被宋军称为"汉儿""番人"。在女真人统治中国北部的 100 多年间，大同作为金政权西京的地位一直没有改变。天会三年（1125 年），女真人在西京为金太祖完颜阿骨打立庙纪念，这实际上是女真人的祖庙。在靖康元年（1126 年）女真军队南下时，大量的女真百姓也开始迁居到山西各

---

[1]　[元] 脱脱等：《宋史》卷五《太宗本纪二》，北京：中华书局 1985 年版，第 78 页。

地，寿阳、榆次、太谷等地出现了"番汉杂处"的情形。[1] 天会十一年（1133 年），为了避免汉人得知女真的虚实，"起女真国土人散居汉地"[2]。大同是金军主帅完颜宗翰的大本营，此次女真人南迁，河东地区接纳了大量的女真人。迁居河东各地的女真人，经过 100 多年，逐渐像汉人一样过传统的汉族节日。因为大量的女真人在衣着打扮上向汉人看齐，金朝皇帝一度下令"禁止女真人学南人衣装"。到了蒙古大军南下时，女真人和汉人已经基本融合在一起了。辽金时期山西地区的民族融合，从遗存在山西地区的辽金建筑也能看出一些端倪。在山西北部的辽金建筑中，内部的梁架结构大量采用减柱法、移柱法，尽可能扩大建筑物的内部空间，在汉族传统的木构建筑手法上糅合了游牧民族追求大空间的风格。遗存在介休市的祆神楼是中国仅存的祆教建筑，始建于北宋。据唐代文献《通典·职官典》，祆字的读音为"呼朝反"[3]，其读音为"hao"，而不是后世的读音"xiān"。祆教起源于公元前 6 世纪的西亚波斯地区，该教以火为崇拜对象，又称拜火教，北朝、隋、唐时期的河东粟特人就是拜火教的教徒。北宋初年在介休修建祆神

————————

　　[1]　［宋］徐梦莘：《三朝北盟会编》卷五十七《李若水上书乞救河东河北》，上海：上海古籍出版社 1987 年版，第 425 页。

　　[2]　［宋］宇文懋昭：《大金国志》卷八《太宗文烈皇帝六》，北京：中华书局 1986 年版，第 126 页。

　　[3]　［唐］杜佑：《通典》卷四十《职官二十二》，北京，中华书局 1984 年版，典 229。

楼，与北朝以来这里居住着大量的粟特人有关，说明粟特人的宗教
习俗在北宋初年还保留着。祆教在明清时期被朝廷视为异类，明代
嘉靖年间，介休县令撤掉了楼内的祆教神像，更换为刘备、关羽、
张飞的塑像，楼名也改称"三结义庙"。不过，介休当地民众还是
习惯称其为祆神楼。祆神楼在清初毁于火灾，康熙十三年（1674
年）重建，但重建后的建筑还有祆教特色。

　　元代，山西的社会比较稳定，民族融合逐渐展开，山西遗存的
一些碑刻中，保留了这方面的珍贵资料。在元代的各级行政机构中
都设有达鲁花赤一职，掌管地方行政和军事实权，是地方的最高长
官，汉人一般不允许担任。但在元统一全国之前，山西的一些汉人
被授予达鲁花赤之职务，他们成为蒙古巩固在山西的统治、恢复社
会稳定的重要力量。据刘勇同志的调查考证，元统一之前被授予达
鲁花赤之职的有代州杨氏、阳曲史氏、平遥杜氏、定襄王氏、定襄
刘念里刘氏、定襄青石里刘氏、平阳苏氏等。这些汉人多为本地人
士，熟悉地方事务，大多在山西就职。其任职范围遍及晋北、晋南
各地，如代州、霍州、平阳、乡宁等。元统一全国后，山西汉人出
任地方达鲁花赤者就更多了，如南方的吉州路（今江西省吉安市），
东方的禹城（今山东省禹城市），西南的腾冲路（今云南省腾冲
市），西北的邠州（今陕西省咸阳市彬县）等地。不少担任达鲁花
赤的山西汉人家族用蒙古名，娶蒙古女性，数代均用蒙古名行世，
典型的如定襄的刘念里刘氏家族、太平县（今山西省临汾市襄汾县

汾城镇）的张也先不花。1246 年，因为工作得力，祖居山西定襄刘念里的刘仲某，被成吉思汗的孙女独木干公主授予真定（今河北省石家庄市正定县）、平阳、太原三路达鲁花赤。刘氏显然是汉人，根据定襄县的《三路达鲁花赤刘公墓幢》记载，其四子均取了蒙古名。刘仲某的长子乞答歹，管领平阳、太原两路达鲁花赤。刘仲某的次子忙兀歹，管领真定路等处达鲁花赤，娶樊氏、蒙古氏，生二子。忙兀歹的长子刘璧，袭父职，娶完颜氏，生二女。忙兀歹的次子刘珠，亦袭父职，娶王氏，生三子。可见忙兀歹这支与蒙古通婚，他的儿子承袭达鲁花赤职，但已经不用蒙古姓氏了。忙兀歹的长子刘璧所娶的完颜氏，显然是女真族姑娘，此为当时各民族间通婚的实例。刘仲某的三子扎忽儿歹，授管领太原路鹰房打捕诸色民匠总管，娶李氏，生三子，其第三子伯颜不花，授忠翊校尉管领冀宁路（今山西省中部）鹰房打捕诸色民匠总管，袭父爵，娶李氏、赵氏、白氏。伯颜不花的儿子又以汉族姓名刘德谦行世，授彰德路（今河南省安阳市一带）汤阴县教谕。刘仲某的四子旺古歹，管领北五州达鲁花赤，娶郝氏、王氏、韩氏，生二子。长子哈剌不花，袭父职，娶蒙古氏、张氏，生四子。太平县的张也先不花，显然是汉人张姓，而用蒙古名也先不花，他在元末出任太平县达鲁花赤一职，至正六年（1346 年）带领地方官员和民众集资修缮县城的文庙。定襄的刘念里刘氏家族、太平县的张也先不花，是元代社会汉人蒙古化的实例。山西地区的民族融合呈现出个别汉族的蒙古化倾向。

　　现在山西北部还遗存了大量的蒙古语地名，从地名学上佐证了元代蒙汉民族的融合。如原平市的南苏鲁村、中苏鲁村、北苏鲁村，三个村子从来没有姓苏或姓鲁的人家。村里有金代寺庙——中庄寺，寺内有金代碑记，记载这三个村子原来叫南庄、中庄、北庄。苏鲁之名应是元代地名，"苏鲁克"在蒙古语中与放牧有关，三个苏鲁村在元代可能是蒙古人的牧场。据宋旭先生《朔州民族语地名》一文的有关研究，在朔州市的地名中遗存有不少蒙古语地名。如朔州市平鲁区凤凰城镇有周花板村、张花板村。花，蒙古语意为山丘、冈梁。板，蒙古语意为房子（又称"板升"）。周花板、张花板都地处山丘地带。花板，即建在冈梁上的房子。平鲁区西水界乡有黑家狮村、蔡家狮村、孙家狮村。狮，是蒙古语音译，意为"栅栏、篱笆"，是牧民为牛羊建的栅栏。说明当初建村之时，村子周边有成片的牧场。平鲁区西水界乡有上徐伏村、中徐伏村、下徐伏村。徐伏，是蒙古语音译，意为"沟渠、水沟"。这三个村子周围都有较大的冲沟，故名，当为元代遗留的地名。平鲁区陶村乡有计高登村、刘高登村、王高登村，榆林乡有薛高登村。高登，是蒙古语音译，意为"河滩地"。这几个村子都临近河流，故名。平鲁区下面高乡有上面高村、下面高村。高，也作"皋"，为蒙古语音译，即河流。这两个村子紧临源子河，上面高意为"河北部的村子"，下面高意为"河南部的村子"。平鲁区高石庄乡有阎哼啰村。哼啰，为蒙古语音译，也译作"布鲁克""卜拉"等，意为"泉水"。应县臧寨乡有花红村。花，为蒙古语音译，意为山丘、冈梁。这里的"花"，指黄花梁。红，在蒙古语中意为"横的"。"花红"，即有冈梁横阻的地方。长达数十里的黄花梁横亘在花红村之北 5000 米，符合"花红"之意。右玉县威远镇有树儿照村。照，为蒙古语音译，意为"山梁、土梁"。"树儿"蒙古语意为"逐青草放牧"。"树儿照"，即"可以逐青草放牧的山梁"。右玉县威远镇有沿山吾村，位于二道河西岸。吾，为蒙古语音译，也作兀、乌素，意为"水"。沿山吾，即"沿山的水流"。

古代山西民族融合史上的三个高峰期

纵观古代的民族融合史，由于山西毗邻蒙古草原的特殊地理区位，成为北方游牧民族南迁的第一站。从东汉初年南匈奴大批南迁，北方游牧民族就开始了对山西地区的周期性迁移，尤其是东汉末年，曹操将匈奴五部安置在山西腹地，实际上开启了山西地区近 2000 年的民族融合大幕。匈奴族从东汉初年进入山西，在西晋末年中原动荡之际建立了政权，尽管是昙花一现，但大量的匈奴人并未离开山西，他们扎根在吕梁山中，发展为北朝时期的稽胡，历时 300 多年，影响巨大。唐代中期有关稽胡的记载已经很少，他们最终融合在汉民族之中。从十六国时期到北朝，从南匈奴发展为稽胡，匈奴的转变之路漫长，这与中原地区一直没有一个强盛的中央王朝有关。唐代国力强盛，民族融合的步伐明显加快，稽胡部族虽然还生活在吕梁地区，但已经与当地的汉民族融合。如今，刘、乔、卜、兰、呼（呼延）、郝、白、独（独孤）、赫（赫连）这些南匈奴的标志姓氏在晋西北居民中仍占相当比例。在忻州、吕梁、晋中等地，有些地名来自匈奴系胡语。在吕梁、晋中等地，有一些刘王庙、龙天庙、可汗庙等遗存，这些原本祭祀北方游牧民族首领的庙宇，后来都得到汉民族的祭祀，这一风俗就是典型的胡汉民族融合的产物。除匈奴之外，鲜卑、乌桓、契丹、沙陀、女真等游牧民族入居山西的人数都十分庞大，虽然他们作为政权建立者退出了历史舞台，但作为个体，大部分都与汉民族融合在一起，共同为山西璀璨的历史文化发展做出了贡献。云冈石窟就是鲜卑族与汉族等民族融合时期的产物，应县木塔是契丹族与汉族融合时期留在塞北大地的木构建筑瑰宝。近年来出土的北朝墓室壁画中有不少胡人形象，反映了当时的民族融合情形。屹立在蒲州古城黄河之滨的四尊不同民族装扮的唐代开元铁人——再现了大唐盛世的开放包容、民族和谐，让我们可以触摸到古代民族融合情形在山西地区的文化遗存。

回顾山西地区的民族融合史，第一次民族融合的高峰期是春秋时期，以晋国为核心的华夏族兼并周边的条山戎、余无戎、赤狄、白狄等游牧民族，共同形成了居住在山西地区的汉族。第二次民族融合的高峰期是从东汉后期到北朝结束，这一时期的民族融合特点是北方游牧民族的大量迁入，由北而南，逐渐覆盖全山西，迁入山西的游牧民族成分复杂、人数多、持续时间长，一些迁入的游牧民族以山西为大本营建立了政权，经过 300 多年的发展，迁入山西的游牧民族基本都融入汉族，形成了山西地区来源多元化、更加强壮的"新汉族"。第三次民族融合的高峰期是宋辽金元时期，由于北宋在山西的疆界被限于恒山以南，山西的塞北地区在北宋时期都在契丹人的统治之下，塞北地区形成了大面积的民族融合区，经过 180 多年的时间，塞北地区的汉人在风俗习惯上不可避免地有了一些契丹化，以至于宋人把这些塞北的汉人称为"番人"。北宋灭亡后，大量的女真人迁入山西，学汉人衣装、过汉族节日。在金朝后期，金章宗颁布诏令，废止了已经形同虚设的"禁婚令"，进入山西地区的女真人可以名正言顺地与汉人通婚，加速了女真人的转变进程。在元代，山西地区的汉族与蒙古族通婚，一些汉人以蒙古姓名行世，具有一定的蒙古化倾向。这一时期山西地区的民族融合具有双向影响的特点，既有北方游牧民族的汉化，也有汉族的契丹化、蒙古化。

山西地区的民族融合之路漫长，有近 2000 年。融入山西地区的民族多元，历史上成规模地入居山西的游牧民族多达十几个。因为处在古代民族交流、融合的最前沿，山西遗存了全国最丰富的文物古迹、碑刻资料。山西是中国古代的民族熔炉，是可以回望和感受民族融合的地方。在山西的山川之间，也许还深藏着一些民族融合的故事、遗迹，等待着我们去发现、去探索。

中原北门

军事重镇太原城对中原地区的屏护作用

太原地处山西中部，控山带河，形势雄壮。李白云："天王三京，北都居一……襟四塞之要冲，控五原之都邑。雄藩剧镇，非贤莫居。"元好问有诗句："中原北门形势雄，想见城阙云烟中。"在相当长的一个历史时期内，太原都处于中原农耕文明和北方游牧文明两大文明的碰撞、交错带上。从秦汉到北宋的 1300 多年间，封建王朝大多定都在山西西南方的关中或山西东南方的河洛，太原是中原王朝防御北方游牧民族南下的军事重镇，是屏护中原的北大门。千百年来，历代王朝首都的安危往往与太原相关，太原有警，长安震动、河洛不安，太原是一座具有全局意义的战略城市。

因为太原战略地位的重要，中国历史上的几个标志性事件都发生在这里：春秋末年，赵国的晋阳保卫战胜利，导致了三家分晋，开启了战国时代的序幕；北魏末年，高欢从太原南下进攻洛阳，导致北魏分裂为东、西两国；隋朝末年，李渊从太原起兵南下入主关中，大唐从太原出发；宋代初年，宋军三征太原，最终消灭北汉，五代十国的历史在太原终结。

太原盆地的山川形势与太原城在国家战略体系中的地位

太原盆地位于山西中部，东依太行山，西凭吕梁山，北起石岭关，南至韩信岭，汾河从北向南流经整个盆地。古代的太原城位于盆地北部的汾河之西，北距恒山山脉 180 千米，距石岭关 70 千米；东距河北平原 200 千米，距太行山井陉关（今山西省阳泉市平定县固关）160 千米；西距吕梁山约 5 千米；东南距洛阳 415 千米，西南距西安 580 千米，东南距石会关（今山西省长治市武乡县北山关村）80 千米，西南距阴地关（今山西省晋中市灵石县夏门镇）140 千米。古代中原王朝都是向北防御，在国家战略体系中，太原对洛阳、长安来说都具有屏障作用，而太原与洛阳、长安之间的距离，比较适合作为防御北方游牧民族的军事重镇。太原以南的榆次、清徐、交城、文水、祁县、太谷、平遥、汾阳、介休、孝义等县区，构成太原城的第一层战略纵深，韩信岭以南的临汾盆地、运城盆地，构成太原城西南方向的第二层战略纵深，武乡县分水岭以南的长治盆地、晋城盆地构成太原城东南方向的第二层战略纵深。石岭关以北、恒山以南的忻州盆地是太原城北方的战略缓冲区。高大连绵的恒山山脉构成太原城北方天然的战略屏障。紧邻太原城西边的吕梁山，构成太原城的战略支撑。太原城向东取道太行山井陉道抵达河北平原的距离为200千米，当北方的游牧民族从河北平原南下河洛地区时，驻军由太原城向东出击，会对驰骋南下的游牧民族骑兵形成威慑，对敌方的侧翼和后方造成巨大的压力，这就让太原城在国家的防御体系上又多承担了一个向北防御的战略责任，从而形成了太原城在国家防御体系中正面防御与侧翼防御并重的特点，太原城成为中国北方战略地位最高的城市。古代山西对国家兼具战略纵深、战略屏障、战略威慑、战略拱卫四大功能，太原城具有其中的三个功能。特殊的区位，使得太原城成为一座关乎国家安危的城市。重视太原城的军事建设，提升太原城的政治地位，大唐享国近300年；火烧、水淹太原古城，自毁长城、自撤屏障，忽视太原城关乎国运的战略作用，北宋享国只有160多年。

春秋战国时期太原是区域性的军事重镇

春秋后期，晋国的势力达到了太原盆地北部。公元前 541 年，晋国的军队在卿大夫中行穆子的率领下，"败无终及群狄于太原"（这时的"太原"是一个区域概念，不是一个城邑名称），把戎狄的势力驱逐出太原地区，晋国开始在太原地区站稳脚跟。在这次太原之战前，晋国和中原其他诸侯国都是以车战为主。太原之战前夕，晋军将领魏舒根据实际情况，提出把车兵改为步兵的建议，"请皆卒，自我始"[1]，即"纯用步兵，从我们开始"。晋军统帅采纳了魏舒的建议，"毁车以为行"，改车兵为步兵。晋军把车兵改为步兵，对打败戎狄的军队起了决定性的作用。这次战役之后，步兵作为一个常设的兵种正式在晋国的军队中出现。在中原各国中，晋国是最早组建步兵的国家。由此看来，太原之战是中国军事史上第一次单纯用步兵对阵的战役，具有划时代的意义。

晋国在太原地区站稳脚跟后，以太原地区为根据地，不断向东、西、北三面的戎狄进攻，扩张疆土。晋国六卿之一的赵简子在参与晋国的对外扩张活动中，看到了太原地区在地理位置上的重要性，便把太原地区确定为赵氏家族发展壮大的战略中心，派他的家

---

[1] [东周] 左丘明著，杨伯峻注：《春秋左传注·昭公元年》，北京：中华书局 1990 年版，第 1216 页。

臣董安于在此修建城堡，于是就有了今天太原的前身——晋阳城。公元前458年赵简子死后，他的儿子赵襄子继续以晋阳城为依托，北越恒山消灭了代戎。晋出公二十年（前455年），掌握晋国实权的智伯胁迫韩、魏两家向赵氏发起进攻，赵襄子率兵退守晋阳城，智、韩、魏三家联军包围了晋阳城，晋国四卿之间的晋阳之战爆发。晋阳城久攻不下，智伯便引水灌晋阳城，城中悬釜而炊，情况危急。赵襄子的谋士张孟谈主张利用韩、魏和智氏的矛盾，联合韩、魏对付智氏。韩、魏两家本来就不愿出兵围攻晋阳城，更担心智氏消灭赵氏后接下来会对他们两家下手，便答应倒戈。晋出公二十二年（前453年）三月的一天，韩、赵、魏三家的军队共同对智伯的军队发起进攻，智伯兵败被杀，智氏的土地和人口被韩、赵、魏三家平分。军事重镇晋阳城在历史上的第一次亮相，就以极强的防御能力令人惊艳。又过了15年，韩、赵、魏三家看到新即位的晋幽公软弱无能，便又平分了晋国新都和旧都之外的其他地方。晋阳之战后50年，韩、赵、魏三家要求周天子封他们为诸侯，周威烈王便送了个顺水人情，正式封韩、赵、魏三家为诸侯，韩、赵、魏、秦、齐、楚、燕七强并列的形势正式形成，史称"战国七雄"。七强并立的格局在晋阳之战结束时就已经初显。晋阳之战为三家分晋铺平了道路，奠定了战国七雄并立的格局，是春秋战国之际具有划时代意义的一次重大战役，也是春秋和战国的分界线。

　　三家分晋后，晋阳城是赵国初期的都城。后来，赵国为了适应

新的军事、政治形势，把国都迁往太行山以东。迁都之后，晋阳城
仍然是赵国的军事重镇，是赵国北伐三胡、西抗强秦的前哨阵地。
在战国初期、中期，晋阳城在赵国和列国争雄的战争中具有十分重
要的战略地位，当时的晋阳城被喻为赵国的柱石。秦庄襄王二年
（前 248 年），秦军攻占晋阳城。顾祖禹认为，此乃赵亡之始。20
年后，秦军大将王翦率大军从晋阳城东出太行山南下邯郸，赵国
灭亡。

　　从春秋、战国时期太原在全国的影响力来看，太原还只是一个
区域性的军事重镇，尚不足以影响中原的形势。

两汉魏晋南北朝时期太原逐渐崛起，影响中原

　　西汉初，匈奴经常南下侵扰中原，对汉朝形成威胁，晋阳城成
为抗击匈奴的重镇。汉高帝六年（前 201 年），汉朝以太原郡建韩
国，以防匈奴南下。汉高帝十一年（前 196 年），又以太原郡改置
代国，封皇子刘恒为代王，以晋阳城为都。在汉武帝元鼎三年（前
114 年）以前，晋阳城一直是汉宗室王国的都城，由宗室王子在晋
阳城坐镇防御匈奴。东汉以洛阳为国都，晋阳城成为中原之北门，
并州之根本。东汉时，匈奴、乌桓、鲜卑频频南下侵扰，并州北部
几无宁岁，建武十四年（38 年），为了防御匈奴、乌桓的南下，从

太原到井陉，"皆筑保壁，起烽燧，十里一候"[1]。为了减少内地转运军粮之烦，东汉时曾在晋阳屯田。晋阳城是东汉王朝防御匈奴、乌桓南下的战略重镇。

东汉末年，时局动荡，豪杰并起，作为军事重镇的晋阳城，又一次被推到群雄争霸的风口浪尖。董卓死后，袁绍和曹操为了称雄中原，对晋阳城展开争夺。曹操最终赶走了盘踞晋阳城多年的并州刺史高干，结束了董卓之后丁原、高干等人对晋阳的统治，为最后统一北方奠定了基础。

西晋末年发生了争夺王位的八王之乱，中原地区多年混战。永兴元年（304 年），南匈奴贵族刘渊在左国城（今山西省吕梁市方山县南村）起兵反晋，自称汉王。永嘉三年（309 年），刘渊迁都平阳。当时，并州诸郡除晋阳附近外，大都处在刘渊的统治之下。光熙元年（306 年），刘琨被西晋朝廷任命为并州刺史，从上党北上晋阳赴任，沿途受到刘渊军队的阻截，刘琨一路拼杀，终于到达晋阳。刘琨到晋阳后，组织民众恢复生产，修复城垣，晋阳城成为一座敌后的军事重镇。西晋王朝让刘琨驻守晋阳，是想通过晋阳的军事力量来牵制匈奴的刘汉政权，减轻这些"并州之胡"对洛阳的压力。永嘉四年（310 年），匈奴的刘汉政权任命羯人石勒为并州刺史，与刘琨争夺晋阳城的控制权。这年十月，匈奴军队进攻洛

---

[1]　［宋］范晔：《后汉书》卷二十二《马成传》，北京：中华书局 1965 年版，第 779 页。

阳，西晋士族纷纷南渡，避乱江东。当时在淮河以北，只有刘琨仍
以并州刺史的身份坚守晋阳孤城。建兴四年（316年），刘琨在与
石勒的战争中失败，退出了晋阳城。太兴元年（318年），刘琨被
鲜卑族首领杀害。刘琨在四面受敌的情况下，还能坚守晋阳城长达
10年之久，可见晋阳城在当时的重要军事价值。

刘琨在公元316年败退出晋阳城，标志着汉族的官方军事力量
退出了北方，也标志着汉族政权在历史上第一次彻底败给了由北方
南下的游牧民族政权，游牧民族开始了对北方地区长达270多年的
统治，所以刘琨退出晋阳城具有特殊的历史意义。

在南匈奴的刘汉政权之后，至北魏太延五年（439年）统一北
方之前，中国北部先后由羯、鲜卑、氐、羌等少数民族创建了十几
个政权，其中以后赵、前燕、前秦、后燕占地广、影响大。后赵、
前燕皆定都于邺城，后燕定都于中山（今河北省定州市），都把晋
阳城当作拱卫都城的主要屏障。太和五年（370年），前秦派大将
王猛率大军征伐前燕，王猛先派兵攻克兵多粮足的晋阳城，然后东
下太行攻取邺城。太元二十一年（396年）五月，后燕皇帝任命辽
西王慕容农为都督并、雍、益、梁、秦、凉六州诸军事、并州牧，
镇守晋阳。九月，北魏皇帝拓跋珪率40万大军南下，直取晋阳城。
十月，拓跋珪又率大军从晋阳城东出井陉，失去屏障的后燕很快就
退出河北平原。

北魏正光四年（523 年），契胡贵族尔朱荣因镇压六镇起义有功，被封为平北将军，占据晋阳城，势力不断扩大，成为北魏最重要的一支军事力量。永安元年（528 年）二月，北魏宫廷内乱，尔朱荣从晋阳出兵，直下洛阳，杀害了胡太后及北魏宗室公卿 2000 人，史称"河阴之变"。之后尔朱荣立元子攸为帝，即孝庄帝。尔朱荣被封为柱国大将军、太原王。返回晋阳的尔朱荣位高权重，遥控洛阳。尔朱荣曾多次建议把都城迁往晋阳，以便自己控制朝政，引起孝庄帝强烈不满。永安三年（530 年）八月，尔朱荣被孝庄帝诱杀于洛阳。不久，尔朱荣的侄子尔朱兆率军攻入洛阳，把孝庄帝带到晋阳杀害。永熙元年（532 年）七月，尔朱荣的旧部高欢率兵攻打晋阳，尔朱兆抵挡不住，放弃晋阳北逃。高欢进驻晋阳，认为这里四面屏障，有天险之胜，便在晋阳建大丞相府，晋阳成为高欢的大本营，对洛阳实施遥控。高欢为了便于控制北魏朝政，以洛阳久经丧乱为由，极力主张孝武帝迁都邺城。孝武帝对此十分不满，两人的矛盾日渐明显。永熙三年（534 年）六月，高欢命令运往洛阳的粮食一律运往邺城，企图强迫皇帝迁都。孝武帝气愤不过，下诏北伐高欢。高欢从晋阳率大军南下，直指洛阳，高欢还把自己南征洛阳和当年赵简子起兵晋阳相提并论。孝武帝率部分人马逃往长安，高欢在洛阳另立皇帝建立东魏。孝武帝西迁长安之后，高欢加快了迁都的节奏。"神武以孝武既西，恐逼崤、陕。洛阳复在河外，接近梁境，如向晋阳，形势不能相接，乃议迁邺。"高欢此时迁都的理由更为直白：洛阳距离晋阳太远了，形势上不能相接。把都城定在何处，要以晋阳城为出发点。新皇帝即位刚三天，高欢便下令迁都，40多万户洛阳居民手忙脚乱地被迁到了邺城。高欢处理完迁都事宜，并没有到新都邺城去看一眼，而是直接北上回了晋阳城。从此，东魏的军国政务，皆听命于晋阳城中的高欢。从天平元年（534年）开始，晋阳城成为东魏实际上的首都，而邺城只是名义上的首都。天保元年（550年），高欢的儿子高洋称帝，建立北齐，高洋在诏书中说太原是"霸业所在，王命是基"[1]。晋阳城的政治、军事中心地位仍未改变，还是实际上的首都。高洋称帝后在邺城只住了几个月，便让太子在邺城监国，自己回晋阳去了。北齐的几个皇帝，大部分时间都住在晋阳城，住在首都邺城的时间反倒不多。北齐的高殷、高演、高湛、高纬四位皇帝都在晋阳城即位，这也说明了晋阳城在北齐统治者心中是实际的首都。从534年高欢坐镇晋阳城掌控东魏军政大权开始，到576年北齐灭亡，40多年间，晋阳城是中国北部的政治、军事中心之一。高欢家族牢牢掌控着晋阳城不放，是因为这里既是防御北方势力的屏障，又是南下争雄的战略重镇。

北魏末年尔朱荣在太原遥控洛阳朝政，标志着太原已经成为一座可以影响中原政局的、具有全局意义的军事重镇。高欢以太原武

---

[1] ［唐］李百药：《北齐书》卷四《文宣帝纪》，北京：中华书局1972年版，第51页。

力压迫洛阳，导致北魏分裂。北齐末年，北周大军攻克太原，一个多月后北齐灭亡。

隋唐五代时期太原是中原北门、陪都重地

隋都长安，北方的突厥对隋朝一直是一大威胁。晋阳作为长安的北大门，是隋朝抵御突厥南下的重要屏障。隋初，隋文帝让次子杨广坐镇晋阳，并在晋阳设置河北道行台尚书省，任命杨广为尚书令，以加强对黄河以北（今山西省、河北省、山东省）地区的控制。开皇十年（590年），杨广调任扬州总管，文帝任命另一个儿子杨俊为并州总管，坐镇晋阳，掌管二十四州诸军事。开皇十七年（597年），隋文帝又任命小儿子杨谅为并州总管，坐镇晋阳。隋文帝对杨谅十分宠爱，"自山以东，至于沧海，南拒黄河，五十二州。特许以便宜，不拘律令"[1]。这样，华山以东、黄河以北的地方都归坐镇晋阳的杨谅统辖，晋阳的战略地位由此可见一斑。杨谅也认为晋阳乃"天下精兵处"，借口防御突厥，制造兵器，大招兵马，心腹之兵多达数万。仁寿四年（604年），隋文帝去世，杨谅在晋阳起兵，讨伐杨广。杨谅的部下裴文安建议发精锐之师直入蒲津。

---

[1]　[唐]魏徵等：《隋书》卷四十五《文四子传》，北京：中华书局1973年版，第1244页。

"井陉以西，是王掌握之内，山东士马，亦为我有，宜悉发之。分遣羸兵，屯守要路，仍令随方略地。率其精锐，直入蒲津。文安请为前锋，王以大军继后，风行电击，顿于霸上，咸阳以东可指麾而定。京师震扰，兵不暇集，上下相疑，群情离骇，我即陈兵号令，谁敢不从？旬日之间，事可定矣。"[1] 杨谅采纳了这个建议，发兵直指长安。但当杨谅军队的先锋快到蒲津关时，杨谅突然改变主意，命令军队停止前进，坐失良机。此时，杨广的军队开始反击，一路北上。杨谅的军队则节节失利，退守晋阳，最后兵败投降。杨谅起兵于晋阳，虽然因为失误没有进入长安，但依然证明了军事重镇晋阳城对首都长安来说举足轻重，晋阳有失，长安不安。大业三年（607 年）八月，隋炀帝北巡南返，途经太原（晋阳），诏令营建晋阳宫。当隋末李渊于太原起兵时，担任晋阳宫副监的裴寂"进宫女五百人，并上米九万斛、杂彩五万段、甲四十万领，以供军用"[2]。九万斛的粮食折合 500 多万千克，晋阳宫的物资储备如此丰富，可见，太原完全是按照陪都的规制来建设的。

隋末，河东地区爆发了多处农民起义。大业十二年（616 年），隋炀帝南下江都，任命李渊为太原留守，坐镇太原，防御突厥，镇压农民起义。李渊父子素有大志，在天下动荡之时起兵于太原，进

[1]［唐］魏徵等：《隋书》卷四十五《文四子传》，北京：中华书局1973年版，第1245页。

[2]［后晋］刘昫等：《旧唐书》卷五十七《裴寂传》，北京：中华书局1975年版，第2286页。

入长安建立唐朝。从北魏末年尔朱荣进驻太原城开始，经过北魏、东魏、北齐、隋代四朝近百年的经营、锤炼，太原城被打造成为一座北方最强的军事雄镇，也是唯一可以和长安相抗衡的战略重镇。大唐发祥于太原，是太原城近百年军事能量的迸发使然，也是其重要的战略地位使然。李渊自太原起兵之后，在太原设立镇北府，防御塞北的军事势力南下，以免后顾之忧。武德元年（618 年）三月，以李元吉为镇北将军、太原道行军元帅，都督十五郡军事。唐初在太原设并州总管府，石岭关以南、雀鼠谷以北都属于并州总管府的防区。当时以太原为军事重镇向北防御的战略十分明显。武德二年（619 年），刘武周在突厥的支持下南下并州，李元吉弃太原城逃回长安。太原失守之后，刘武周的军队南下进攻晋州，蒲州城中的隋军将领王行本与刘武周相呼应，长安震惊。当时，李渊决定放弃河东，李世民上表反对说："太原，王业所基，国之根本；河东富庶，京邑所资，若举而弃之，臣窃愤恨。"[1] 后来，李世民率兵东征，恢复河东，收复太原。因为太原的战略地位举足轻重，驻防太原的军事将领免不了心生不轨，挟突厥以自重。武德三年（620 年）七月，驻防太原的并州总管李仲文与突厥密谋，企图在唐朝大军东征洛阳时，联合南下袭击长安，结果被人告发。唐高祖诏李仲文入朝（李仲文后被处死），暂时废除并州总管府，同时委

---

　　[1]　[后晋] 刘昫等：《旧唐书》卷二《太宗本纪上》，北京：中华书局 1975 年版，第 25 页。

派礼部尚书唐俭为并州安抚使赴太原坐镇。武德五年（622年），唐朝在全国设立五个大总管府，并州是五大总管府之一。武德六年（623年）七月，突厥进犯朔州，李世民率兵进驻太原，防备突厥从恒山南下，十月才回师长安。李世民当时坐镇太原，是因为突厥使用反间计，唐高祖误以为原并州总管刘世让与突厥勾结，杀了刘世让，需要李世民在太原进行安抚。同年，为了解决太原驻军的粮食远距离运输问题，朝廷采纳了并州大总管府长使窦静的建议，在太原附近进行屯田。武德七年（624年）八月，突厥南攻忻州、并州，长安城为此戒严。武德八年（625年）六月，唐高祖诏令水部郎中姜行本阻断太原之北的石岭关道路，以防备突厥南犯太原。七月，因为唐军与突厥在马邑之南的新城作战失利，唐高祖命并州道行军总管张瑾屯兵石岭关、李高迁赴太原之南的太谷御敌，分别在太原南北部署防线。八月，十余万突厥军队突破石岭关防线，张瑾的军队南撤至太谷与突厥交战，全军覆没。突厥南犯潞州、沁州等地，唐高祖征调李靖率领南方的江淮兵从潞州北上太谷御敌。唐太宗即位后，派名将李勣镇守太原，突厥不敢南下，唐太宗称赞李勣镇守太原就像屏护大唐天下的一道长城。唐高宗龙朔二年（662年），在全国设立五个大都督府，太原的并州大都督府为其一。从唐高宗永淳二年（683年）开始，因为驻防代州的名将薛仁贵去世，唐朝在军事上对突厥失去震慑，突厥又连年南犯朔州、代州，对太原造成威胁。武后天授元年（690年）迁都洛阳，为了加强首都的正北面防御，长寿元年（692 年）在太原置北都。设置北都之后，明显遏制了突厥南犯朔州、代州的势头。中宗神龙元年（705年），恢复李唐旧制，罢太原北都之号。唐玄宗开元初，"突厥九姓新来内附，散居太原以北"[1]，太原向北震慑突厥的作用又一次凸显。玄宗开元三年（715 年），诏命左卫大将军郭虔瓘驻防太原防备突厥，和戎军（驻今山西省太原市附近）、大武军（驻今山西省朔州市）及并州以北缘边州军并受其节制。开元五年（717 年）在太原设立天兵军，集兵 8 万，"扼兹地险，张我天威"，对突厥人进行震慑。在太原驻防的 8 万唐军，与东部的幽州驻军、西部的朔方驻军共同形成大唐的北部防线："左拒辽阳之师，右连河上之戍。车徒列次，鼓角传声。俾其雷断一方，云横万里。"[2] 开元六年（718 年），将蔚州（今山西省大同市灵丘县）的 3 万横野军东移到恒山以北的大安城南（今河北省张家口市蔚县），与驻防朔州的大武军形成掎角之势，"作扞云代"，受太原的天兵军指挥，在恒山以北加强太原正面的防务："汉垣通于句注，夏屋枕于燕山，是称近胡。量藉遮防，固可节其万部，成掎角之形；屯我六师，示张皇之势。其蔚州横野军，宜移于山北古代郡大安城南，仍置汉兵三万

---

[1] ［后晋］刘昫等：《旧唐书》卷九十九《张嘉贞传》，北京：中华书局1975 年版，第 3090 页。

[2] ［清］董诰等编：《全唐文》卷二十一，玄宗《并州置天兵军制》，上海：上海古籍出版社 1990 年版，第 105 页。

人，以为九姓之援。"[1] 开元八年（720 年），改天兵军大使为天兵军节度使，三年后又改为太原府以北诸军州节度，统辖太原及辽、石、岚、汾、代、忻、朔、蔚、云九州。鉴于太原具有强大的屏障作用，开元十一年（723 年），唐玄宗北巡太原，在太原复置北都，设北都留守之职。"眷彼晋阳，是称重镇。将陈诗以问俗，式安边而训武。"[2] 在此之前，只有京师长安、东都洛阳设立留守之职，从开元十一年开始，形成"三都留守"之制，太原的政治地位仅次于首都长安、东都洛阳。唐玄宗在太原复置北都，与武则天长寿元年初设北都的意义不同。武则天于太原置北都，是为了强化洛阳的"神都"地位，以太原为洛阳的北方屏障。唐玄宗在时隔18 年后重置北都，第一是为了强化太原"龙兴之地"的特殊地位，消除武则天武周政权的政治影响，正如唐玄宗在《并州置北都制》一文中所云："应天受命，龙跃晋水，凤翔太原，建万代之模，为亿兆之主，犹成汤之居亳，有周之兴岐。""今王业正兴，宫观犹在，列于边郡，情所未安，非所以恢大圣之鸿规，展孝思之诚敬，其并州宜置北都。"[3] 第二是为了威慑突厥等游牧部族，即"安

---

　　[1]　[清] 董诰等编：《全唐文》卷二十一，玄宗《移蔚州横野军于代郡制》，上海：上海古籍出版社1990 年版，第105 页。

　　[2]　[清] 董诰等编：《全唐文》卷二十二，玄宗《幸并州制》，上海：上海古籍出版社1990 年版，第107 页。

　　[3]　[清] 董诰等编：《全唐文》卷二十二，玄宗《并州置北都制》，上海：上海古籍出版社1990 年版，第108 页。

边而训武"，在太原为唐朝构筑牢固的北大门。此时，太原驻军向北防御的防区远至云州。开元十八年（730年），改太原府以北诸军州节度为河东节度，河东节度使兼任朔州的大同军使之职，河东节度副使兼任代州刺史，以太原为中心加强对代州、朔州的军事统领。这次改太原府以北诸军州节度为河东节度，是唐北疆防御战略大局之下，太原在河东道军事地位强化的表现。

天宝十四载（755年），安史之乱起，河北、河东大部为叛军所占领，当时安禄山派遣部下李钦凑带领数千人驻守井陉口，以防备从太行山之西来的唐军切断自己的后路。常山太守颜杲卿用计斩杀了李钦凑，解除了安禄山部署在井陉的防守军队。颜杲卿又命属下县尉崔安石等人通报河北诸郡云："大军已下井陉，朝夕当至，先平河北诸郡。先下者赏，后至者诛！"[1] 派郭仲邑率领百名骑兵做先锋，拖着树枝奔驰向南，路上尘土飞扬，造成大军过境的景象。半天时间，消息已经传了数百里。河北诸郡纷纷响应，十七郡皆归朝廷，兵力合计20余万人。当时降附安禄山者，"唯范阳、卢龙、密云、渔阳、汲、邺六郡而已"。颜杲卿只用"大军已下井陉"一句宣传口号和一支百人的骑兵部队，就收复了河北十七郡，由此可见，从太原东出太行井陉通道在当时的战略影响力。至德元载（756年）四月，郭子仪率援兵东出井陉关，与李光弼合兵常

---

［1］［宋］司马光：《资治通鉴》卷二一七《唐纪三十三》，北京：中华书局1956年版，第6946页。

山，在行唐（今河北省石家庄市行唐县）击败史思明。安禄山听说史思明兵败的消息，派蔡希德率步骑 2 万从洛阳救援史思明，又派范阳守将牛廷玠出兵万余人南下，配合史思明南北夹击唐军。史思明的军队和蔡希德、牛廷玠的援军合计 5 万余人。郭子仪、李光弼采取疲劳战术，"贼来则守，去则追之，昼则耀兵，夜斫其营，贼不得休息"[1]。叛军被折腾得疲倦至极，唐军遂与叛军大战于嘉山（位于今河北省保定市曲阳县城东北约 5 千米），唐军杀敌 4 万人，史思明逃往博陵（今河北省衡水市安平县、饶阳县一带），唐军声威大震。李光弼、郭子仪从井陉道东出太行山，接连给叛军以沉重的打击，叛军由老巢范阳至洛阳的通道被切断，南北往来联络的叛军只能偷偷过境。叛军士兵的家多在范阳，军心开始动摇。安禄山召集谋臣商议对策，甚至打算放弃洛阳，撤兵回范阳。由于唐玄宗决策失误，唐军失守潼关，唐玄宗从长安出逃。随行人员或建议去凉州，或建议去朔方，陈全节说："太原城池固莫之比，可以久处，请幸北京。"[2] 唐玄宗最后决定逃往蜀地。唐玄宗虽然没有选择北巡太原，但从当时有人建议北幸太原的情况来看，太原的城池坚固是人所共知的。因为从太原东出太行山进入河北平原，直接威慑叛军的老巢，所以叛军在攻占长安后，便把主要兵力调往太

---

[1] [宋] 司马光：《资治通鉴》卷二一八《唐纪三十四》，北京：中华书局1956 年版，第 6963 页。

[2] [宋] 司马光：《资治通鉴》卷二一八《唐纪三十四》，北京：中华书局1956 年版，第 6975 页。

原。至德二载（757 年）正月，叛军的四路人马 10 万人，从北、东、南几个方向对太原实施合围。李光弼经郭子仪举荐，被任命为河东节度使、北都留守，坐镇太原牵制叛军。当时，李光弼手下的精锐已调往朔方（今宁夏回族自治区吴忠市）护驾，太原的守军不足万人。李光弼血战太原，坚守一个多月，最后率敢死队出击，消灭叛军 7 万余人，取得太原保卫战的胜利。蔡希德带领残兵败将从太原城下溃逃，叛军将领张忠志被安庆绪任命为常山太守，镇守井陉口，防备太原的唐军再次东出井陉道。太原之战对时局影响很大，此役牵制叛军兵力 10 万人，使叛军元气大伤，减轻了对关中地区唐军的压力。此后不久，长安和洛阳相继被收复。杜甫的"八哀诗"之一《故司徒李公光弼》有诗句云："司徒天宝末，北收晋阳甲。胡骑攻吾城，愁寂意不惬。人安若泰山，蓟北断右胁。朔方气乃苏，黎首见帝业。"杜甫的诗句概括了李光弼镇守太原城当时发挥了三大作用：消灭大量叛军、威慑敌巢范阳、屏障朔方新帝，这是天宝年间唐代人对太原城战略地位的共识。

太原在唐代一直担负着北大门的作用。李白的《忆旧游寄谯郡元参军》有诗句云："君家严君勇貔虎，作尹并州遏戎虏。五月相呼渡太行，摧轮不道羊肠苦。行来北凉岁月深，感君贵义轻黄金。琼杯绮食青玉案，使我醉饱无归心。时时出向城西曲，晋祠流水如碧玉。""作尹并州遏戎虏"，是说在太原任职的官员，其职责是遏制北方的游牧部族。《旧唐书·回纥传》云："辛云京守太原，回

纥惧云京，不敢窥并、代，知鲍防无武略，乃敢凌逼。"[1]大历
十三年（778年）正月，回纥寇太原，河东节度留后、太原尹兼御
史大夫鲍防指挥唐军与回纥战于阳曲，唐军失败，死者千余人。大
历十四年（779年）闰五月，唐德宗即位，任命马燧为北都留守，
坐镇太原防御回纥。"以太原王业所起，国之北门，非勋德烂然者，
不能镇定，特拜工部尚书兼御史大夫太原尹北都留守，充河东节度
观察等使。于是修班制，正事典，险其走集，训其舆师，讲车徒战
阵之法，教金鼓声气之节，分画之下，变化如神。自是烽候罢警，
匈奴不敢南向而牧矣。"[2]建中四年（783年），马燧考虑太原城
的东面容易遭受敌军攻击，乃建造渡槽引晋水跨汾河而注城之东，
蓄水为护城河，省去了东城墙上大量的守城士兵。马燧镇守太原八
年，进一步提高了太原城的防御能力。马燧还以太原为根据地，先
后出兵平定魏博、河中等地的叛乱。元和十四年（819年），裴度
由东都留守转任北都留守、河东节度使，白居易写诗寄裴度，有
"保厘东宅静，守护北门牢"一语。长庆元年（821年），裴度奉命
率兵从太原东出太行山征讨王庭凑在镇州（今河北省石家庄市正定
县）的叛乱。会昌二年（842年），回纥南犯云、朔，唐宣宗令河
东节度使刘沔出师守雁门诸关。宰相李德裕上奏："守险示弱，虏

---

[1]　[后晋]刘昫等：《旧唐书》卷一九五《回纥传》，北京：中华书局1975
年版，第5207页。

[2]　[清]董诰等编：《全唐文》卷五〇七，权德舆《司徒兼侍中上柱国北
平郡王赠太傅马公行状》，上海：上海古籍出版社1990年版，第2285页。

无由退。击之为便。"唐武宗诏命刘沔统一指挥河东、河南、幽州、河西兵马在太原集中:"乃征发许、蔡、汴、滑等六镇之师,以太原节度使刘沔为回纥南面招讨使;以张仲武为幽州卢龙节度使、检校工部尚书,封兰陵郡王,充回纥东面招讨使;以李思忠为河西党项都将、回纥西南面招讨使。皆会军于太原。"[1] 数路大军从太原北上云州击败回纥。会昌三年(843年),在朝廷平定刘稹的泽潞叛乱时,太原发生了杨弁叛乱。鉴于太原地位的重要,李德裕提出建议,宁可不伐刘稹,也要讨伐杨弁。唐宣宗大中十二年(858年),任命朔州刺史兼任沙陀三部落防遏都知兵马使,对沙陀三部进行防遏。唐懿宗咸通十三年(872年),沙陀贵族李国昌、李克用父子在云州反叛。唐僖宗乾符五年(878年),沙陀南犯遮虏军(今山西省忻州市五寨县西北)、岢岚军,威胁太原。朝廷在不到两年的时间内,先后委任曹翔、崔季康、李侃、李蔚、康传圭为河东节度使出镇太原,但太原的军士骄横,连续发生兵变,好几任河东节度使都卒于任上,崔季康、康传圭甚至被乱兵所杀。当时朝廷虽然顾虑南方的黄巢起义军,但重点对付塞北的沙陀势力,河东、河北、河南的几路大军云集河东征讨沙陀叛军。太原为长安之屏障,如果太原一直乱象不断,沙陀将会兵临城下,太原失守就会危及长安。为了稳定太原,唐僖宗在广明元年(880年)任命曾经出任过

---

[1] [后晋]刘昫等:《旧唐书》卷一十八上《武宗本纪》,北京:中华书局1975年版,第592页。

河东节度使的宰相郑从谠为太原尹、北都留守、河东节度使，坐镇太原，僖宗诏曰："朕以北门兴王故地，以尔尝施惠化，尚有去思。方当用武之时，暂辍调元之职，伫歼凶丑，副我忧勤。"[1] 唐僖宗允许郑从谠自己选择北都的参佐。郑从谠奏请以长安令王调为副使，兵部员外郎刘崇龟为节度判官，前司勋员外郎赵崇为观察判官，前左拾遗李渥充掌书记，前长安尉崔泽充支使。史称"开幕之盛，冠于一时"。因为郑从谠的北都官佐班子皆为朝臣中的精干人员，当时太原有"小朝廷"之称。在郑从谠的坐镇下，太原的局面很快就稳定了，确保了朝廷的北门无忧。太原稳定之后，朝廷又征调东都洛阳的军队北上代州征讨沙陀叛军，在代北形成了河东、关内、河北、河南、吐谷浑部、萨葛部、安庆部等十几路大军征讨李国昌父子的局面，暂时将沙陀势力赶出了云、朔地区。当年底，黄巢起义军攻入长安，唐僖宗出逃。次年正月，诏令河东节度使郑从谠从太原出兵赴关中平叛。太原在唐后期对其他藩镇和塞北游牧部族具有威慑作用。在唐朝历史上的几个关键时间点，太原都发挥了十分重要的作用。

五代时，李克用之子李存勖以太原为大本营，消灭了后梁政权，建立后唐，定都洛阳，以太原为北都。清泰三年（936年），镇守太原的后唐河东节度使石敬瑭在太原称帝，建立后晋，次年迁

［1］［后晋］刘昫等：《旧唐书》卷一五八《郑从谠传》，北京：中华书局1975年版，第4170页。

都洛阳，以太原为北京。天福十二年（947年），镇守太原的后晋河东节度使刘知远在太原称帝，建立后汉，南下定都开封，以太原为北京。乾祐四年（951年），后汉北京留守刘崇在太原称帝，建立北汉。五代之中，有三个政权是以太原为大本营、兵临河南夺得天下的。只要失去太原，作为首都的洛阳、开封便危在旦夕。太原对于中原，既有屏障作用，也有威慑作用，这在五代史上表现得尤为明显。

从北魏末年开始，历经东魏、北齐、隋、唐、五代400多年的锤炼，太原成为中国最具军事影响力的重镇。

北宋时期太原依然是屏护中原的重镇

建隆元年（960年），宋朝建立。面对南北的几个割据政权，宋朝采取了先易后难的军事部署。开宝元年（968年），北汉皇帝刘钧病故，宋朝便想趁机解决太原的北汉政权。次年，宋太祖亲征北汉，围太原城三个多月而未克，只好暂时放弃对太原的进攻，全力对付南方的几个割据政权。开宝九年（976年），在消灭了南方的割据政权之后，宋太祖又派兵进攻北汉。这次宋军共分五路，对太原实施合围，因宋太祖病故，宋军又无功而返。太平兴国四年（979年），宋太宗赵光义亲征太原，宋军先打败支援北汉的辽军，数十万大军围攻太原城一个多月。在攻太原之前，宋太宗在开封挑选了几百名精锐，让他们学习剑舞——把剑高高抛起，然后舞动身体接剑。为了给太原城里的北汉士兵以震慑，宋军先进行了心理战，宋太宗让数百名舞剑者组成方阵，在太原城下舞动起来，数百名光着上身的大汉把剑高高抛起，喊着号子，一片白光从空中落下，被大汉们像耍杂技一般接住。北汉的士兵在城上看见了，吓得目瞪口呆。北汉以太原一城之力对抗北宋的举国之攻（北宋动用军队数十万，征调50多州的民夫、军粮），这场太原之战注定是惨烈的。攻击开始后，太原城的城墙上扎满了宋军射出的箭，城墙上密密麻麻的像刺猬一样。在外无救兵、内无粮草的情况下，北汉皇帝刘继元出城投降。宋朝终于在立国19年之后，啃下了太原这块难啃的骨头。宋军先后三次投入数十万军队攻打太原，足见太原城的防御能力之强。考虑到太原城从东魏以来就是一座威慑中原地区的军事重镇，不少军事将领都是凭借太原城的"城垒高深"而"违天拒命"（宋太宗语），为免除后患，宋太宗下令摧毁已有近1500年历史的太原城。在北汉皇帝刘继元投降之后的第12天，宋太宗下诏，"尽焚其庐舍，老幼趋城门不及，焚死者甚众"。第二年春，"诏壅汾河、晋祠水灌太原故城"。经过火烧、水淹，千年名城化为一片废墟。

宋朝平毁古太原城实际上是干了一件大蠢事，在摧毁古太原城的同时，宋朝也就摧毁了一座阻拦北方势力南下的巨大屏障。元好问有诗云："只从巨屏失光彩，河洛几度风烟昏。"就是对当年宋朝平毁古太原城的批评。宋朝在消灭北汉后，直接面对着辽国的威胁。随着北部边事的吃紧，出于防御辽军的需要，宋朝不得不考虑重建太原城，今天的太原城即由此发展而成。在宋朝和辽、西夏的战争期间，太原驻有重兵防守，是宋军抗击辽、西夏的战略重镇和后勤供应基地。范仲淹有诗句云"太原兵重压强胡"，形象地说明了太原驻军对辽和西夏强有力的防御作用。

明代史学家陈邦瞻在《宋史纪事本末》中认为，北宋一朝受制于契丹，是因为没有收复燕、蓟之地，而未能攻取燕、蓟，失策在于没有把攻取太原放在最后："宋之受制夷狄，由失燕、蓟。其不能取燕、蓟，失在先下太原。昔王朴与周世宗谋取天下，欲先定南方，次及燕，最后乃及太原。盖燕定则太原直置中兔耳，将安往哉！太祖、赵普雪夜之言，亦朴遗意也。太宗一日忘其本谋，急于伐汉，尽锐坚城之下，仅能克之。师已老矣，复议攻燕，所谓强弩之末，势不能穿鲁缟。一败而没世不振，再举再失利，皆由太宗不知天下之大势，倒行求前，以致颠蹶也。"北宋在消灭北汉后，宋太宗想挟占领太原之军威收复幽云诸州。宋军从太原分路出发，通过井陉道东出太行山，经过镇州北上幽州。宋军以疲惫之师远征坚城，犯了军事上的大忌，加之对契丹军队的守城能力和驰援速度都估计不足，结果遭遇了高梁河大败。七年之后的雍熙北伐，宋军再次失败。北宋对太行山前后诸州，再也没有机会收复了。

宋徽宗政和年间，女真族的金政权建立。宣和七年（1125

年），金兵灭辽。同年，金兵分两路南下，西路由大同经太原南下，东路经河北南下，两路兵马约定在开封会师，企图一举灭掉宋朝。金军西路军主帅宗翰的战略目的是下太原、取洛阳，断绝宋军陕西之兵的援路，且防止北宋皇帝从关中逃入蜀地。从东魏以来，太原就和河洛、关中关系密切，太原之存亡，事关全局。在金兵南下之初，宋隆德府（治今山西省长治市）知府张确就上书主张加强河东防务："河东天下根本，安危所系，无河东，岂特秦不可守，汴亦不可都矣。"北宋摧毁了易守难攻的千年名城，新建的太原城虽然防御能力大为下降，但还有一定的屏障作用。西路的金兵由大同一路南下，基本上没有遇到什么抵抗就到了太原城下。太原军民顽强抵抗，西路金兵被牵制于太原城下难以脱身，无法南下开封和东路军会合。已到开封城下的东路军因为孤军深入，难以久留，便向宋朝提出割让太原、中山、河间三镇的撤军条件。当时李纲等大臣极力反对割让三镇，认为太原、河间、中山三镇，"国之屏蔽，割之何以立国！"宋钦宗靖康元年（1126 年）二月，宋朝下令将太原等三镇交割给金朝，太原军民拒绝接受这一命令，太原知府张孝纯、名将王禀组织全城军民拼死相战，开始了名垂千古的太原保卫战。九月初，因为城中绝粮日久，军民饿死十之八九，坚守了近 260 天的太原城被金兵攻陷。两个月后，金兵由太原一路南下，直至开封，北宋灭亡。原来"城垒高深"的古太原城，对北方势力的南下，曾多次发挥屏护、牵制作用，这在唐初防御突厥和平定安史之乱时反映得尤为明显。宋初平毁古太原城，自毁屏障，北门洞开，最终自食苦果。

1126 年的太原之战，对宋金双方来说都是一场关乎全局的战役，双方先后投入了数十万兵力，宋朝的五次援军都被金兵打败。宋人张汇的《金虏节要》认为："盖太原之围，乃中国祸乱之原也。苟使当时粘罕失意，则东路斡离不气亦丧矣。如斡离不气丧于东京，亦未敢复寇河南，朝廷自可从容为计。止因太原被围，朝廷区区几年救之，何暇治其它哉！太原之陷也，逾月之间，贼已南来，国家之气已困于河东矣，将士之气已沮于河东矣，故京城由是失援。"太原之战牵制了宋军太多的兵力，宋军元气大伤。金军的西路军占领太原之后不久，东路军攻占真定，两路金军分别从井陉道的两端向平定军（今山西省阳泉市平定县）进攻，金军以战死万余人的代价攻占了平定城。控制了井陉道以及太行山东西的两座军事重镇太原、真定之后，金军没有了宋军从太原东出邀击的后顾之忧，开始了对宋朝的第二次两路南下进攻。数月之后，开封陷落。

太平兴国四年（979 年）的宋汉太原之战，宋朝的数十万军队攻克太原城，灭了北汉，标志着宋朝统一战争的结束。靖康元年（1126 年）的宋金太原之战，宋朝的数十万军队被击败，标志着宋朝的军事力量在与金军对抗中的失败。太原这座军事重镇，曾经给宋朝带来极大的成就感，最后却成为宋军最伤元气的地方。

因为宋太宗的成见，北宋时期的太原城没有以前"北都"的耀眼名号，但客观的军事形势让太原处在抗击辽、西夏的前沿，太原在国家防御体系中的重要程度要高于北宋所有的陪都，它在宋金大战时所起的作用也远远超过了北京大名府（今河北省邯郸市大名县）。金军的东路军两次南下，北京大名府都没有起到阻敌南进的作用，反而是没有"北京"名号的太原把西路金军牵制在城下8个多月，延缓了金军的南进。从宋金太原之战时朝廷先后派出数十万精锐（最后一次的援军在20万以上）去救援的情形来看，北宋朝廷是把太原和首都开封放在一个重量级对待的[1]，他们知道太原之安危事关社稷存亡。和唐代一样，太原在北宋所承担的依然是屏护首都的功能，由于更靠近边防线，太原的防御任务比唐代更重了。如果宋朝当初在消灭北汉后就把太原作为陪都进行防御建设，而不是在最后阶段才调集重兵救援，那么金兵就很难实现对开封的两路合围，北宋也不至于很快灭亡。

宋朝以后，随着全国政治中心的北移和经济重心的南移，太原在全国的战略地位相对式微，和宋以前的地位已无法相比，但仍不失为一座军事重镇。金代末年迁都开封，太原作为抵挡蒙古军队南下的一座重镇，还发生了一场激战。

---

[1]　李裕民：《论太原的城防设施及其战略地位》，载《中国古都研究》（二十辑），太原：山西人民出版社，2005年5月，第30页。

唐风晋韵

河东道与唐朝国运兴衰

　　唐朝的兴亡与河东道息息相关。隋唐之际，李渊父子起兵于太原，河东道是唐朝的发祥地。唐朝开国第一战柏壁之战发生在河东道，李世民在河东道为唐朝建立起军威。唐代中期，安史之乱爆发后，唐军在河东道形成了针对叛军的三大军事中心——太原、蒲州、潞州，最终以蒲州为根据地收复了两京。唐代后期，黄巢农民起义军占领了长安，王重荣以蒲州为大本营，与从河东道北部南下的李克用联合收复长安，为唐朝续命20多年。唐末，朱温控制了蒲州后，唐朝在军事上失去了李克用的策应，在经济上失去了河东盐池的赋税命脉，被迫从长安东迁洛阳，很快灭亡。唐朝因得河东而兴，又因失河东而亡。

李渊太原起兵的地理背景与历史机遇

隋炀帝大业十三年（617 年），天下大乱，到处都是起兵称王者。杜伏威攻破高邮，占据历阳（今安徽省马鞍市和县），自称总管。窦建德在乐寿（今河北省沧州市献县）称长乐王，既改年号又置百官。余圆朗据有琅邪（今山东省临沂市）以西，北至东平（今山东省荷泽市郓城县）之地。李密在洛口城（今河南省巩义市）称魏公，河南的郡县多被李密占领。马邑郡太守王仁恭被部下鹰扬府校尉刘武周杀害，刘武周开仓赈贫，马邑郡各县士兵万余人皆归其麾下，他自任马邑太守。刘武周派遣使者结好突厥，以突厥为外援。雁门郡（治今山西省忻州市代县）郡丞陈孝意、虎贲将王智辩合兵征讨刘武周，突厥骑兵支援刘武周抵抗隋军，王智辩兵败被杀，陈孝意奔还雁门，被部下所杀，雁门郡城也被其部下献给刘武周。很快，刘武周又袭破楼烦郡（治今山西省忻州市静乐县），占领隋炀帝的行宫汾阳宫。刘武周将俘获的汾阳宫女献给突厥，突厥始毕可汗以战马赠与他，并册封他为"定杨可汗"。

李渊当时的职务是山西、河东抚慰大使、太原留守，统辖太原、马邑、雁门、楼烦、西河（治今山西省汾阳市）五郡之兵，其职责是"讨捕群盗"、北御突厥。之前，李渊与马邑太守王仁恭因为不能有效地抗击突厥被问责，隋炀帝下诏要执拿李渊、王仁恭到江都（今江苏省扬州市）去，李渊情急之下准备起兵。在即将出兵南下时，隋炀帝赦免二人的诏令送达，李渊遂取消了起兵计划。[1]

　　刘武周依附突厥，控制了马邑、雁门、楼烦三郡之地，李渊统辖的五郡之地只剩下太原、西河两郡；而刘武周占据了汾阳宫，李渊身为河东抚慰大使责任重大，按照隋代法律是灭族之罪。刘武周占据了恒山南北的战略要地，又有突厥为外援，对驻防太原的李渊形成了极大的威胁，李渊如果不有所作为，很快就会被刘武周联合突厥消灭。太原城的地理位置十分重要，隋文帝时期这里是河北道行台尚书省的治所，是黄河以北地区的行政、军事中心，隋文帝的三个儿子杨广、杨俊、杨谅先后坐镇太原，以军事重镇太原屏护首都长安。李渊家族是北周关陇贵族之一，李渊是隋炀帝杨广的表兄，李渊的身份背景是隋炀帝任命他为河东最高军事长官的主要因素。不论河南的李密还是河北的窦建德，如果要争夺天下，就必须进军长安取得政治上的话语权。当时洛阳城还在隋军手中，潼关形势险要，也不易攻克，从河北、河南西进长安都要耗费很长时间。太原所在的河东距离长安较近，沿途遇到的阻击较少，沿着汾河谷地一路南下，很快就可以西渡黄河抵达关中。面对刘武周在北方的威胁，李渊的部下太原人许世绪建议尽快起兵："握五郡之兵，当

---

　　[1]　[宋] 欧阳修，宋祁：《新唐书》卷一《高祖本纪》，北京：中华书局1975年版，第3页。

四战之地，举事则帝业可成，端居则亡不旋踵。"[1] 太原城中有隋炀帝的行宫晋阳宫，物资储备丰富，晋阳粮仓中的存粮可以供应数万军队十年食用。河东是当年隋炀帝的弟弟汉王杨谅起兵造反的主要地区，杨谅兵败后被牵连的人达到 20 余万家。到大业三年（607 年），隋炀帝还下诏"敕并州逆党已流配而逃亡者，所获之处，即宜斩决"[2]，在隋炀帝这种赶尽杀绝的高压政策下，河东地区积蓄了大量的反隋力量。李渊派人四处招募士兵，十天左右就招募了近万人，加上原有的兵马，李渊拥有军队数万人。不久，就发生了突厥数万人南下围攻太原之事，李渊的部将王康达出战突厥，1000 余人战死，李渊使用疑兵之计使突厥退兵。形势的发展迫使李渊必须做出决断，为了免除突厥南下太原的后顾之忧，李渊派人出使结好突厥，以立长安城中隋炀帝的孙子代王杨侑为皇帝安定隋室的名义起兵，昭告天下。

当此之时，天下大乱，江都的隋炀帝已经名存实亡，李渊以山西、河东抚慰大使、皇室贵戚的身份起兵，以"立代王、安隋室"的名义进军长安，在一定程度上减少了沿途郡县的阻力。李渊于七月从太原率军南下，十一月初攻克长安，总共用了不到 4 个月的时

---

[1]［宋］司马光：《资治通鉴》卷一八三《隋纪七》，北京：中华书局 1956 年版，第 5732 页。

[2]［唐］魏徵等：《隋书》卷三《炀帝本纪上》，北京：中华书局 1973 年版，第 67 页。

间。进入长安之后，李渊立代王杨侑为皇帝，遥尊江南的隋炀帝为太上皇。控制首都、拥立新帝、变相废黜荒淫无道的隋炀帝，这三步棋走下来，李渊在政治上明显占了上风。而李渊的计划得以实现，都源于他在河东立足的地理优势。太原城经过东魏、北齐、隋朝数十年的经营，已经成为北方最强大的军事重镇，加上充裕的军粮储备，为李渊从太原起兵奠定了雄厚的物资基础。在与突厥交战中，李渊发现突厥的军队精于骑射，在交战时往往占上风，于是"师夷之长"，组建了一支2000多人的突厥式骑兵部队，"饮食居止，一同突厥"，这支快速反应部队在后来的战争中发挥了巨大作用。汾河谷地相对便利的交通，又为李渊较快地进入长安提供了较好的地理条件。隋炀帝长期滞留江南，各地豪强纷纷起兵，隋朝在政治运转上出现了权力真空，哪路豪强能够首先废旧立新，以新皇帝的名义发号施令，他就会比那些自立为王者相对有影响力。刘武周在太原以北的叛隋举动客观上促成了李渊尽快起兵，李渊的家族背景和他多年的军事经历为其问鼎长安提供了可能。李渊抓住了这个历史机遇，以河东之兵攻入关中，势力不断壮大，兵临长安城下时，军队规模已经超过20万人，入主长安已成定局。

北魏之后，东魏与西魏的对峙、北齐与北周的对峙，实际上就是长安、晋阳两大军事重镇的对峙。以晋阳为大本营的东魏、北齐政权本来具有优势，因为战略上的失误，在对峙中不断由强变弱，最终失败。河东、晋阳的地理区位、军事资源、战略价值从北魏之后到隋代末年是没有变化的。该区域在高欢父子手中由强转弱，而当李渊父子掌握了河东、太原（晋阳）之后，却由弱变强，最终击败了长安的军事力量。李渊从太原起兵攻入长安，说明了事在人为，太原在中国古代各城市中的军事竞争力并不逊于长安，李渊父子在隋唐之际让太原名震天下。

西河郡是唐军南下进军长安的试刀石

隋大业十三年（617 年）初，马邑太守被部下刘武周杀害，刘武周反叛后依附于突厥。离石一带的山胡在三年前曾经聚众造反，人数多达数万，这时听说刘武周在马邑反叛，又在吕梁山聚众呼应。北朝时期困扰朝廷的山胡问题，在隋末依然存在。李渊从太原起兵时，北边有刘武周和突厥虎视眈眈，西边有吕梁山胡蠢蠢欲动，太原周边的民族成分复杂，政治环境并不乐观。李渊从太原出兵之前，辽山（今山西省晋中市左权县）、西河郡都不服从李渊的命令，李渊说："辽山守株，未足为虑。西河绕山之路，当吾行道，不得留之。"[1]（六月）甲申日，李建成、李世民奉命出兵西河。李建成、李世民率领的都是刚招募的新兵，兄弟二人与士兵同甘共苦，身先士卒，严明军纪，秋毫无犯。五天后攻克西河郡城，九日

---

[1] 山右历史文化研究院编：《山右丛书·初编》第二册《大唐创业起居注》卷上，上海：上海古籍出版社 2014 年版，第 13 页。

后李建成、李世民回师太原城，李渊十分高兴地说："以此行兵，虽横行天下可也。"西河郡之战首战告捷，坚定了李渊起兵南下攻取长安的信心。李渊起兵之后的首战选在吕梁山东麓的西河郡，说明他十分看重吕梁山的军事价值，西河郡是唐军的试刀石。七月，李渊先派遣部下张纶率兵进入吕梁山震慑山胡，自己则到西河郡慰劳官员、民众。李渊部署两个儿子首战西河郡，接着又派兵震慑山胡，尔后又亲自到西河慰劳，正是考虑到吕梁山对太原城的战略支撑作用。控制西河郡，离石一带的山胡不敢轻举妄动，太原附近的安全才能得以保障。李渊的3万大军沿汾河谷地南下河东，在吕梁山中震慑山胡的张纶所部也从离石南下，历经龙泉郡（今山西省吕梁市石楼县、临汾市隰县和蒲县一带）、文城郡（今山西省临汾市吉县、乡宁县一带）。九月，张纶所部出吕梁山，抵达河东。可以看出，李渊起兵南下时，分为东西两路，分别从吕梁山两侧南下，主力东路军由西河郡沿汾河谷地经过雀鼠谷、高壁岭、霍邑、临汾南下；西路军为大军的策应，从吕梁山腹地的离石向南，经过石楼、隰川（今山西省临汾市隰县）、蒲县、吉昌（今山西省临汾市吉县）、昌宁（今山西省临汾市乡宁县）出山。从吕梁山南下的西路军，主要是震慑山胡，控制汾河以西的郡县，保障东路大军的侧翼安全，吕梁山地区的军事价值在隋唐之际凸显。

立国之初，河东被赋予战略缓冲、战略拱卫的双重职责

唐朝起兵于河东，西入长安建立政权，最初所能控制的只有河东、关中，以这两个区域为基础逐步统一全国。唐初的河东形势，在恒山以北有刘武周和突厥，临近关中的蒲州还被隋军控制着，首都长安的东北方向还受到威胁。当时的河东具有"临边近畿"的区位特点，因而被赋予了战略缓冲、战略拱卫的双重职责。为了适应战事需要，根据军事形势和地理特点，武德年间唐朝在各地陆续设立了总管府，总管府一般统辖几个州。"时天下未定，凡边要之州，皆置总管府，以统数州之兵。"[1] 总管府的长官享有较高的军事自主权，以方便他们对战事做出快速决策。唐初在河东从北到南设立了诸多总管府，对当时战事影响最大的有代州、并州、晋州、蒲州、潞州 5 个总管府。从地理区位来看，这几个总管府从北到南，分别以恒山、系舟山—云中山、韩信岭、峨嵋原、太岳山为屏障，层层设防，为唐朝在河东建立起超过 500 千米的战略纵深，为首都长安建立起多道屏障。在唐初平定刘武周、应对突厥南犯的战争中，这些河东军事重镇确实起到了屏护、拱卫长安的重要作用。

---

[1] ［宋］司马光：《资治通鉴》卷一八五《唐纪一》，北京：中华书局 1956 年版，第 5795 页。

代州总管府

隋唐之际，刘武周在突厥的支持下割据马邑。武德元年（618年），唐朝在恒山之南的代州设立总管府[1]，辖代州、忻州、蔚州三州，石岭关以北、恒山以南都属于代州总管府的防区。恒山至石岭关纵长上百千米，是太原以北的战略缓冲区。代州地处从恒山南下的要冲之地，控制代州可以对塞北势力南下形成威慑，当时设立代州总管府的目的是以恒山以南代、忻两州的军事力量对付山北的刘武周。武德二年（619年），刘武周南犯，石岭关以北各县都被刘武周占领。次年，李世民收复河东，刘武周逃回马邑，但仍然不时南下骚扰。武德五年（622年）二月，唐高祖向代州总管李大恩颁发诏令，对代州总管府辖区内原来依附刘武周者一律既往不咎，以安人心，稳定社会，防备突厥南犯。同年，突厥颉利可汗率领万余骑兵，与马邑的苑君璋所部6000人，一同南下进攻代州，被李大恩击退。武德五年三月，并州总管刘世让进屯代州，突厥颉利可汗南下围攻代州，月余乃退。武德六年（623年）六月，依附突厥的马邑城守将高满政归附唐朝，代州总管府增辖恒山以北的朔州，强化了代州总管府对恒山南北防御的统一部署。唐初的代州具有边防重镇的地位。

---

[1]　[后晋]刘昫等：《旧唐书》卷三十九《地理志二》，北京：中华书局1975年版，第1483页。

并州总管府

武德元年（618 年），在晋阳设并州总管府，辖晋阳、榆次、太谷、祁、文水、太原、榆社等 16 县。武德二年（619 年），刘武周在突厥的支持下南下并州，李元吉弃太原城逃回长安。次年，李世民从绛州北上，击败刘武周的部将宋金刚，收复太原城。为了增强太原城的防御能力，于武德四年（621 年）扩大了并州总管府的辖区，在原来的基础上增辖平遥、介休、汾州（今山西省汾阳市），石岭关以南、雀鼠谷以北都属于并州总管府的防区。当时设立并州总管府的目的是以石岭关以南太原盆地各县，以及临近太原盆地的太行山各县作为太原向北防御的战略纵深，当北方军事势力突破恒山屏障后，并州总管府的驻军对南犯之敌进行拦击，如有必要还可以前出代州御敌。武德五年（622 年）八月，升并州总管府为并州大总管府，成为当时全国五个大总管府之一。武德六年（623 年）七月，突厥进犯朔州，李建成、李世民率兵进驻太原，防备突厥从恒山南下，十月才回师长安。唐太宗即位后，派名将李勣镇守太原，突厥再也不敢南下。

晋州总管府

武德元年曾经在绛州设立总管府，管绛、潞、泽、沁、蒲等 15 州，相当于把介休—榆社以南的河东南部都划入绛州总管府的军事辖区，其辖区范围之广，远超并州总管府。但在武德二年刘武周南犯时，宋金刚所部一路南下，绛州总管府无法行使其指挥河东南部各州的军事职能，为了应对这一形势，当年陆续设立了蒲州总管府（时蒲州尚未攻克，总管府设于蒲州以北的桑泉县）、潞州总管府，分解了绛州总管府的大部分职能，让蒲州、潞州分别承担起河东西南部、东南部的军事指挥职责。同时，任命裴寂为晋州道行军总管指挥晋州一带的唐军，裴寂率领晋州的唐军北上介休之南的度索原阻击宋金刚。武德三年（620 年），鉴于绛州军队阻击从天险雀鼠谷、韩信岭南下之敌位置偏南，废绛州总管府，置晋州总管府，管晋、绛、沁、吕（今山西省霍州市）4 州，并将晋州的治所移到汾河之东形势险要的白马城（今山西省临汾市尧都区乔李村）。晋州总管府的设立，使唐军在临汾盆地的军事指挥中心北移。晋州总管府的辖区不但包括了整个临汾盆地，还辖有太岳山北部数县以及韩信岭以北的灵石县，把太原盆地以南的灵霍峡谷都划入晋州总管府的防区，相当于把唐军在临汾盆地的防线北移到雀鼠谷之北，强化了晋州总管府对韩信岭南北防御的统一部署。武德五年（622 年），突厥在太原、汾州的进攻受挫，转而南下，"精骑数十万，自介休至晋州，数百里间，填溢山谷"[1]。史书中未见有突厥进犯晋州以南的记载，应该是唐军在晋州的防御发挥了作用。

---

[1]　[宋] 司马光：《资治通鉴》卷一九〇《唐纪六》，北京：中华书局 1956 年版，第 5955 页。

蒲州总管府

武德二年，尽管蒲州还没有被唐军控制，但蒲州城的隋军已经成为孤立之敌。鉴于蒲州西临关中的特殊地理位置，刚立国不久的唐朝对蒲州十分重视，再加上刘武周南下河东，蒲州之敌与刘武周南北呼应，形势危急，李世民率军进驻蒲州附近，为河东唐军声援。在这种形势下唐朝于蒲州之北的桑泉县（今山西省运城市临猗县临晋镇）置蒲州总管府，管辖蒲州附近的 6 个州，承担起河东西南部的军事指挥职责。武德三年（620 年）正月，唐军收复蒲州，唐高祖专门巡幸蒲州，蒲州总管府随之从桑泉县移治蒲州城。七月，驻防太原的并州总管李仲文与突厥密谋，企图在唐朝大军东征洛阳时，联合南下袭击长安，被人告发。唐高祖派遣太子李建成驻防蒲州，以确保关中东部黄河防线安全，拱卫长安。武德五年（622 年），突厥军队 5 万人南下围攻太原，又分兵进犯汾州、潞州，李世民进驻蒲州，准备北上御敌，蒲州与太原在战略上遥相呼应，突厥闻讯北撤。武德八年（625 年），突厥又一次南犯河东，李世民奉命驻防蒲州。在武德年间应对刘武周和突厥南犯时，唐高祖先后派遣李世民、李建成两位皇子 4 次驻防蒲州，以确保蒲州黄河防线的安全，蒲州在唐朝立国之初就承担着拱卫首都的军事职责。

潞州总管府

武德二年（619 年），唐朝置潞州总管府，辖潞、泽、沁等 5

州，分解了原绛州总管府东南部的军事指挥职责，初步在潞州形成了上党台地的军事中心，一来阻止刘武周势力进犯上党地区，二来保障上党地区的粮食供应洛阳以东的唐军。武德三年（620 年）二月，刘武周派兵攻占壶关、长子，围攻潞州，被唐军击败。六月，突厥企图与洛阳的王世充勾结，派遣使团经潞州南下，被潞州总管李袭誉拦击，俘获突厥送给王世充的牛羊数以万计。在唐军东西夹击王世充时，李袭誉又督运上党粮食"以饷东军"[1]，保障唐军东线部队的军粮供给。潞州城在唐初平定中原的战争中发挥了重要的战略后援作用。武德四年（621 年），窦建德南下洛阳去救援王世充，被唐军阻挡在虎牢关，滞留数十日，军心不稳，窦建德想撤军北归洺州（今河北省邯郸市永年区广府镇）。其幕僚国子祭酒凌敬向窦建德提议：应当渡过黄河北上，攻占怀州（今河南省沁阳市）、河阳，委派重将镇守。再率领大队人马北上太行山，入上党，然后进攻蒲州。凌敬的计划是想采取"围魏救赵"的办法，通过北上太行迂回进攻蒲州，威胁长安，逼迫唐军从洛阳城下撤军。如果窦建德采纳了此建议，唐军在上党的军力是无法抵挡的，后面的形势就会变得复杂。窦建德没有采纳此建议，窦夫人曹氏进言："祭酒之言可从，大王何不纳也？请自滏口之道，乘唐国之虚，连营渐进，以取山北。又因突厥西抄关中，唐必还师以自救，此则郑围解

---

[1] [宋] 欧阳修，宋祁：《新唐书》卷九十一《李袭誉传》，北京：中华书局 1975 年版，第 3790 页。

矣。今顿兵武牢之下，日月淹久，徒为自苦，事恐无功。"[1] 窦
夫人曹氏赞同凌敬北进上党的策略，又提供了一个从太行山滏口陉
西进上党进攻蒲州的方案。但窦建德一意孤行，拒绝了进军上党的
建议。从凌敬和窦夫人曹氏的建议可知，在唐军、王世充、窦建德
三方角逐中原时，太行山之北以潞州为核心的上党台地的战略价值
是极高的。

从立国之战看河东道对唐朝平定天下的重大意义

武德二年（619 年）三月，占据恒山以北的刘武周接受部下宋
金刚"图晋阳，南向争天下"的建议，派宋金刚率兵 3 万南侵并
州。四月，刘武周联合突厥，驻扎黄蛇岭（今山西省晋中市榆次区
北），兵锋甚盛，很快占领了榆次。五月，刘武周的军队攻陷平遥。
六月，占领介州。刘武周采取的迂回战略，已经切断了太原与晋州
之间唐军的联系。唐高祖派兵救援太原，被刘武周的军队击败于雀
鼠谷。唐高祖又派裴寂为晋州道行军总管，督军抗击刘武周。八
月，裴寂进军至介州，与宋金刚战于度索原，唐军溃败，裴寂只身
逃回晋州。九月，刘武周进逼太原，李元吉放弃太原，逃回长安。
唐朝的发祥地太原城被刘武周占领，太原城中可以供应数万人食用

---

[1]　[后晋] 刘昫等：《旧唐书》卷五十四《窦建德传》，北京：中华书局
1975 年版，第 2241 页。

十年的粮食落入敌手，对唐军打击很大。十月，宋金刚又南下攻陷晋州，进逼绛州，攻占浍州（今山西省临汾市翼城县）。与此同时，夏县的吕崇茂自号魏王，与刘武周相呼应。隋朝旧将王行本占据蒲州，与宋金刚联手对付唐军。至此，黄河以东的地区大部分被刘武周控制，唐朝在黄河东岸只剩下很小的一隅之地峨嵋原。

当时，唐军能控制的地方就是关中、河东，中原地区尚未掌控。河东尽失，刚刚立国的唐朝面临严重的威胁。如果唐朝只领有关中之地，就相当于一个割据政权，根本没有资格号令天下。刘武周占领太原、控制河东，直接威胁到唐朝的生死存亡。面对刘武周的强势进攻，唐高祖惊慌失措，准备放弃黄河以东地区，据守关中。李世民上表反对说："太原，王业所基，国之根本；河东富庶，京邑所资。若举而弃之，臣窃愤恨。"李世民请缨率兵东征。

十一月初，时值隆冬，大河冰封，李世民率军从龙门（今山西省河津市）东渡黄河，进驻峨嵋原上的柏壁要塞。柏壁要塞地处峨嵋原边缘，北朝时期曾经是绛州的治所，唐代的柏壁城墙"高二丈五尺，周长八里"。村寨周边为陡峭的黄土沟壑，村寨与沟底的落差极大。笔者曾考察柏壁城旧址，就现在的地貌来看，也是一处易守难攻的天然城堡。伫立在村东的千年古道上，遥想当年军旗猎猎，仿佛还能听到柏壁要塞中战马的嘶鸣声。

李世民采取了"坚壁不出，养精蓄锐，待机歼敌"的战略，柏壁要塞和唐军固守的绛州城形成掎角之势。当时河东各县遭受刘武周的部队抢劫，没有粮食，军队严重缺粮。李世民派人晓谕百姓，百姓听说李世民率军前来剿灭宋金刚，支持的人日益增加，唐军逐渐征收到粮食，军粮储备充足。十二月，唐高祖派李孝基攻打夏县的吕崇茂，吕崇茂向宋金刚求援，宋金刚派大将尉迟恭、寻相前往救援，李孝基率领的唐军失利。尉迟恭、寻相从夏县退回浍州，李世民派殷开山、秦叔宝等人在美良川（今山西省运城市闻喜县南）截击，大败尉迟恭，杀敌 2000 多人。不久，尉迟恭、寻相又秘密带精兵前往蒲州援救王行本，李世民又率领 3000 骑兵从小路连夜赶到安邑（今山西省运城市盐湖区东北），截击尉迟恭。尉迟恭、寻相二人逃脱，部下全部被俘，李世民又回兵柏壁。从唐军两次由柏壁出兵，在美良川、安邑成功袭击尉迟恭、寻相军队的情形看，李世民选择峨嵋原北缘的柏壁作为唐军的大本营，是极具战略眼光的。唐军驻守柏壁，保障了黄河龙门渡口的安全，可随时观察汾河南北的军情。平坦的峨嵋原有利于骑兵部队快速出击，寻找有利的战机歼灭敌人，切断蒲州、夏县的敌军与峨嵋原之北宋金刚的联系，从而达到孤立蒲州、逼宋金刚北退的战略意图。唐军将领纷纷请求与宋金刚交战，李世民说："金刚悬军深入，精兵猛将咸聚于是，武周据太原，倚金刚为扞蔽。军无蓄积，以虏掠为资，利在速战。我闭营养锐以挫其锋，分兵汾、隰，冲其心腹，彼粮尽计穷，自当遁走。当待此机，未宜速战。"[1] 李世民只是用小股部队不

---

　　[1]　[宋]司马光：《资治通鉴》卷一八八《唐纪四》，北京：中华书局 1956 年版，第 5874 页。

时袭扰敌军，大军坚壁不战，宋金刚的势力日益衰落。

武德三年（620 年）四月中旬，因粮食供给不足，与唐军相持约 5 个月的宋金刚被迫向北撤退。李世民率领唐军追击逃敌，从柏壁军营出发，一直追到高壁岭。部下劝说李世民稍作休整，等待补给。李世民说："宋金刚无计可施才逃跑，他们的军心已经涣散了。功劳难立，失败却很容易；机会难得，稍纵即逝，一定要趁此机会消灭敌人。如果我们滞留不前，让敌军有时间考虑对策，我们就不会再有进攻的机会了。我尽心竭力报效国家，岂能顾惜自己的安危？"遂策马奋进，唐军在雀鼠谷腹地追上宋金刚，一日八战，连战连捷。李世民的坐骑"特勒骠"，后来被列入"昭陵六骏"。当夜，唐军在雀鼠谷西原宿营。李世民已经两天没有吃东西了，盔甲三天未离身。全军只有一只羊，李世民与将士们分而食之。唐军又马不停蹄地继续追击，李世民带兵在介休大败敌军，宋金刚逃走。刘武周得知宋金刚兵败，弃太原城而走，李世民一路北上，收复太原。

柏壁之战作为唐朝立国后的第一次重大战役，意义非同寻常。这次战役，实际上是唐朝在军事上的奠基礼。李世民在这次战役中表现出卓越的军事指挥才能，他充分发挥峨嵋原的战略优势，将骑兵快速奔袭与大兵团持久作战相结合，最终大获全胜。唐军夺回河东，收复太原，对保卫关中、巩固新生的唐朝、争夺中原具有重要意义。稳固了关中、河东之后，唐军没有了后顾之忧，放开手脚对付河南的王世充、河北的窦建德，并从河东调兵、运粮支援河南、河北战事。武德三年（620 年）七月以后，唐军进围洛阳，河东上党地区的粮食源源不断地运往洛阳以东，保障了唐朝东线军队的粮食补给。当年十二月，因为窦建德南下救援洛阳的王世充，其都城洺州城兵力大减，唐高祖诏命并州总管刘世让从太原东出井陉道，南下进攻洺州。

唐朝在立国之后，因为刘武周的南犯，基本上失去了河东，不击败刘武周，关中恐怕都保不住。立国之后的第一仗只能在河东打响，只有恢复河东，才能东向平定河南、河北。李世民在柏壁之战后，挟河东胜利之军威东进洛阳，一举讨平窦建德、王世充两雄，平定中原，充分说明了河东在唐初争夺天下时的重要作用。

平定安史之乱时期河东道对唐朝的军事价值

何千年分兵四路南下策略中对太原、蒲州的重视

天宝十四载（755 年）十一月，安禄山在范阳起兵叛乱，安史之乱爆发。叛军将领何千年提出分兵四路南下的策略：一路在黄河之西对关内道用兵，建议派遣高秀岩率兵 3 万由振武军（今内蒙古自治区呼和浩特市托克托县）南下朔方（今宁夏回族自治区吴忠市），攻取盐州（今陕西省榆林市定边县）、夏州（今陕西省榆林

市靖边县）、鄜州（今陕西省延安市富县）、坊州（今陕西省延安市黄陵县）诸州；一路在黄河以东对河东道用兵，建议派遣李归仁、张通儒率兵 2 万从云中（今山西省大同市）南下攻取太原，另派弓箭手 15000 人南进蒲州，以威慑关中；一路在太行山以东对河北道用兵，由安禄山率兵 5 万进攻洛阳；最东边一路由蔡希德、贾循率兵 2 万进攻淄州（今山东省淄博市淄川区）和青州（今山东省青州市），以取江淮。[1] 何千年的用兵建议对唐朝来说是致命的，关内道的用兵从北部直逼关中，河东道的用兵重点攻占太原、蒲州，这两路的进攻目标是首都长安，东边两路的进攻目标是东都洛阳和粮源重地江淮。此建议是以西边两路南下的叛军牵制关中、河东的唐军不得东出潼关、太行山；而对太原的控制是从侧翼呼应叛军主力南下洛阳；东边南下的两路叛军可以直取洛阳、江淮，在经济上切断关中的供给。以当时唐朝的反应能力和唐军的战斗能力，根本无法阻挡叛军的四路进攻，如果此计划实施，唐朝很可能就灭亡了。从何千年的用兵建议，可以看出关内道的朔方、河东道的太原、蒲州对当时的军事全局具有举足轻重的影响。在后来唐军的平叛战争布局中，朔方发挥了指挥中枢的作用，太原、蒲州都发挥了十分重要的战略堡垒作用。

---

　　[1]　[宋] 欧阳修，宋祁：《新唐书》卷二二五《安禄山传》，北京：中华书局 1975 年版，第 6417 页。

叛军南下洛阳时对太原唐军的布防

安禄山没有采纳何千年的四路用兵建议，叛军一路南下，河北州县望风瓦解。何千年到太原城下劫持了北京副留守杨光翙，杨光翙当时是太原城中的最高长官，叛军劫持他，是要造成太原城的唐军群龙无首的局面，以免唐军从太原东出井陉道对叛军的侧翼形成威胁。同时，安禄山部署部将李钦凑率领数千人马驻防井陉口，防备太原的唐军东出井陉道。唐玄宗很快任命郭子仪为朔方节度使、王承业为太原尹、程千里为潞州长史，在关内道、河东道部署军队进行应对。当时河东道的恒山以北为叛军控制区，郭子仪从朔方出兵首先攻克河东道北部的战略要塞静边军城（今山西省朔州市右玉县西北右卫镇）。静边军城位于大同以西 90 千米，城居群山之间，修筑于天宝初年，是南北攻防的要冲。从静边军往南 100 多千米就是恒山之北的军事重镇马邑城，由马邑南越恒山很快就可以兵临太原。静边军城的战略地位如此重要，故而叛军想拼死夺回。十二月，安禄山部将薛忠义进犯静边军城，企图由此南下恒山，牵制太原的唐军，使其无法东出井陉道。郭子仪派左兵马使李光弼、右兵马使高浚、左武锋使仆固怀恩、右武锋使浑释之等迎击叛军，消灭叛军 7000 人。静边军之战获胜，是唐军在叛军控制区取得的首次大捷，打消了叛军由塞北南下进攻太原的图谋。静边军之战后，郭子仪指挥唐军向东进围云中，向南攻克马邑，开通代州东北的东陉关（今山西省朔州市山阴县东南胡峪沟内），打通了由塞北南下河东的通道。唐军能否南下太原，关系到唐军可否从太原东出太行山切断叛军的退路。郭子仪攻克马邑、开通东陉关意义重大。常山太守颜杲卿用计解除了叛军部署在井陉口的军队。何千年从洛阳北上途经常山，被颜杲卿俘虏，何千年向颜杲卿献计说："此郡应募乌合，难以临敌，宜深沟高垒，勿与争锋。俟朔方军至，并力齐进，传檄赵、魏，断燕、蓟要膂，彼则成擒矣。今且宜声云'李光弼引步骑一万出井陉'。"[1] 颜杲卿采纳其建议，只用"大军已下井陉"一句宣传口号和一支百人骑兵部队，就收复了河北十七郡，由此可见从太原东出太行井陉道在当时的战略影响力。

李光弼、郭子仪从河东道出兵重创叛军

至德元载（756 年）正月，唐玄宗诏命郭子仪从云中城下撤军，返回朔方，调度军队东进洛阳，又命郭子仪选派一位良将分兵东出井陉道平定河北。郭子仪推荐李光弼为东出的大将，李光弼被任命为河东节度使，率领 1 万人马从恒山东陉关南下。二月，李光弼途经太原，又从太原调拨了 3000 名弓箭手，东出井陉道进入河北。三月，郭子仪从朔方挑选精兵进入河东，从东陉关南下代州、太原，东出井陉道进入河北，郭子仪、李光弼汇合之后，多次大败

---

[1]　[宋] 司马光：《资治通鉴》卷二一七《唐纪三十三》，北京：中华书局1956 年版，第 6594 页。

叛军，尤以嘉山之战（嘉山位于今河北省保定市曲阳县城东北）影响最大，消灭叛军4万人，官军声威大震。叛军由老巢范阳至洛阳的通道被切断，南北往来联络的叛军只能偷偷过境。叛军士兵的家多在范阳，军心开始动摇。安禄山召集谋臣商议对策，甚至打算放弃洛阳，撤兵回范阳。

李泌"彭原对策"提出以河东为中心的平叛战略

时年六月，郭子仪、李光弼上奏请求率兵北攻范阳，占领叛军的巢穴，断其归路，并建议潼关的唐军固守不出。不料，唐玄宗却听信杨国忠的建议，督催哥舒翰兵出潼关，唐军大败，潼关失守，唐玄宗从长安出逃。七月，唐肃宗在灵武（今宁夏回族自治区吴忠市）即皇帝位，诏命郭子仪、李光弼率军赴灵武拱卫。郭子仪、李光弼从河北经井陉道回师太原，转赴灵武。八月，李光弼被任命为北都留守，率领5000人到太原赴任。十一月，唐肃宗与谋士李泌在彭原（今甘肃省庆阳市宁县）讨论平定安史之乱的策略，李泌提出："贼之骁将，不过史思明、安守忠、田乾真、张忠志、阿史那承庆等数人而已。今若令李光弼自太原出井陉、郭子仪自冯翊入河东，则思明、忠志不敢离范阳、常山，守忠、乾真不敢离长安，是以两军縶其四将也，从禄山者，独承庆耳。愿敕子仪勿取华阴，使两京之道常通，陛下以所征之兵军于扶风，与子仪、光弼互出击之，彼救首则击其尾，救尾则击其首，使贼往来数千里，疲于奔命，我常以逸待劳，贼至则避其锋，去则乘其弊，不攻城，不遏路。来春复命建宁为范阳节度大使，并塞北出，与光弼南北犄角以取范阳，覆其巢穴。贼退则无所归，留则不获安，然后大军四合而攻之，必成擒矣。"[1] 李泌的"彭原对策"极具战略眼光，他鉴于此前郭子仪、李光弼从井陉道东出太行山给叛军造成重创，提出以河东道的太原、蒲州两地制约叛军控制的范阳、常山、长安、洛阳。以河东道为根据地，用游击战的方法让叛军在数千里的战线上疲于奔命，唐军以逸待劳消灭叛军的有生力量，足见河东道战略地位之重要。只是唐肃宗急于收复两京，未完全采纳李泌的对策，没有充分发挥蒲州、太原的战略牵制作用进而彻底消灭叛军，酿成了持续一百多年的河北三镇割据之恶果。

太原之战扭转战局：断敌右胁，屏护朔方

因为顾虑唐军从太原东出太行山断其归路，所以叛军在攻占长安后，便把主要兵力调往太原。至德二载（757 年）正月，叛军的四路人马 10 万人，从北、东、南几个方向对太原实施合围。史思明以为太原指日可下，攻克太原之后就可以向西长驱直入进攻唐肃宗所在的朔方。当时，李光弼手下的守军不足万人。据《新唐书·李光弼传》记载："思明、希德率高秀岩、牛廷玠将兵十万攻光弼，时锐兵悉赴朔方，而麾下卒不满万，众议培城以守，光弼曰：'城

---

[1]〔宋〕司马光：《资治通鉴》卷二一九《唐纪三十五》，北京：中华书局1956 年版，第 7009 页。

环四十里，贼至治之，徒疲吾人。'乃彻民屋为擂石车，车二百人挽之，石所及辄数十人死，贼伤十二。思明为飞楼车，障以木幔，筑土山临城，光弼遣人穴地颓之。"当时部下建议李光弼加固城墙进行防守，李光弼认为此法劳而无功，敌人还没有到来，却因为大规模修城反而把自己搞得很狼狈，何况太原城周 40 里，根本无法临时加固。李光弼让太原城中的军民在城外挖掘了深深的城壕，在城内准备了大量的土墼（土坯），大家都不知道这土墼计划做什么用。后来叛军开始攻城时，一旦发现城墙有损坏处，李光弼就让人用准备好的土墼修补加固。他还制造了一种能够发射石块的工具，杀伤力很大。史思明在城外筑土山，企图居高临下攻城，李光弼派士兵挖地道，致使城外的土山很快就塌陷了。史思明久攻不下太原城，就派人到河北去搬运攻城的器械，并派了 3000 人护送，被唐军在井陉道拦截伏击。史思明 10 万叛军围攻太原城一个多月，毫无进展。史思明挑选了一些精锐作为机动分队，面授机宜说："大军在北边进攻，你们就悄悄到南边出击；大军如果在东边进攻，你们就在西边出击，只要有机会就想法攻进城。"太原城中的军民在李光弼的统一指挥下，个个严阵以待，时时提高警惕，叛军始终无法找到突破口。李光弼在军中召集有一技之长的士兵，发挥他们每个人的长处。有三名来自安边军的士兵，擅长挖地道，李光弼就让他们挖了很多地道。因为久攻不下，叛军在城下仰面大骂城上的守军，李光弼派人从地道中把叛军拉入地道斩杀，搞得叛军再也不敢仰面骂人了，走路的时候都小心翼翼地盯着地面，生怕被唐军拉入地道杀了。李光弼又用诈降之计麻痹叛军，把地道挖到叛军的营地，地道战和奇袭战同时发力，消灭叛军过万。当月，安禄山被儿子安庆绪杀死，史思明奉安庆绪之命撤离太原，归守范阳城，留蔡希德继续围攻太原。二月，李光弼组织敢死队出击，消灭 7 万叛军，蔡希德带领残兵败将从太原城下溃逃。太原之战对当时的局势影响很大，使叛军元气大伤，减轻了对关中地区唐军的压力。太原之战是唐军平定安史之乱的第一次重大胜仗，也是扭转战争局面的一个转折点，打消了叛军以河东道为右翼进攻朔方的图谋。杜甫的《故司徒李公光弼》有诗句："司徒天宝末，北收晋阳甲。胡骑攻吾城，愁寂意不惬。人安若泰山，蓟北断右胁。朔方气乃苏，黎首见帝业。"

宝应元年（762 年）十一月，史朝义从洛阳败逃北上，连战皆败，叛军大势已去。河东节度使辛云京计划率军从太原东出井陉，向叛军恒阳节度使张忠志发起攻击，张忠志慑于太原兵马的强盛，以恒（今河北省石家庄市正定县）、定、易、赵、深（今河北省深州市）五州之地向河东节度使辛云京投降。

以蒲州为中心收复两京

在李光弼坚守太原之时，郭子仪奉命收复河东南部。郭子仪认为蒲州地处长安、洛阳之间，要收复两京，首先应该控制蒲州。郭子仪派心腹秘密潜入蒲州城，联络陷于叛军中的唐朝官兵，届时里应外合。至德二载（757 年）二月，郭子仪自洛交（今陕西省延安市富县）率军直奔河东。十一日夜，河东司户韩昱等翻越蒲州城墙，迎接官军。郭子仪在韩昱等人的引导下，歼灭守城叛军近千人，迅速攻占蒲州城。叛军将领崔乾佑率部东逃，郭子仪乘胜追击，歼灭叛军 4000 人，俘虏 5000 人，收复了蒲州附近各县。三月二十三日，叛军将领安守忠从长安率骑兵 2 万人进攻蒲州，想解除蒲州的唐军对长安的威胁。郭子仪率兵击退叛军，歼灭叛军 8000人，俘虏 5000 人。之后，唐军收复陕郡（今河南省三门峡市陕州区）、潼关。潼关扼守东西要冲，叛军复攻潼关，唐军失利，退守蒲州。郭子仪以蒲州为大本营，不时向东、向西袭扰叛军，为收复两京做准备。九月二十八日，唐军收复长安。十月十八日，唐军收复洛阳。在收复蒲州半年之后，唐军先后收复两京，可见蒲州战略地位之重要。收复两京之后，朝廷更加认识到两京的安全与蒲州息息相关。安史之乱发生不久，朝廷在蒲州置"防御守捉蒲关使"。收复两京之后，乾元元年（758 年），朝廷在防务上进一步提升蒲州的地位，在蒲州设立节度使，最初辖蒲州、同州、虢州，或蒲州、同州、绛州，辖区最大时领蒲、晋、绛、隰、慈、虢、同七州。这样，就把河西的同州（辖 7 县，治所在今陕西省渭南市大荔县）、河南的虢州（辖 6 县，治所在今河南省灵宝市）都划入蒲州的防区，加上河东地区的蒲州（辖 8 县）、晋州（辖 9 县，治所在今山西省临汾市)、绛州（辖 9 县，治所在今山西省运城市新绛县)、隰州（辖 6 县，治所在今山西省临汾市隰县)、慈州（辖 5 县，治所在今山西省临汾市吉县），共计 7 州 50 县，如此兼有黄河东西、黄河南北的广阔防区，在唐代是很少见的，足见朝廷对蒲州的重视。蒲州从此在河东道成为独立一方的军事重镇，拱卫首都的作用日益明显。

程千里潞州御敌

在河东道的东南部，天宝十四载（755 年）十一月，唐玄宗派遣禁军将领程千里到河东道招募军队数万人御敌，程千里先被任命为河东节度副使、云中郡太守，很快又被改任潞州长史，从上党地区东出平叛，说明朝廷当时从河东道的太原、潞州东出太行山平叛的意图明显。至德元载（756 年）三月，程千里计划由潞州东出滏口陉，从侧翼打击叛军。因为叛军在滏口陉出山口的险要地段崞口（今河北省邯郸市涉县南、北崞口村）派兵把守，程千里的数万大军无法东出。数万唐军被堵在滏口陉，无法对叛军形成有效打击，只好退回潞州，对当时的战争态势影响极大。如果程千里的大军当时能够进入河北平原，叛军就不敢继续进攻潼关，长安就不会陷落，历史就会改写。由此可见，上党地区、滏口陉在平定安史之乱时的战略地位何等重要。至德元载（756 年），朝廷在河东道东南部的潞州设立上党节度使，辖东南三郡。潞州因为毗邻河北道，有居高临下之势，在平叛期间成为河东道的又一个军事重镇。至德二载（757 年）八月，叛军几次进攻上党，都被程千里指挥唐军击退。九月初，叛军将领蔡希德率军围攻潞州，蔡希德率领轻装骑兵在城下挑战。程千里率领 100 名骑兵出城接战，计划活捉蔡希德。蔡希德差点被擒，不料叛军的援兵突然赶到，程千里只好收兵回城，入城时城门吊桥毁坏，程千里坠入城壕之中，反被蔡希德所擒。程千里对随从的骑兵喊道："我不幸遭叛军俘虏，这是天意！回到城里后告诉各位将士，让他们坚守城池。军队可以没有统帅，但城池不能丢失！"蔡希德指挥叛军继续攻城，最终未能得手。乾元二年（759 年）七月，以潞沁节度使王思礼兼任太原尹、北京留守、河东节度使，此时明显加强了潞州的军事力量，实行太原—潞州军事指挥一体化，与洛阳的唐军相呼应。九月，史思明带领叛军进攻郑州，李光弼兵力不足，无法固守洛阳，东都留守韦陟建议退守潼关，李光弼云："两敌相当，贵进忌退，今无故弃五百里地，则贼势益张矣。不若移军河阳，北连泽潞，利则进取，不利则退守，表里相应，使贼不敢西侵，此猿臂之势也。"[1] 因为有上党的唐军作呼应，李光弼指挥 2 万唐军从洛阳退守河阳，多次击败来犯的敌人。

---

　　[1]　[宋] 司马光：《资治通鉴》卷二二一《唐纪三十七》，北京：中华书局1956 年版，第 7082 页。

平定安史之乱以后蒲州城对长安的拱卫作用

平定安史之乱以后，天下并不太平。唐朝在平叛期间借助回纥骑兵助剿，以允许其抢掠作为报酬[1]，诱发了回纥内侵之心，长安多次受到回纥、吐蕃入侵的威胁，长安如同边塞，警报频频。史载："时蕃虏屡寇京畿，倚蒲、陕为内地，常以重兵镇之。"[2] 从军事防御的角度来说，需要在长安附近保留一支战斗力很强的军队，在紧急情况下拱卫首都，蒲州城在平叛战争结束后承担了这一职责。

唐肃宗上元元年（760 年）三月，因为蒲州的地位重要，升格为河中府。上元二年（761 年）二月，李光弼、仆固怀恩指挥唐军在洛阳的邙山与史思明相战，唐军失利，李光弼、仆固怀恩渡河北上到河东南部的闻喜县。不久，李光弼被任命为河中节度使，朔方将士开始驻防蒲州。上元三年（762 年）二月，距离河中不远的绛州发生兵变，河中节度都统处置使李国贞被杀。当时太原的河东节度使邓景山亦为部下所杀，朝廷生怕绛州、太原两地作乱的士兵遥相呼应。在河北叛乱还没有平定的情况下，如果河东道再发生大面积叛乱，后果将不堪设想。朝廷紧急起用郭子仪出镇绛州，稳定局

---

[1] [宋] 司马光：《资治通鉴》卷二二〇《唐纪三十六》，北京：中华书局1956 年版，第 7034 页。

[2] [后晋] 刘昫等：《旧唐书》卷一二〇《郭子仪传》，北京：中华书局1975 年版，第 3461 页。

势。广德二年（764 年）正月，驻防河中的朔方军将领仆固怀恩在太原与河东节度使辛云京发生摩擦，仆固怀恩在汾州反叛，进攻太原、榆次等地。二月，郭子仪以朔方节度使、河中节度使的身份赴河东安抚朔方将士。郭子仪到蒲州，先对驻防河中府的军队进行整肃，斩杀了 14 个为非作歹的士兵，然后北至汾州安抚朔方旧部，朔方将士随郭子仪归镇河中。五月，郭子仪请罢河中节度使，原河中节度使所辖区域隶属朔方。自广德二年（764 年）六月至大历十四年（779 年）闰五月，郭子仪出镇河中，大量的朔方军镇守河中，少部分朔方军在原驻地灵武驻防，数万朔方精锐部队在这十几年间驻防河中拱卫首都，这一时期属于河中军事力量的"朔方化"时期。广德二年七月，河中驻军西调奉天（今陕西省咸阳市乾县）御敌。十二月，河中驻军自奉天还镇。永泰元年（765 年）三月，派遣河中驻军出戍奉天，防御吐蕃。九月，诏命郭子仪从河中屯兵于泾阳（在今陕西省西安市之北）。因为吐蕃内侵，宦官首领鱼朝恩鼓动皇帝巡幸河中躲避吐蕃。大历元年（766 年）十二月，华州节度使（驻今陕西省渭南市华州区）周智光反叛，同、华路阻，郭子仪的女婿工部侍郎赵纵令家童携带蜡书从小路把皇帝的诏令送到河中，郭子仪奉诏检阅军队准备出发时，华州士兵听说河中发兵平叛，便斩了周智光父子，华州叛乱在河中重兵的威慑下很快告平。大历二年（767 年）九月，郭子仪率兵 3 万从河中出镇泾阳防御吐蕃，长安戒严。不久，又移镇奉天。大历三年（768 年）九月，郭子仪率兵 5 万从河中出镇奉天。十一月，宰相元载提出河中驻军移镇的动议："吐蕃连岁入寇，马璘以四镇兵屯邠宁，力不能拒，而郭子仪以朔方重兵镇河中，深居腹中无事之地，乃与子仪及诸将议，徙璘镇泾州，而使子仪以朔方兵镇邠州，曰：'若以边土荒残，军事不给，则以内地租税及运金帛以助之。'"[1] 元载实际上是有私心的，他不愿意让郭子仪的朔方重兵长期驻防河中。大历四年（769 年）六月，郭子仪率领的朔方兵分镇河中、灵武、邠州（今陕西省彬州市），大部分将士移镇邠州，以富庶的河中供应邠州的军需。朔方军队久居河中，早已习惯了河中富裕的生活，都不乐意移镇邠州，往往有从邠州逃回河中者，留守河中的行军司马杀了几个带头逃回的士兵，方才治住了从邠州逃回河中的风气。后来，元载与王缙以避戎患为由，上奏请以河中为中都，以关辅、河东十州的赋税供应长安，选兵 5 万屯驻中都，皇帝秋天行幸河中，到了春天再回到长安。"自古建大功者，未尝不用天因地，故高祖保关中，光武据河内，皆深根固本，以制天下。臣等考天地之心，本圣人之意，验古往之事，切当今之务，则莫若建河中为中都，隶陕、虢、晋、绛、汾、潞、仪、石、慈、隰等十城为藩卫。长安去中都三百里，顺流而东，邑居相望。有羊肠、底柱之险，浊河、孟门之限。以轘辕为襟带，与关中为表里，刘敬所谓'扼天下之吭而抚其

---

[1]　［宋］司马光：《资治通鉴》卷二二四《唐纪四十》，北京：中华书局1956 年版，第 7203 页。

背'，即此之谓。推是而言，则建中都将欲固长安，非欲外之也；将欲安成周，非欲舍之也；将欲制蛮夷，非欲惧之也；将欲定天下，非欲弱之也。河中之地，左右王都，黄河北来，太华南倚，总水陆之形胜，郁关河之气色。每岁白露既降，凉风已高，陛下处金城汤池内绥华夏，登信臣骁将外驭戎狄，出于仲秋，还于农隙，有漕浊泛舟之便，无登高履险之虞，不伤财，不害人，得养威而时狩，如此则国有保安之所，家无系虏之忧矣。"[1] 元载建议在河中驻军 5 万人，与此前让郭子仪的朔方军从河中西迁自相矛盾，此举实际上是为了掌握河东军权，进一步巩固自己的权势。不过，元载奏议中对河中地理形势的赞誉"内绥华夏、外驭戎狄"还是恰如其分的，河中在大历时期确实承担了拱卫首都的重任。元载以为自己的上奏皇帝很快就会批准，故一边上奏，一边派人到河中规划宫殿、修筑私第，却不想皇帝听说其擅权行为，十分厌恶，遂搁置其议。

唐德宗即位后，郭子仪不再担任军职，其所部分隶属下诸将，李怀光被任命为河中尹、邠州刺史、邠宁庆晋绛慈隰节度支度营田观察押诸蕃部落等使，李怀光成为河中、邠州两地朔方军的统帅。兴元元年（784 年），从河北平叛前线急赴奉天救驾的李怀光感到皇帝不信任自己，占据河中反叛。李怀光以河中为中心，重点在潼关、同州、绛州布防，"北连绛台，南抵黄巷，选朔方之健将，保

[1] [唐]李吉甫：《元和郡县图志》卷十二《河东道一·河中府》，北京：中华书局 1983 年版，第 324 页。

朝邑之离宫"[1]。"绛台"指绛州，"黄巷"指潼关黄巷坂，"朝邑之离宫"指建在朝邑县（今陕西省渭南市大荔县）黄河西岸的长春宫，东隔黄河与河中城相望。唐德宗召见散骑常侍李泌，说出了自己的忧虑："河中密迩京城，朔方兵素称精锐，如达奚小俊等皆万人敌，昼夕忧之，奈何？"朝廷任命河东节度使马燧为河东行营副元帅讨伐李怀光。马燧率兵从太原南下，先攻占绛州，收复龙门、稷山、闻喜、夏县、万泉等地。次年初进军至宝鼎（今山西省运城市万荣县西）。当时连年灾荒，长安刚收复不久，军需供应紧张，有不少大臣建议赦免李怀光，以尽快结束战争。马燧怕李怀光西逃，侵犯京城，也怕唐德宗对讨伐李怀光的部署有变动，就回长安拜见皇帝。马燧坚决反对赦免李怀光，说："怀光反复不可信。河中近畿，舍之屈威灵，无以示天下。"并承诺："臣虽不武，得刍粮支一月，足以平河中。"[2] 于是朝廷部署大将浑瑊、镇国军节度使骆元光、邠宁节度使韩游瑰等配合马燧一起讨伐李怀光。马燧和浑瑊先在河西招降了李怀光的部下尉珪、徐庭光，然后率兵渡河，陈兵8万于河中城下。在平定李怀光叛乱的过程中，为了加强长安之东的防务，朝廷复置河中绛州节度使。贞元元年（785年）八月，叛军在朝廷大军威慑下投降。平定李怀光之乱后，浑瑊出镇

---

　　[1] [清] 董诰等编：《全唐文》卷六一七，张濬《镇国军节度使李公功德颂并序》，上海：上海古籍出版社1990年版，第2761页。
　　[2] [后晋] 刘昫等：《旧唐书》卷一三四《马燧传》，北京：中华书局1975年版，第3679页。

河中，原来李怀光的部下都归浑瑊指挥，朔方军自此分屯邠州、河中，互相之间再也没有隶属关系了，驻防河中的军队从此失去了20多年的朔方军背景，成为朝廷直接控制的拱卫首都的驻军。

概而言之，平定安史之乱以后长安所面临的"首都边郡化"的特殊形势，迫使朝廷需要在长安附近部署一支数万人的拱卫部队，以备不时之需，蒲州与长安的距离、位置，正好满足了这个条件，在平叛之后长期驻军。驻防蒲州的是当时战斗力最强的朔方军，驻军人数最多时达到5万。以名将郭子仪为统帅的朔方军出镇蒲州，多次从蒲州出征西渡黄河，在长安附近御敌。大历年间，在蒲州设立中都的动议，也是当时的国防形势使然。不过，因为蒲州距离长安只有150千米，这里的数万驻军不是中央禁军，而是强悍的朔方军，时间一长不免让皇帝有顾虑。大历初年开始逐渐弱化蒲州的驻军，通过德宗初年平定李怀光的叛乱，朝廷彻底改变了蒲州驻军的指挥体系，实现了蒲州驻军的"中央化"，使蒲州驻军成为直接隶属朝廷的拱卫部队。

藩镇割据时期河东道对唐朝的军事价值

河东道在平定安史之乱时期发挥了十分重要的作用，朝廷通过平叛战争更加认识到河东道对国家的战略价值。平叛之后在河北道形成的藩镇割据局面，让毗邻河朔三镇的河东道承担着牵制作用。河东道的太原、河中、潞州三个军事重镇，尤其是太原的河东节度使、潞州的昭义节度使对河朔三镇形成威慑，对唐朝具有重要的军事价值。太原的河东军兵强马壮，通过井陉道可以快速东出太行山进入河北平原，对河朔三镇的成德镇（驻镇州，今河北省石家庄市正定县）形成威慑。平定安史之乱时郭子仪、李光弼就是通过井陉道出兵重创叛军，河东军的这种军事地理优势让成德镇不能不有所忌惮。平定安史之乱后，李抱真以泽潞节度副使之衔治理泽潞，"每三丁选一壮者，免其租、徭，给弓矢，使农隙习射，岁暮都试，行其赏罚。比三年，得精兵二万，既不费廪给，府库充实，遂雄视山东。由是天下称泽潞步兵为诸道最"[1]。十几年后，昭义军西迁潞州，泽潞地盘扩展为五州，太行以东三州插入河朔三镇的南部，"泽潞五州，据山东要害，河北连结，惟此制之，磁、邢、洺三州入其腹内，国纪所在，实系安危"。昭义军之兵可以同时威慑南北两镇。当时的人们认为，如果昭义军的统帅李抱真指挥泽潞的步兵、成德镇的统帅王武俊指挥河北的骑兵，足以威慑叛乱的藩镇。"上党之俗，地狭尚力，气寒坚冰，盖战国武卒之余也，故长于步；冀之北土，马之所生，故长于骑。而公与王公，天下之杰也，各因其俗之所长，以伯诸侯。呜呼！使公将步，王公将骑，以

---

[1]　[宋] 司马光：《资治通鉴》卷二二三《唐纪三十九》，北京：中华书局1956年版，第7172页。

征四方，以奖王室，乱臣贼子，谁敢萌心。"[１]

河东军、昭义军东出太行平定魏博叛乱

唐德宗建中初年，朝廷把原来设在河北的昭义军移到潞州，统辖泽、潞、邢、洺、磁五州。邢、洺、磁三州位于太行山之东，在地理位置上插入河朔三镇的成德镇、魏博镇之间，朝廷的军事力量通过滏口陉伸入河北平原，驻防潞州的昭义军对跋扈的河北藩镇形成一定的威慑，这让当时的魏博节度使田悦很不痛快。建中二年（781 年），驻魏州的魏博节度使田悦企图兼并邢、磁二州，他认为："邢、磁如两眼，在吾腹中，不可不取。"邢、磁二州相当于今邢台、邯郸一带，正处在滏口陉东边的平原上。五月，田悦派兵8000 人围攻邢州，又部署 5000 人驻扎在邯郸西北，以断绝从滏口陉西来的河东救兵，田悦率兵数万围攻临洺。在滏口陉的涉县之东有险峻峡谷，古代称为"崿口"。贝州（今河北省邢台市清河县）刺史邢曹俊向田悦建议，部署万名将士在崿口遏制太行之西的敌军，河北二十四州就全部在掌握之中了。田悦没有采纳这个建议。七月，驻防太原的马燧指挥河东军与驻防潞州的李抱真指挥昭义军合兵 8 万人，从上党东出太行，经滏口陉东下。为了麻痹田悦，避免叛军在滏口陉的崿口驻兵布防，马燧派人给田悦送信，向其示

---

［１］［清］董诰等编：《全唐文》卷七八四，穆员《相国义阳郡王李公墓志铭》，上海：上海古籍出版社 1990 年版，第 3632 页。

好。田悦没有派兵把守崞口，平叛大军得以快速通过滏口陉，消灭了邯郸附近的 5000 叛军，几天后又进军临洺，消灭田悦所部万余人，解了邢州之围。河东军、昭义军乘胜追击，次年正月，又在漳河边歼敌 2 万多人，威慑魏州。

昭义军征讨卢龙节度使朱滔

建中三年（782 年）五月，卢龙节度使（驻范阳）朱滔、成德镇大将王武俊南下魏州救援田悦。七月，马燧、李抱真等退保魏县（今河北省邯郸市大名县西南）。建中四年（783 年）十月，长安附近发生了泾原兵变，叛军入长安抢掠，皇帝出长安避难。消息传到河北前线，马燧诸将退兵，李抱真退守临洺。田悦计划联合王武俊袭击临洺，李抱真使用离间计破坏了两镇联盟，王武俊撤军北上。朱滔带领 6 万人马和回纥兵 3000 人南下，企图联合田悦南犯洛阳，与长安城的叛乱相呼应。因为田悦已经暗中归顺朝廷，不愿发兵南下，朱滔于是指挥军队围攻贝州、魏州，但数月未能攻克。兴元元年（784 年）五月，李抱真联合王武俊，两军汇合之后，在贝州城外大败朱滔的军队，歼敌 1 万多人，溃逃者也有 1 万多人，朱滔逃回范阳。这次平叛行动，李抱真率领的泽潞军队东出太行山之后，与马燧的河东军重创了田悦的魏博军，后来又联合了王武俊的成德军消灭了卢龙军的大量有生力量，削弱了河朔三镇势力，配合了朝廷在关中的平叛战争。杜牧《上李司徒相公论用兵书》赞誉泽潞军队的平叛之功："自安、史南下，不甚附隶。建中之后，每奋忠义。是以郇公抱真能窘田悦、走朱滔，常以孤穷寒苦之军，横折河朔强梁之众。"[1]

河东节度使裴度东出井陉平叛

唐穆宗长庆元年（821 年）七月，成德节度都知兵马使王庭凑在镇州杀了新到任的成德节度使田弘正，王庭凑自称留后。八月，皇帝诏令魏博、横海（驻沧州，今河北省沧州市沧县）、昭义、河东、义武（驻定州，今河北省定州市）诸军出兵成德，准备征讨王庭凑。朝廷以河东节度使裴度为幽、镇两道招抚使，率兵从太原东出井陉征讨王庭凑的叛乱，裴度的行营设在承天军（承天军城故址在今娘子关西边的紫金山上）。裴度指挥河东的军队从承天军东出苇泽关，取道井陉北线进入河北，捷报频传。但因为朝廷朝令夕改，由宦官担任监军，对前线战事干预太多，平叛战争没有取得最终胜利。第二年，韩愈冒着生命危险奉诏前往镇州招抚，他由太原出发，途经承天军裴度的行营，二人作诗唱和。娘子关附近有唐代摩崖记载此事："镇州宣慰使尚书兵部侍郎韩愈、副使尚书驾部郎中吴丹，长庆二年二月十五日由此路同往镇州，其月二十日迴。"

---

[1]　[清] 董诰等编：《全唐文》卷七五一，杜牧《上李司徒相公论用兵书》，上海：上海古籍出版社 1990 年版，第 3450 页。

朝廷平定泽潞之乱

唐武宗会昌三年（843 年），昭义节度使刘从谏病重，因其长期招揽一些亡命之徒，挟兵自重，专横跋扈，不服从朝廷，担心死后被朝廷算后账，乃密谋效法河朔三镇，把昭义节度使一职变为世袭，继续割据一方。四月，刘从谏病死，其侄子刘稹秘不发丧。刘从谏的亲信王协给刘稹出主意，让刘稹在城中做好防备，谎称刘从谏病重，请求朝廷任命其为留后。

唐武宗召集大臣商议泽潞之事，多数意见认为，为了避免泽潞叛乱，应该答应刘稹的请求。李德裕持反对意见："泽潞事体与河朔三镇不同。河朔习乱已久，人心难化。是故累朝以来，置之度外。泽潞近处心腹，一军素称忠义，尝破走朱滔，擒卢从史。顷时多用儒臣为帅，如李抱真成立此军，德宗犹不许承袭，使李缄护丧归东都。敬宗不恤国务，宰相又无远略，刘悟之死，因循以授从谏。从谏跋扈难制，累上表迫胁朝廷，今垂死之际，复以兵权擅付竖子。朝廷若又因而授之，则四方诸镇谁不思效其所为，天子威令不复行矣！"[1] 朝廷虽然在平定安史之乱后默认了河朔三镇割据的局面，但绝不允许紧邻关中的河东道也形成藩镇割据。李德裕认为，刘稹所依赖的是成德节度使、魏博节度使，如果这两镇不与刘

---

[1] ［宋］司马光：《资治通鉴》卷二四七《唐纪六十三》，北京：中华书局 1956 年版，第 7980 页。

积勾结，那刘稹就不难对付了。应该派遣朝廷重臣下诏给成德节度使王元逵、魏博节度使何弘敬，说明朝廷多年以来已经认可他们承袭节度使一职，但泽潞情况不同。现在朝廷对昭义用兵，对昭义所属的太行山以东的邢、洺、磁三州，朝廷不派兵平叛，由成德、魏博二镇出兵平叛。

六月，唐武宗命令成德节度使王元逵、魏博节度使何弘敬、河中节度使陈夷行、河东节度使刘沔、河阳节度使王茂元于七月中旬合力攻讨据守泽潞的刘稹，不得接受刘稹的投降。又任命武宁节度使（驻今江苏省徐州市）李彦佐为晋绛行营节度使。在讨伐泽潞的几路军队中，有两路属于河东道的军队。七月，因为晋绛行营节度使李彦佐的军队尚在徐州，行动迟缓，又诏命天德防御使石雄为晋绛行营节度副使，命李彦佐迅速进屯翼城，加强了绛州方向的进攻力量。同月，王元逵奏称在尧山（今河北省邢台市隆尧县）击败刘稹的部队。唐武宗下诏表扬王元逵，严厉指责李彦佐、刘沔、王茂元，命其迅速进兵。

九月下旬，以石雄代替李彦佐为晋绛行营节度使，命其进攻潞州。石雄于次日率兵从翼城出发，越过乌岭（在今山西省临汾市翼城县境），攻破昭义军的 5 个营寨，杀获千人。次年二月初六，石雄攻破昭义军的良马（在今山西省临汾市安泽县东北）等三寨一堡。从太原南下的河东行营都知兵马使王逢击败昭义将领康良佺，康良佺放弃石会关（在今山西省长治市武乡县西北），退守鼓腰岭

（在今武乡县北）。八月，昭义军所属的邢州、洺州、磁州相继归降。邢、洺、磁三州与太行山滏口陉通道相距不远，昭义军失去这三州的呼应，东翼的防务就出了问题，唐军如果从滏口陉西上太行山，泽潞就无力招架了。潞州城中的叛军闻知邢、洺、磁三州投降，大为恐慌。叛军将领郭谊、王协杀死了刘稹及其亲信，向朝廷投降。泽州城中的叛军知道刘稹被杀，也向朝廷投降。朝廷诏命石雄率 7000 人进驻泽、潞二州，持续一年多的泽潞之乱终于平定。此次泽潞平叛，河阳的唐军从南面控制太行山天井关，河北的军队从东面新开了一条通过太行山到达辽州的道路，太原的军队在北面占领石会关，绛州的军队在西面控制乌岭关、上党关，从四面对泽潞叛军形成合围，在军事态势上对叛军形成震慑。

昭义所属的泽、潞、邢、洺、磁五州位置重要，为唐朝的腹心之地。刘悟在唐穆宗时移镇潞州，任昭义军节度使，拥兵自重，不听命于朝廷。到其子刘从谏承袭昭义军节度使一职后，更加跋扈。从刘悟移镇潞州以来，20 年间此五州不服从朝廷。此次平定泽潞之叛，将太行山东西五州重新归于朝廷统辖之下，对其他拥兵自重的藩镇也是一个威慑，在一定程度上加强了中央集权，为唐武宗的"会昌中兴"奠定了基础。

在朝廷平定刘稹的泽潞叛乱过程中，太原也发生了杨弁叛乱，并派人与刘稹相勾结。鉴于太原地位的重要，李德裕提出建议，宁可先不伐刘稹，也要平定杨弁之乱。李德裕作为宰相，思路十分明确：在河东道这个战略要地，不论是潞州还是太原，都不允许出现藩镇割据的苗头，这种情形一露头，就必须予以消灭。在这次平定泽潞叛乱的战争中，从河东道南部出兵的晋绛行营之兵发挥了重要作用。

平叛之后，为了免除后患，朝廷把原来属于昭义军的泽州划归河阳节度使管辖，使太行天井关之险归于河阳，而河阳节度兼有黄河、太行之险，加强了洛阳以北的黄河—太行防线。朝廷通过泽、潞分离以削弱昭义军的势力，是为了避免河东道出现一方势力坐大的情形破坏河东道的稳定局面。

朝廷对大同城的重视

唐懿宗咸通十三年（872 年）十二月，诏令沙陀首领李国昌从振武节度（今内蒙古自治区呼和浩特市和林格尔县西北）移镇大同，李国昌拒绝赴任。唐懿宗任命卢简方为云州刺史、大同军防御使，劝慰李国昌尽快赴任。不料，李国昌之子李克用杀了云中防御使段文楚，自称防御留后，占据大同反叛。次年正月，因为云、朔暴乱，代北骚动，唐懿宗诏令卢简方云："若克用暂勿主兵务，束手待朝廷除人，则事出权宜，不足猜虑。若便图军柄，欲奄有大同，则患系久长，故难依允。"[1] 李国昌父子拒绝奉诏，朝廷命

---

[1] ［后晋］刘昫等：《旧唐书》卷十九上《懿宗本纪》，北京：中华书局1975 年版，第 682 页。

令河东节度使、幽州节度使发兵征讨李国昌父子。大同是河东道的北大门，事关河东道的长治久安，朝廷不允许在大同出现藩镇割据的局面。

从唐末农民起义之后唐军收复长安看河东道的战略价值

唐僖宗广明元年（880 年），黄巢农民起义军进攻潼关，分兵一路进攻河中（蒲州）。河中节度使李都没有抵抗，投降了起义军。后因黄巢在长安不断派人向河中加征钱粮，当地不堪重负，李都的副将王重荣杀了黄巢派来的使者。黄巢派遣同州的朱温、华阴的黄邺出兵进击河中，王重荣大败朱温和黄邺的军队，缴获粮食等军需物资 40 余船。王重荣在河中大败黄巢农民起义军，是黄巢在长安称帝后遭遇的第一次大败仗，此后唐朝的军队开始反击。次年五月，朝廷任命王重荣接任河中节度使。王重荣从河中出兵，一度占领华州（今陕西省渭南市华州区）。这也说明了驻守河中的军事力量，无论是迎战还是出击，都能实现自己的战略目的。由于王重荣据守河中，连败起义军，给唐朝赢得了部署军队围攻起义军的时间。中和二年（882 年）正月，朱温进攻河中，又被王重荣击败。九月，驻守同州的朱温因连吃败仗，向王重荣投降，唐军收复了同州。不久，驻守华州的起义军将领也效仿朱温，向王重荣投降。唐军不战而收复同州、华州两处战略要地，收降了 3 万多士兵，扭转了关中地区的军事局面，掌握了战略主动权。不过，当时黄巢的军力尚强，仅凭王重荣的河中军和关中的其他唐军还不足以收复长安。在河中的行营都监杨复光建议调动代州的李克用率沙陀骑兵南下，因为李克用与河东节度使郑从谠有矛盾，需要有朝廷的旨意告知太原的郑从谠配合："雁门李仆射骁勇有强兵，其家尊与吾先人尝共事相善，彼亦有徇国之志；所以不至者，以与河东结隙耳。诚以朝旨谕郑公而召之，必来，来则贼不足平矣！"[1] 当时唐军的各路军总指挥王铎在河中，王铎以皇帝的名义召李克用南下，并知会郑从谠。十二月，李克用率数万沙陀军从代州南下河中，随后过黄河，进驻同州。李克用率领的沙陀骑兵部队行动迅捷，一个个身着黑衣，被称为"鸦儿军"。十多年前，鸦儿军曾经在南方参与镇压庞勋起义，给庞勋的起义军造成重创。黄巢军中有部分庞勋旧部，对沙陀骑兵心有余悸，在战场上遇到李克用的鸦儿军便纷纷溃逃。李克用的沙陀骑兵部队南下关中，给黄巢的起义军造成致命打击。次年二月，李克用的军队和王重荣等各路唐军向起义军发起进攻。在梁田陂（今陕西省渭南市大荔县西南）之战中，15 万起义

---

　　[1]　[宋] 司马光：《资治通鉴》卷二五五《唐纪七十一》，北京：中华书局1956 年版，第 8277 页。

军主力伤亡惨重，伏尸十数千米。四月，黄巢出逃，唐军收复了长安。杨复光在给皇帝的报捷奏折中赞扬河中节度使王重荣："誓立功名，志安家国。至于屯田待敌，率士当冲，收百姓十万余家，降贼党三万余众。……自收同、华，进逼京师，夕烽高照于国门，游骑频临于灞岸。"[1] 在这几个月收复长安的战役中，唐军的指挥部就设在河中城，军需物资也从河东地区供应，河中城又一次在危急时刻发挥了对首都的拱卫作用。

当初黄巢起义军进驻长安，没有对战略重镇河中城予以足够的重视，因此很快就失去了对河中城的掌控。王重荣对于长安及同州、华州的起义军而言，退可守，进可攻，战略上占尽优势。起义军没有控制河中城，唐军才能够以之为大本营开始布局收复长安。黄巢政权在长安存在了不到两年半就黯然退场，与其西入长安时没有实际控制河中城有很大关系。

因为河中很好地发挥了拱卫作用，唐朝才没有像其他王朝那样在农民起义军的打击下马上灭亡，在收复长安之后，唐朝又延续了20多年。作为朝廷的四辅州之一，蒲州也算对得起唐朝200多年来的倚重。因为蒲州对长安的拱卫作用明显，光启元年（885年），朝廷赐河中军号为"护国"，驻防河中的军队被命名为"护国军"。

---

[1] ［后晋］刘昫等：《旧唐书》卷十九下《僖宗本纪》，北京：中华书局1975年版，第715页。

唐末失去河中引起的都城东迁和亡国

天复元年（901 年）初，朱温在消灭了河北的割据势力之后，计划先攻取河中的王珂（王重荣之子、李克用之婿），以制约太原的李克用。朱温派遣张存敬率兵 3 万从轵关陉北上，进至绛州。晋、绛一带都没有料到朱温会来进攻，皆无守备，绛州刺史陶建钊、晋州刺史张汉瑜都不战而降。王珂派人向李克用告急，告急的人一拨接一拨。因为朱温的军队先控制了晋州、绛州，把太原与河中的联系拦腰切断，李克用无法南下救援河中。王珂的妻子写信给李克用说："儿旦暮为俘虏，大人何忍不救！"李克用回信说："今贼兵塞晋、绛，众寡不敌，进则与汝两亡，不若与王郎举族归朝（长安）。"王珂又给关中的李茂贞写求救书："河中若亡，则同、华、邠、岐俱不自保。天子神器拱手授人，其势必然矣。公宜亟帅关中诸镇兵，固守潼关，赴救河中。仆自知不武，愿于公西偏授一小镇，此地请公有之。关中安危，国祚修短，系公此举，愿审思之！"[1] 李茂贞素无大志，不予理睬。朱温的部将张存敬领兵从晋州南下，包围了河中。大军压境，外援无望，王珂只好投降。在控制河中之后，朱温的势力大增，史称："武皇自是不复能援京师，

---

[1] ［宋］司马光：《资治通鉴》卷二六二《唐纪七十八》，北京：中华书局1956 年版，第 8548 页。

霸业由是中否。"[1] 失去河中成为李克用霸业的转折点。朱温控制河中之后，逼迫朝廷让他兼任河中节度使、安邑解县两池榷盐制置使。朱温此举，一则切断了李克用与长安联系的渠道，二则控制了朝廷的经济命脉，完全左右了天下形势。天祐元年（904 年）正月，朱温从汴州西赴河中坐镇，长安震动，唐室被迫东迁洛阳。在控制军事重镇河中城六年之后（907 年），朱温建立了后梁政权。

唐末河东籍诗人司空图不仅以才华著称，还是大忠大义之士，对唐室的安危时常挂怀，"丧乱家难保，艰虞病懒医。空将忧国泪，犹拟洒丹墀"（《乱后三首·其一》）。开平二年（908 年），司空图听说了唐哀帝被弑的消息，他对唐朝的最后一丝怀念也破灭了，他决定随唐朝而去，在王官谷绝食而卒。作为唐朝著名诗人、唐诗评论家，司空图在黄河之东的中条山王官谷创作了著名的《二十四诗品》，给近 300 年的唐诗画上了句号，也给唐代的诗人画上了句号。司空图殉唐而去，是河东文人送给唐朝的一曲哀婉悲壮之歌。

从唐代的行政建制和折冲府分布看河东道的重要地位

唐代从武则天时期开始实行三都制——长安、洛阳、太原。李

---

[1]　[宋]薛居正等：《旧五代史》卷二十六《唐书·武皇纪下》，北京：中华书局 1976 年版，第 357 页。

白有云："天王三京，北都居一。"太原是唐代的三大都市之一。三都之外，唐代有四辅州——首都长安的左右辅翼之州：同州、华州、岐州（今陕西省宝鸡市凤翔区）、蒲州，蒲州为四辅州之一。又有六雄州——"环天子之居为雄州"，四辅州之外，屏藩长安、洛阳的要冲之州称为雄州：陕州、绛州、怀州、郑州、汴州、魏州，绛州是六雄州之一。六雄州之外又有十望州，拱卫东都洛阳的十个州：河南道的虢州、汝州（今河南省汝州市）、许州（今河南省许昌市）、亳州（今安徽省亳州市）、宋州（今河南省商丘市睢阳区）、滑州（今河南省安阳市滑县），河北道的卫州（今河南省卫辉市）、相州（今河南省安阳市）、洺州，河东道的晋州。三都、四辅、六雄、十望，河东道都各居其一。四辅州之中，只有蒲州与长安不相邻，与同州、华州隔黄河相望，在同州、华州之东又增加河东的蒲州为拱卫之地。说明在唐代的国家防御体系中，关中东面的黄河防线是重点，黄河上的蒲州蒲津关与西南方向的华州潼关，组成了屏护长安的水陆"河关防线"，而蒲州是黄河防线的核心。

武则天建立武周政权后，迁都洛阳，参照"王畿千里"的古制，以洛阳为中心划定王畿：洛阳东面的郑州、汴州，南面的汝州、许州，西面的陕州、虢州，北面的怀州、泽州、潞州，东北的卫州，西北的蒲州，皆为王畿。洛阳正北面的怀州、泽州、潞州，西北面的蒲州，都划入王畿范围，整个河东道南部都成为畿辅重地，以加强对首都洛阳的拱卫。

　　唐代前期实行府兵制，府兵的基层组织为折冲府。为保障首都安全，唐代在军事力量部署上执行的是"关中本位"政策，长安所在的关内道共有折冲府 257 个，约占全国折冲府及府兵总数的 37%。[1] "河东道府额，亚于关中。"[2] 河东道的折冲府数量仅次于关中，为 162 个，约占全国折冲府及府兵总数的 23%，远高于排名第三的河南道（折冲府 75 个，约占 10.8%）。[3] 按全国各府州的折冲府数量排名（据张沛《唐折冲府汇考》一书统计），前 10 名依次为：关内道京兆府 131 个、河南道河南府 45 个、河东道绛州 36 个、河东道蒲州 33 个、关内道同州 27 个、关内道凤翔府 21 个、河东道太原府 18 个、河东道晋州 18 个、关内道华州 14 个、河北道幽州 16 个。河东道在前 10 名中占据 4 席。关内道京兆府、凤翔府、同州、华州的折冲府拱卫着长安，河南道河南府的折冲府拱卫着洛阳。河东道的折冲府集中分布在南部和中部的蒲州（33 个）、绛州（36 个）、太原府（18 个）、晋州（18 个）。河北道幽州的折冲府和河东道太原府、晋州的折冲府主要是为向北防御而设

　　[1]　张沛：《唐折冲府汇考》，西安：三秦出版社 2003 年版，第 23 页。

　　[2]　[宋]王溥：《唐会要》卷七十二《府兵》，北京：中华书局 1960 年版，第 1298 页。

　　[3]　张沛：《唐折冲府汇考》，西安：三秦出版社 2003 年版，第 111 页、第 142 页。

置，河东道南部的蒲州、绛州的折冲府数量多，是因为此两州靠近长安，具有拱卫首都的职责，若有外敌由河东北部进犯，蒲州、绛州的守军可以迟滞敌人的前进步伐，为首都的防御部署争取时间，这里就是防御敌人的最后一道防线。河东道的折冲府大量分布在从太原到蒲州的区间，战时这些折冲府的府兵组织起来，形成了从北到南的梯次防御体系，为首都长安在河东建立起 400 多千米的战略纵深。

唐玄宗初年，府兵制逐渐衰落，宿卫首都长安的士兵开始实行府兵制与募兵制相结合的"彍骑制"，即用招募士兵的办法补充折冲府兵额之不足。开元十一年（723 年）十一月，"取京兆、蒲、同、岐、华府兵及白丁，而益以潞州长从兵，共十二万"，号"长从宿卫"（即长安城的南衙禁军）。第二年更名"彍骑"："京兆彍骑六万六千，华州六千，同州九千，蒲州万二千三百，绛州三千六百，晋州千五百，岐州六千，河南府三千，陕、虢、汝、郑、怀、汴六州各六百。"[1] 除京兆外，河东道的彍骑数量最多，达到26400 人，约占比 22%。河东道每年赴长安进行轮流执勤的彍骑数量以蒲州（12300 人）、潞州（9000 人）为多，蒲州、绛州、晋州、潞州属于唐代京城宿卫体系的组成部分，由此亦可看出河东道南部对拱卫首都的重要性。

---

[1] [宋]欧阳修，宋祁：《新唐书》卷五十《兵志》，北京：中华书局 1975年版，第 1327 页。

河东道的盐池、铜矿对唐朝的经济支撑

　　唐初，蒲州城久攻不下，塞北的刘武周又南下河东，唐高祖李渊考虑放弃河东。李世民认为河东对国家太重要了，"河东富庶，京邑所资"，坚决主张收复河东。而京邑所资者，河东盐池之利也。贞观十二年（638 年）二月，唐太宗从洛阳返回长安途中，从陕州经过黄河浮桥到河北县（今山西省运城市平陆县）祭祀夏禹，然后北上巡视河东盐池。大历十二年（777 年），"荐灵庆以号神，索氤氲而建庙"。唐代宗诏封盐池之神为"灵庆公"，建立池神庙进行祭祀，这是将河东盐池之神纳入国祭之始。河东盐池在唐代进入了一个新的发展时期，出现了"垦畦浇晒法"——就像种地一样，垦地为畦，将卤水灌入畦内，利用日光和风力蒸发，改变了原来的自然结晶成盐。唐代学者张守节对此有详细描述："作畦，若种韭一畦。天雨下池中，咸淡得匀，即畎池中水上畦中，深一尺许坑，日暴之，五六日则成，盐若白矾石，大小若双陆及棋，则呼为畦盐。"晒盐时，开始用淡水搭配卤水，由于淡水温度低，卤水温度高，卤水原来的温度得到了调整，硫酸镁、硫酸钠等杂质就分解出来形成"硝板"。盐工把结晶畦修筑在硝板上，这样生产出的盐不再发苦，而结晶的时间也大大缩短，五六日即可成盐。每年六七月份为主要产盐期。柳宗元在《晋问》中描写唐代河东盐池垦畦晒盐的盛况——"回眸一瞬，积雪百里"。"垦畦浇晒法"共分为五个步骤：第一，集卤蒸发；第二，过箩调配；第三，储卤；第四，结晶；第

五，铲盐。所以又称为"五步产盐法"。唐代河东盐池的"垦畦浇晒法"缩短了成盐周期，提高了食盐质量，是世界盐业史上一个划时代的变革，比欧洲的天日制畦晒盐早了将近1000年，反映了唐朝生产力发展水平处于世界领先地位。唐代河东盐的行销地区为"雍、洛二都三十郡"，相当于今河北、河南、陕西、山西、甘肃的部分地方，有160多县。唐大历年间，全国财赋收入为1200万缗，其中盐利收入为600万缗。唐顺宗时期，河东盐池的盐利达150万缗，约占全国财赋的八分之一、全国盐利的四分之一。当时，"四方豪商猾贾杂处解县，主以郎官，其佐贰皆御史。盐民田园籍于县，而令不得以县民治之"[1]。据日本僧人智证在唐宣宗大中十二年（858年）从长安到河东盐池游览时的记载，河东盐池"耕造取之，形似霜柱，其味稍涩，两京吃之"。长安和洛阳都要食用河东盐池的盐。唐代严禁私贩食盐，唐德宗贞元年间规定："盗鬻两池盐一石者死。"唐宣宗时，司空图的父亲司空舆在河东盐池任职，"更立新法，其课倍入"，河东盐池的盐利收入占到全国盐利的一半。唐代末年，王重荣坐镇蒲州，凭借河东盐池的财税收入作为军费，联合李克用西入关中打败黄巢起义军，收复了长安。

几年后，围绕着河东盐池控制权的争夺，还爆发了一场战争，皇帝因此从长安出逃。河东盐池的盐税原来一直由中央控制，河中

---

[1]　[宋] 欧阳修，宋祁：《新唐书》卷五十四《食货志四》，北京：中华书局1975年版，第1379页。

节度使王重荣借征讨黄巢之机专有盐池之利，每年向长安提供 3000 车盐供朝廷食用。当权的宦官田令孜借口为中央禁军解决军饷，想把盐池的征税权收回中央，控制在自己手中。光启元年（885 年）四月，田令孜自兼河东两池榷盐使，王重荣赶走了田令孜派去交接的官员。田令孜让皇帝下诏把王重荣调离河中，王重荣在平定黄巢起义时有大功，他认为田令孜有意为难自己，拒绝离开河中。田令孜调动军队准备对付王重荣，王重荣向太原的李克用求援。李克用、王重荣以清君侧的名义渡河西进，逼近长安，田令孜挟持皇帝出逃。

天复元年（901 年），朱温据有河中，逼迫朝廷让他兼任河中节度使、安邑解县两池榷盐制置使，控制了朝廷的财税命脉，左右了天下形势。

河东道南部的中条山铜矿资源丰富，中条山的铜矿大部分都在绛州的辖境内，绛州成为唐朝铜币铸造最多的区域。据《唐六典》记载，开元年间全国的铜币铸造处 89 炉，"绛州三十炉，扬、宣、鄂、蔚各十炉，益、邓、郴各五炉，洋州三炉，定州一炉"。河东道的绛州、蔚州（今山西省大同市灵丘县）40 炉，河东道占比约 45%。到了天宝年间，全国的铜币铸造处 99 炉，增加了润州 10 炉，其他各州不变，河东道占比约 40%，依然是全国铜币铸造处最多的地区。大历四年（769 年），根据户部侍郎第五琦的上奏，在绛州的汾阳、铜原两监增置 5 炉铸钱，河东道的货币铸造达到了 45 炉。安史之乱期间，"其余诸炉，或隔江岭，或没寇虏，故当时铸钱率倚绛州"[1]。在江南和其他货币铸造点无法保证铜币供应朝廷时，河东道的绛州成为主要的货币铸造地。由于物资紧缺，乾元元年（758 年）七月，朝廷让绛州铸造"以一当十"的新币"乾元重宝"，第二年九月又让绛州铸造"以一当五十"的"乾元重宝大钱"[2]。宋代欧阳修曾经实地考察绛州一带的唐代冶铜遗址，其《相度铜利牒》记载："窃见绛州、稷山、垣曲县三处皆有铜矿，欲乞遍往有铜矿处密切询访采取、烹炼、鼓铸钱币者。当所检寻古迹，翼城县有唐钱坊一，在县东十五里翔皋山下。又有唐王城冶，在县北平城三十六里。又有曹公冶，在县东南七十五里。又有废铜窟，在县西三十里。稷山县甘祚乡有铜冶村。绛县有唐古铜冶，在县南五十里含山谷内。垣曲县有钱坊，在县西北九十二里程子村铜源监内。自唐以来，绛州旧曾鼓铸铜钱炉冶，古迹见在，其废已久。山泽铜矿，产育必多。"绛州的铜矿资源丰富，冶铜业历史可以上溯至商代。汉魏时期，这里就有铜币铸造点。郦道元在《水经注》中对教水河谷的货币铸造遗迹有过描述："一水历冶官西，世人谓之鼓钟城。城之左右，犹有遗铜及铜钱也。"[3] 地理位置靠近长安，交通便利，铸造货币的成本、运送到长安的成本都较低，

————————

[1]　[宋] 司马光：《资治通鉴》卷二二一《唐纪三十七》，北京：中华书局1956 年版，第 7081 页。

[2]　同上。

[3]　[北魏] 郦道元：《水经注》卷四《河水》，上海：上海古籍出版社 1990年版，第 84 页。

这些都是朝廷把绛州作为货币铸造中心的因素。河东道的货币铸造业，为唐朝经济的发展、繁荣做出了重大贡献。

河东道的国家牧场对唐朝军马的供应

唐代重视骑兵部队的建设，马匹是重要的战略物资，马政建设成为唐代国防建设的重要组成部分。

隋代末年，李渊在太原抗击突厥的战争中就十分重视骑兵建设，学习突厥骑兵之长，当时太原附近有牧场良马，为李渊组建骑兵部队提供了便利。"渊选善骑射者二千人，使之饮食舍止一如突厥，或与突厥遇，则伺便击之，前后屡捷。突厥颇惮之。"[1] 李渊从太原起兵南下之前，因为战马数量少而有所顾虑："今义兵虽集而戎马殊乏，胡兵非所须，而马不可失。"[2] 李渊南下进军到龙门时，刘文静带领的 500 名突厥骑兵和 2000 匹战马赶到，李渊看到战马多而军队少，正是他所希望的情形，十分高兴。李渊从太原起兵南下时，西突厥的首领阿史那大奈也率骑兵部队跟随李渊出征。进军关中途中，李渊的部队遭到隋将桑显和的袭击，形势危急，

---

[1] [宋] 司马光：《资治通鉴》卷一八三《隋纪七》，北京：中华书局 1956 年版，第 5717 页。

[2] [宋] 司马光：《资治通鉴》卷一八四《隋纪八》，北京：中华书局 1956 年版，第 5738 页。

幸好有阿史那大柰率领骑兵绕到敌军背后进攻，扭转了不利态势。

在今太原西北的古交市、娄烦县、静乐县一带，山苍水碧，林茂泉幽，环境优美。由于植被良好，水草丰茂，古代这里是优良的天然牧场。商周时期，这一带是游牧部族楼烦人的活动范围。两汉至隋，各朝均在此设置养马场。欧阳修认为，这一带"汾河之侧，草地亦广，其间草软水甘，最宜养牧"。《读史方舆纪要》载："下马城，（交城）县北百六十里，接静乐县界，相传北魏孝文帝往来避暑下马处。又马兰城，在县北九十里孔河上，本名马兰村。孔水南流经此东注于汾，汉、魏、北齐皆尝牧马于此。"[1] 马兰城，即今古交市马兰镇，孔河今称屯兰河。北魏孝文帝来此避暑有待考证，但下马城村一带在古代确为一方胜景。隋代大业八年（612年），隋朝将西突厥一部迁移到楼烦（今山西省忻州市静乐县），可见今静乐、娄烦一带当时适合突厥人的游牧生活。唐代前期，在汾河上游置楼烦监、玄池监、天池监，为唐朝军马的来源地之一。今娄烦县的涧河古称监河，因唐代在此置楼烦监牧所故名。据《旧唐书·地理志》记载，唐末置楼烦县、宪州，即今娄烦县一带。"宪州，下。旧楼烦监牧也。先隶陇右节度使，至德后，属内飞龙使。旧楼烦监牧，岚州刺史兼领。贞元十五年，杨钵为监牧使，遂

---

[1]　[清]顾祖禹：《读史方舆纪要》卷四十《山西二·交城县》，北京：中华书局2005年版，第1825页。

专领监司。龙纪元年，特置宪州于楼烦监，仍置楼烦县。"[1] 唐代实行的是马政独立运行机制，国家的牧马之地主要集中在陇右48监，因为陇右马多而地狭，便将国家牧场向东、向西延伸，河东道岚州东部的楼烦、玄池、天池牧场划入国家牧场。唐朝的国家牧场由设在陇右的太仆少卿统一管理，第一任太仆少卿是河东马邑人张万岁，他管理全国马政20多年，卓有成效。至德是唐肃宗的年号，从唐初到安史之乱，太原西北的楼烦监三处牧场虽然在河东道，但河东道无权管辖。安史之乱爆发前，"安禄山以内外闲厩都使兼知楼烦监，阴选胜甲马归范阳，故其兵力倾天下而卒反"[2]。安禄山以内外闲厩都使的官职名正言顺地控制了河东道的国家牧场楼烦监，派人把好马都送到范阳城。有了楼烦监的大量良马，安禄山的骑兵部队成为天下第一，这也是安禄山敢于叛乱的因素之一。安史之乱爆发后，朝廷把全国马政的管理权收归由宦官担任的内飞龙使，楼烦监的监牧一职由岚州刺史兼任。安史之乱时，因为吐蕃东犯，陇右牧场的良马被抢劫一空，"至德后，西戎陷陇右，国马尽没，监牧使与七马坊名额皆废"[3]。河东道的楼烦牧场成为唐军

---

[1]［后晋］刘昫等：《旧唐书》卷三十九《地理志二》，北京：中华书局1975年版，第1486页。

[2]［宋］欧阳修，宋祁：《新唐书》卷五十《兵志》，北京：中华书局1975年版，第1339页。

[3]［宋］王溥：《唐会要》卷六十六《群牧使》，北京：中华书局1960年版，第1145页。

战马的主要供应地之一。唐德宗贞元十五年（799 年），任命杨钵为楼烦监牧使，楼烦牧场不再接受河东地方官府领导，改由中央直管。唐宪宗元和十一年（816 年），因为楼烦牧场提供的军马质量不高，各地的唐军上奏朝廷，楼烦牧场的监牧使党文楚被追责，籍没家财。"元和十一年正月，楼烦监牧使中官党文楚，以供征马羸瘠，为诸军所奏，夺绯，没其家财，配隶南衙。"[1] 从文献中所云"为诸军所奏"来看，当时楼烦牧场向多地的唐军提供军马。朝廷在贞元三年（787 年）十二月颁布敕文，不许各地的母马出界，但过了 60 多年，到了唐宣宗大中年间，不许母马出界的禁令已经形同虚设，河东节度使上奏请求重申禁令。"大中六年六月，河东节度使兼太原尹李业奏：当管诸军州草马，准贞元三年十二月十三日敕文，不许出界。又准去年五月十五日司门转牒，诸道应有草马准敕并不命出界。今缘近日诸道差人，于当管市马，不依敕文，并收草马。伏乞天恩，诏下诸道，准元敕约勒。"[2] 由此看来，当时周边各地到河东道收购母马的很多，说明了以楼烦牧场为代表的河东牧场所出良马在当时颇为有名。

唐末，沙陀首领李国昌、李克用父子率领的沙陀军队以骑兵为主，对楼烦牧场的良马一直有觊觎之心。中和二年（882 年），李

---

［1］［宋］王溥：《唐会要》卷六十六《群牧使》，北京：中华书局 1960 年版，第 1146 页。

［2］［宋］王溥：《唐会要》卷七十二《马》，北京：中华书局 1960 年版，第 1304 页。

克用占据忻州、代州，"数侵掠并、汾，争楼烦监"[1]。李克用的目的是争夺楼烦监的控制权，为其骑兵部队源源不断地提供优良的战马。李克用因为镇压黄巢起义有功，被任命为河东节度使。为了把楼烦牧场划归河东节度使管辖，龙纪元年（889 年），李克用上奏朝廷，在楼烦监所在地置宪州，下辖楼烦、玄池、天池三县。在原来楼烦监之西一里建楼烦县城，20 世纪 50 年代末修建汾河水库时，楼烦监故址被淹没。不过，在汾河水库之西的娄烦县蒲峪村，还遗存有记载楼烦监的唐代墓碑。原来玄池监的治所下马城改为玄池县，直到宋咸平五年（1002 年）玄池县才废入静乐县，今静乐县的下马城村作为玄池县治达百余年之久，村内还存有唐碑。在原来天池监的旧地置天池县，治今娄烦县天池店村。李克用在河东设置宪州三县之后，汾河上游的国家牧场都划入河东道管辖，李克用达到了控制楼烦牧场良马的目的。后来李克用之子李存勖东出太行山争霸，楼烦三县牧场一直是其战马的供应地。

　　楼烦牧场在整个唐代都是唐军的战马供应地，尤其是在安史之乱以后，更成为唐军战马的主要供应地之一。在唐末、五代李克用父子的争霸战争中，楼烦牧场也发挥了巨大的作用。

---

　　[1]　[宋] 司马光：《资治通鉴》卷二五五《唐纪七十一》，北京：中华书局 1956 年版，第 8276 页。

文脉悠长

晋籍文学家与中国古典文学

在中国文学史上，山西籍的文学家占有重要的地位。从先秦时期的荀子，到两晋时期的郭璞，再到唐代王绩、王勃、宋之问、王维、王昌龄、王翰、王之涣、白居易、柳宗元、卢纶、温庭筠、司空图等山西诗人群体，以及金元之际的元好问，元代的关汉卿、郑光祖、白朴、乔吉，明代的罗贯中，群星灿烂，贡献巨大。

荀子开创了以赋为名的文学体裁

战国时代的荀子（故里在山西南部），不仅是著名的思想家，还是杰出的文学家。他的文章论题鲜明，结构严谨，有很强的逻辑性；语言丰富多彩，善于比喻，排比句很多。他的文章标志着我国古代的说理文趋于成熟，对后世的说理文章有一定影响。《荀子》中有《礼论》《乐论》，以"论"为题，成为后世"论"这种文体的鼻祖。《荀子》中的五篇短赋，则开创了以赋为名的文学体裁。

郭璞的游仙诗振响两晋，影响后世

郭璞，河东闻喜人，东晋初年的文学家，他的诗赋在东晋首屈一指。其作品《江赋》文辞瑰丽，把长江壮丽的风光描写得淋漓尽致，颇为世人称道。其他如《南郊赋》《盐池赋》《巫咸山赋》等，都是很有名的作品。郭璞的"游仙诗"在诗歌史上影响很大。他借游仙以咏怀，并非描写神仙之幻境，而是有一定的现实内容，文采飞扬，慷慨陈词，有很高的艺术性。刘勰的《文心雕龙》中称赞郭璞的"游仙诗"云："景纯艳逸，足冠中兴，《郊赋》既穆穆以大观，《仙诗》亦飘飘而凌云矣。"[1] 南朝钟嵘的《诗品》中这样评价郭璞的诗作："始变永嘉平淡之体，故称中兴第一。"[2] 郭璞的"游仙诗"，不仅振响两晋，也对唐代的李白、杜甫有一定的影响。

唐代山西籍著名诗人几乎占到唐诗名家的半壁江山

唐代的山西诗人众多，从初唐到晚唐，出生于山西或祖籍山西的诗人，他们的诗作几乎撑起了唐诗的半个天空。近几年，曾有机构通过多项统计，给唐代诗作进行了排序，在前10名诗作中，有5首是山西诗人的作品——王维的《送元二使安西》、王之涣的《凉州词》、王之涣的《登鹳雀楼》、柳宗元的《登柳州城楼》、王勃的《送杜少府之任蜀州》。

王绩（故里在今山西省运城市万荣县）是隋唐之际的著名诗人。王绩的诗摆脱了六朝余风，标志着诗歌的新时代——唐诗时代的到来，在中国诗歌史上，具有非常重要的地位。与同时期其他诗人的作品相比，王绩的五言律诗格调清新，气象高远，别具风

---

[1]〔梁〕刘勰著，赵仲邑译注：《文心雕龙译注》，南宁：漓江出版社1982年版，第385页。

[2]〔梁〕钟嵘著，周振甫译注：《诗品译注》，北京：中华书局1998年版，第63页。

韵——这种风韵就是清新刚健的唐风唐韵。尤为重要的是，王绩的五言律诗完全合乎格律要求，可以说五言律诗在王绩的作品中已经成熟，他也因此被后世公认为五言律诗的奠基人。

王绩的名作《野望》历来为学术界称道。清人沈德潜在《唐诗别裁集》中说到王绩的《野望》，认为五言律诗"应以此章为首"[1]。当代学者施蛰存先生认为，王绩的《野望》是最早的唐代律诗，讲唐诗应该从《野望》开始。[2] 据明代学者考证，在南北朝时期，约有 20 位诗人写了 25 首基本合乎格律要求的五言律诗。1990 年，山西学者王志华先生根据新发现的五卷本《王无功文集》展开研究，发现在王绩的作品中，完全合乎格律要求的有 14 首，基本合乎格律要求的有 22 首，因此从有关数据分析得出令人信服的结论——五言律诗在王绩的作品中已经成熟，进一步明确了王绩"唐诗最早的开创者、五言律诗奠基人"的地位。[3] 在初唐的诗坛，长孙无忌、上官仪等人作品中还有齐梁的浮艳之气，王绩的《野望》是第一首摆脱了浮艳风格的作品，也是唐诗中最早一首完全合律的名作。所以说，王绩的《野望》是唐代五律第一诗，是唐诗的开篇之作。《野望》所描述的，是王绩的故乡——今晋南地区河汾之间的田野风光。从这个意义上讲，唐诗是从山西南部的

---

[1]　[清] 沈德潜：《唐诗别裁集》，北京：中华书局 1975 年版，第 130 页。

[2]　施蛰存：《唐诗百话》，上海：上海古籍出版社 1978 年版，第 2 页。

[3]　王志华《五言律奠基者旧说应予推翻》，《晋阳学刊》1990 年第 3 期，第 10 页。

河汾田野间走来的。

　　王绩在田园诗的发展上贡献也很大。有研究者认为，从晋宋到隋唐的100多年间，田园诗与山水诗这两种题材的发展并不平衡。谢灵运所开创的山水诗不断丰富，逐渐蔚为大观；而陶渊明开创的田园诗却仿佛从诗坛上消失了似的，只有寥寥几首。这种田园诗与山水诗发展很不相称的寥落局面，是由于王绩的出现才被打破的。[1] 王绩的田园诗，上承陶渊明，下启孟浩然、王维，有着继往开来的意义。无论从思想上还是艺术上来说，王绩都是唐代田园诗派的先驱人物。

　　初唐时，出生于河东的诗人王勃（故里在今山西省运城市万荣县），与杨炯、卢照邻、骆宾王并称为"初唐四杰"。676年，王勃从故乡河东南下，前往交趾看望父亲。九月初，路经洪州，王勃在此留下了千古绝唱——《滕王阁序》，可谓字字珠玑，句句生辉，浑然天成。王勃的诗歌成就很高，既壮阔明朗又不失慷慨激越。其送别诗《送杜少府之任蜀州》，虽写离别之情，但以"海内存知己，天涯若比邻"相勉，意境之开阔，一扫通常离别诗的悲伤之气，高人一筹。"乱烟笼碧砌，飞月向南端。寂寞离亭掩，江山此夜寒。"这正是其《江亭夜月送别》中的诗句，令人拍案叫绝。全诗呈现给读者一幅江边月夜图，优美静谧、隐约迷蒙。虽然通篇都是写景，而诗人送别后不忍离去、流连徘徊于月夜孤亭之状，胸中

---

[1]　张明非：《论王绩的田园诗》，《文学遗产》1990年第1期，第69页。

的寂寞之情，却从中跃然而出，实为寓情于景、景中见情的佳作。

宋之问，汾州人。初唐时期的著名诗人，尤善五言诗。宋之问与沈佺期的诗名并列，时称"沈宋"。他的诗作格律谨严，是继王绩奠基之后，初唐时期律诗发展阶段的代表诗人。在艺术形式上，宋之问的诗以对仗工整、音韵协调见长，对律诗体制的进一步完善有巨大贡献。其名作《渡汉江》一诗，真实地刻画了诗人久别还乡，即将到家时激动而复杂的心情。语极浅而意颇深，描摹心理变化——太想知道家人的情况了，但又怕听到不好的消息，所以就"不敢问来人"。后两句吟咏出特殊情景下的心理状态，情出自然，情真意切，从而引起了千古共鸣。其《灵隐寺》一诗，则是一首优秀的山水游记诗。明代文学家袁宏道评价说："余始入灵隐，疑宋之问诗不似。意古人取景，或亦如近代词客，捃拾帮凑。及登韬光，始知'沧海''浙江''扪萝''刳木'数语，字字入画，古人真不可及矣！"这段话说尽了《灵隐寺》一诗的妙处——"字字入画"。而"楼观沧海日，门对浙江潮"，这两句以工整的对仗和壮观的景色成为千古流传的佳句。

王之涣，绛州人，盛唐时期著名诗人，以善于描写边塞风光著称。其代表作《凉州词》《登鹳雀楼》家喻户晓。王之涣性格豪放，常击剑悲歌，其诗作多被当时的乐工制曲传唱，名动一时。王之涣尤善五言诗，以描写边塞风光为胜。唐人靳能评价他："歌从军，吟出塞，极关山明月之思，得易水寒风之声，传乎乐章，布在人口。"王之涣的作品现存仅有 6 首绝句。其《登鹳雀楼》一诗，写出了诗人在登高望远中表现出的不凡的胸襟抱负，寥寥数字，山河如画，大海在望，气势千里，具有典型的盛唐气象。千载之后读之，如临其地，如见其景。"欲穷千里目，更上一层楼。"富有哲理，发人深思，乃千古绝唱。《凉州词》是王之涣边塞诗的代表作。诗句描摹边塞之孤远、荒寒，通篇没有一个字说到征人，但征人之苦已跃然而出。虽是一篇怨词，但苍凉中有雄阔之气，情调悲而不失其壮，历来被誉为唐代边塞诗中的名篇。清代文学家王士祯把王之涣的《凉州词》、王维的《送元二使安西》、李白的《早发白帝城》和王昌龄的《长信秋词》（奉帚平明）评为唐人绝句的压卷之作。

王昌龄，河东晋阳人，盛唐著名边塞诗人，其诗以七绝见长，后世誉为"七绝圣手"。其笔下"秦时明月汉时关，万里长征人未还"，是其《出塞》篇中传诵千古的名句。"黄沙百战穿金甲，不破楼兰终不还"，以及"大漠风尘日色昏，红旗半卷出辕门"，皆为其《从军行》中的名句。

现存王昌龄的诗作，体裁以五古、七绝为主，题材主要为边塞、离别、宫怨。王昌龄的七绝成就最高。盛唐有七绝 472 首，其中王昌龄有 74 首，几乎占了六分之一。[1] 因为他和李白等人的努力，七绝逐渐成为唐诗流行的体裁。清代学者吴乔在《围炉诗

---

[1]　[宋]洪迈：《万首唐人绝句》，北京：书目文献出版社，1983 年。

话》中评价："王昌龄七绝，如八股之王济之也。起承转合之法，自此而定，是为唐体，后人无不宗之。"由此可见，王昌龄的七绝创作给后人以很大影响。

在唐代的边塞诗人中，王昌龄与高适、岑参齐名。王昌龄在开元年间漫游西北，创作了大量的边塞诗。从创作时间而言，王昌龄是唐代边塞诗的先驱。他的边塞诗善于捕捉典型的情景，有高度的概括性，意境开阔，音调婉转，余韵无穷。王昌龄的《出塞》："秦时明月汉时关，万里长征人未还。但使龙城飞将在，不教胡马度阴山。"首句中，明月、边关、秦汉，空间在时间中定格，时间在空间里延续，沧桑、寥廓、苍凉之气扑面而来。

王昌龄的宫怨诗可与李白相比，其用意之深、造语之奇，都有独到之处。他的宫怨诗以细腻的笔触展现所描写对象的感情世界，揭示她们所遭遇的悲惨命运，怨而不怒，含而不露，发人深思。这种思想倾向奠定了其作品的健康基调，从而扭转了齐梁时宫怨诗的浮艳之气。但另一方面，王昌龄又发扬了六朝精雕细琢的表现手法，继承了其形式之美。因此王昌龄被誉为成功用七言绝句写宫词的第一人。沈德潜在《唐诗别裁集》中评价王昌龄的宫怨诗："深情幽怨，意旨微茫，令人测之无端，玩之无尽，谓之唐人《骚》语可。"

王昌龄的送别诗也颇有特色。他一生交友很广，写了50多首送别诗。他的送别诗，在表现手法上往往打破送别诗的常规，不重点写离别，却着意写别后的情景。"忆君遥在潇湘月，愁听清猿梦里长。"《送魏二》中这句诗写作者送别朋友之后，计算时间，朋友应该到潇湘之地了，两岸的阵阵猿鸣，肯定会触动朋友的离愁别绪。既写自己，又写朋友，把朋友间的思念表现得异常深切。"武陵溪口驻扁舟，溪水随君向北流。行到荆门上三峡，莫将孤月对猿愁。"《卢溪别人》描述作者虚拟朋友别后的情景，劝朋友到了长江三峡后不要在月下听猿鸣，以免增添忧愁。《送柴侍御》中"青山一道同云雨，明月何曾是两乡？"则表达了相隔千里依然同在一片月光之下的豪爽之气。王昌龄的送别诗，愁苦之情少，更多的是爽朗、旷达。王昌龄以边塞诗的风格创作送别诗，高人一筹。

王维，河东猗氏（今属山西省运城市临猗县）人，唐代山水诗的代表人物。他又精通绘画，是唐代山水画的名家。苏轼评价王维："诗中有画，画中有诗。"因笃信佛教，他将禅意渗透到作品中，有"诗佛"之称。

王维最擅长写景，他的山水田园之作，常用五律和五绝的形式，篇幅短小，语言精美，如"明月松间照，清泉石上流"，以及"江流天地外，山色有无中"等。王维其他题材的作品，如送别、边塞之类的诗中，也常出现写景佳句，如"远树带行客，孤城当落晖"，以及"大漠孤烟直，长河落日圆"等，都是传诵千年的名句。王维笔下的写景诗，或描绘乡村风光，或表现边塞风韵，或展现山川景致，皆绚丽多姿。

王维的山水诗成就高、影响大，他的山水诗承前启后、继往开来。在山水诗创作方面，王维借鉴了陶渊明善于描摹景物的特点，但又情景交融；继承了谢灵运细致工丽的特点，但又不失自然之美。他是在陶渊明、谢灵运之后成就最高的一位山水诗人，被视为唐代山水诗的领军人物，对山水诗的发展起了重要的推动作用。与前人相比，王维扩大了山水诗的内容，开创了崭新的山水田园意境，在艺术上达到了很高的造诣，使山水诗的成就达到前所未有的高度。王维笔下的乡村景物和田园风光，清净幽美，淳朴恬淡。如《新晴野望》："新晴原野旷，极目无氛垢"，写雨后清新无尘的原野；"白水明田外，碧峰出山后"，寥寥十字，却包含了近景与远景，色彩与光线，动态与静止，错落有致，极富神韵。《山居秋暝》："明月松间照，清泉石上流。竹喧归浣女，莲动下渔舟。"写雨后山中之美景。"明月松间照，清泉石上流。"诗中见画，炉火纯青，人人见此景，人人不能言之。清人黄生的《唐诗矩》说："此非复食烟火人能道者。"王维的山水诗，有的像巨幅的长卷山水画，气势宏伟，意境开阔，如《汉江临泛》《终南山》；有的像精致的小品画，宁静幽美，雅致娟秀，如《鸟鸣涧》《山中》。

王维的送别诗、思乡诗感染力也极强，历来为人称道。《九月九日忆山东兄弟》这首思乡之作，千百年来，每逢佳节，无论是客居他乡怀念故乡的亲人时，还是身在故乡怀念在异乡的亲人时，人们都会不约而同地想到"每逢佳节倍思亲"这句诗，可见王维这句诗穿越时空的力量有多强。《送元二使安西》中"劝君更尽一杯酒，西出阳关无故人"一句，诗人脱口而出的劝酒词是与朋友惜别之情的集中表现，千百年来引起无数人的共鸣。

王维的边塞诗也颇有特色，《使至塞上》中"大漠孤烟直，长河落日圆"一句，描绘了边塞壮阔雄奇的景象——一望无际的大漠，边关特有的烽烟，极目可见的长河，壮观的落日，画面开阔，意境雄浑。"长河落日圆"一句像一个特写镜头，呈现出大河吞吐日月的宏阔气势，使整个画面显得更加壮丽，是描写沙漠景色的千古名句。《陇西行》中"关山正飞雪，烽戍断无烟"一句，只选取了边关一个典型场景，就把边塞之地气候恶劣、戍边将士生活艰辛、军情紧急之状呈现出来，匠心独具。

安史之乱后，唐朝的国势一落千丈，唐诗也从盛唐转向中唐。唐代宗大历年间，社会安定下来，涌现出被称为"大历十才子"的一群诗人，标志着唐诗开始复兴。这 10 位诗人中，有 3 位是山西人：卢纶，河中蒲（今山西省永济市）人；耿湋，河东人；苗发，潞州壶关（今山西省长治市壶关县）人。他们三人中成就最突出的是卢纶。他的军旅诗脍炙人口。如《塞下曲》："月黑雁飞高，单于夜遁逃。欲将轻骑逐，大雪满弓刀。"其中"月黑雁飞高"和"大雪满弓刀"渲染了雪夜追敌的战争气氛。全诗没有写冒雪追敌的过程，也没有直接写激烈的战斗场面，只描绘了一个准备追击的场面，就把当时的气氛有力地烘托出来了。卢纶虽为中唐诗人，但其边塞诗具有盛唐气象，字里行间洋溢着英雄气概，令人振奋。

白居易，祖籍太原，唐代三大诗人之一。白居易的诗歌题材广泛，形式多样，语言通俗，作品很多，留下的诗作近3000首，有"诗王"之称。他的代表诗作有《长恨歌》《琵琶行》《卖炭翁》等，以突出的通俗性、写实性，在中国诗歌史上占有重要的地位。

白居易在诗歌创作方面提出了一整套理论，重视诗歌的现实内容和社会作用，强调诗歌揭露丑恶、批评社会弊端的功能。著名的"文章合为时而著，歌诗合为事而作"的现实主义创作原则正是他提出的。

白居易创作了大量反映民生疾苦的讽喻诗，其作品具有高度的思想性，代表着唐代新乐府运动的最高成就，这类诗作有170多首。他的讽喻诗一般一首只选择一件事，突出一个主题。白居易的讽喻诗基本上都是叙事诗，但在叙事之中往往加入议论，使主题更加明确。白居易的诗歌语言通俗易懂，这一特点在他的讽喻诗中尤为突出。

被称为感伤诗的《琵琶行》与《长恨歌》，是白居易写得最成功的作品，其艺术表现上的突出特点是强化抒情因素。与别的叙事诗相比，这两篇作品虽然也用叙述来表现事件，但只用两三个主要人物来架构全篇，叙述事件用笔极简，而在人物心理描写和环境气氛的渲染上，不惜用墨，使动人的情感因素贯穿全诗。白居易还善于以特定的意象来营造氛围、烘托意境。如《长恨歌》中将凄冷的月色、淅沥的夜雨、哀怨的铃声组合成令人销魂的场景，《琵琶行》中以瑟瑟的荻花和茫茫的江月构成孤寂悲凉的画面，从而营造出凄楚、感伤的氛围。

白居易的诗歌通俗，妇孺皆可懂。唐宣宗李忱有《吊白居易》诗云："缀玉联珠六十年，谁教冥路作诗仙。浮云不系名居易，造化无为字乐天。童子解吟长恨曲，胡儿能唱琵琶篇。文章已满行人耳，一度思卿一怆然。"金代元好问对白居易有高度评价："并州未是风流域，五百年中一乐天。"

柳宗元，河东（今山西省永济市）人，唐代著名文学家。他的诗作独具特色，语言朴素自然，风格淡雅，苏轼评价其作"似淡而实美"。其作品《江雪》《渔翁》《溪居》在唐人绝句中也是不可多得之佳作。柳宗元的散文与韩愈齐名。

柳宗元的诗歌数量虽然不多，但他对诗歌发展的贡献不小。他的诗作，题材广泛，体裁多样。山水诗幽静清寒，诗画合一；叙事诗文笔质朴，描写生动；寓言诗文辞绮丽，寓意深刻。不论何种体裁，都呈现出自己独特的风格。柳宗元的诗歌创作分为永州和柳州两个时期，其山水诗也主要创作于这两个时期。在柳宗元之前的诗人写山水诗，多数以五言诗来表现山水，而柳宗元的山水诗中有大量脍炙人口的七言诗，这是他对山水诗发展的一大贡献。在这些山水诗中，柳宗元往往是先叙述山水之景，然后抒发自己的幽思，从而达到情景交融的效果。在柳宗元的山水诗中，有一种幽寂的禅意之美。

　　柳宗元的散文成就更大，他的游记散文脍炙人口，均写于被贬到永州之后。他在永州居住了 10 年，有 8 篇关于永州的山水游记，被称为山水游记的典范之作，即《永州八记》：《始得西山宴游记》《钴鉧潭记》《钴鉧潭西小丘记》《小石潭记》《袁家渴记》《石渠记》《石涧记》《小石城山记》。文章所写都是当时永州附近的山水风景，作者以简洁的文笔，优美的语言，高超的手法，描绘了永州秀丽的山川。这些优美的山水游记，丰富了古典散文反映生活的新领域，从而确立了山水游记作为独立的文学体裁在文学史上的地位。

　　柳宗元还写了不少寓言故事，如《黔之驴》《临江之麋》《永某氏之鼠》等，皆为古代寓言名篇。"黔驴技穷"作为成语，人所共知。中国早期寓言出现于先秦诸子著作中，但无一出于纯文学的体裁，多是以一种具有故事情节的比喻形式出现在文章中，都没有独立成篇。而在柳宗元的作品中，每篇寓言都独立成篇，都有完整的故事情节。可以说，在柳宗元的作品中，寓言写作成为一种有意识的文学创作行为。柳宗元开创了寓言这一独立的文学体裁。柳宗元的寓言作品也和他的山水游记一样，被人们千古传诵。

　　柳宗元是唐代古文运动的倡导者之一，"唐宋八大家"之一。他提出了"文以明道"的思想，这也是他认为处理文艺内容与形式关系应遵循的准则。他的论说文笔锋犀利，逻辑严密。韩愈评价柳宗元的文章："议论证据今古，出入经史百子。"著名的作品有《封建论》《晋问》《天说》《天对》《非国语》等。柳宗元虽然没有在祖籍山西生活过，但他对家乡的山川形势、历史脉络十分熟悉，《晋问》一文的字里行间，表现出他对家乡的殷殷深情。

温庭筠，并州祁（今山西省晋中市祁县）人，晚唐著名诗人，与李商隐齐名。温庭筠自幼聪慧，以才气闻名。我们熟知的"鸡声茅店月，人迹板桥霜"就出自温庭筠的《商山早行》。他把鸡声、茅店、月亮、足迹、板桥、白霜这六种意象并列，不用一个动词关联，古诗中实属罕见。据载，温庭筠"每入试，押官韵作赋，凡八叉手而八韵成"，故号称"温八叉"。

温庭筠的诗作中，有部分描写边塞之苦、征夫思妻的作品，有别于唐人的边塞诗，其作品雄浑与缠绵兼有，独具特色。如《塞寒行》："心许凌烟名不灭，年年锦字伤离别。彩毫一画竟何荣，空使青楼泪成血。"《敕勒歌塞北》："帐外风飘雪，营前月照沙。羌儿吹玉管，胡姬踏锦花。"

温庭筠的诗作中有一些咏古抒怀、借古讽今的作品，水平很高，流传久远。如《苏武庙》，是唐诗中的咏史名篇："苏武魂销汉使前，古祠高树两茫然。云边雁断胡天月，陇上羊归塞草烟。回日楼台非甲帐，去时冠剑是丁年。茂陵不见封侯印，空向秋波哭逝川。"热情地赞扬了苏武的民族气节，讽刺了当政者对功臣的冷漠。

同类作品还有《经五丈原》《过陈琳墓》等。

唐诗落幕，需要有一个人来为它作总结。晚唐时，河中虞乡（今属山西省永济市）人司空图隐居中条山，写了一部《二十四诗品》，对近300年的唐诗作了一番梳理，他把诗歌的艺术表现手法分为二十四种风格，每种一品，每品都以十二句四言诗加以说明。《二十四诗品》是我国文学批评史上的一部重要著作，对后世的文学批评有深刻的影响，后代多有续作。

司空图的文学成就，主要体现在他的诗论。《二十四诗品》是唐代诗歌艺术评论的一部集大成著作，对唐以后一千多年的中国诗歌创作与鉴赏都产生了深远的影响。《二十四诗品》在艺术理论上最大的贡献，是从此前一般地论述文学的语言风格发展为研究文学的意境风格。司空图认为，对诗歌的欣赏，"辨于味而后可以言诗也"，要"知味外之旨"，即领略到诗的美妙意境。"韵味"和"意象"之说，是司空图诗论的主体。作为文学评论著作，司空图的《二十四诗品》的主要内容和刘勰的《文心雕龙》、钟嵘的《诗品》有很大的不同，标志着中国的文学批评达到了一个新高度。司空图的著作，也可以说是开创了中国的诗歌美学。司空图的诗歌美学思想，也影响了其他的文艺样式，在唐代之后，相继出现了"文品""词品""画品""书品""赋品"等。

温庭筠是宋词的奠基人

温庭筠不仅善作诗，还善作词，对词的发展影响很大。温庭筠以其敏捷的才思开拓词这一文学新领域，其词作的艺术成就在晚唐诸词人之上。他是中国文学史上第一位专力填词的作家，在《花间集》的 500 首作品中，温庭筠的词作最多，有 66 首，占比超过了全部作品的 13%。他的词数量多、质量高。虽然温庭筠、韦庄并称"温韦"，但是韦庄的作品只有 26 首。[1] 可以说，词这种文学形式，到温庭筠时才被真正重视起来，并在文坛上形成独立的体裁。清代文学家王拯在《龙壁山房文集》中说道，词体乃李白、王建、温庭筠所创，"其文窈深幽约，善达贤人君子恺恻怨悱不能自言之情，论者以庭筠为独至"。温庭筠的词风婉丽，被尊为"花间词派"鼻祖。他的词作隐含着深沉的痛苦和哀怨之气，体现了作者对描写对象"同是天涯沦落人"的同情与关怀。温庭筠是中国文学史上第一个有词集的词人，就像初唐的王绩是唐代五言律诗的奠基人一样，温庭筠可以说是宋词的奠基人。五代和宋代的文人，受温庭筠的影响，竞相作词，在唐诗之后，词为大观，温庭筠的词开创了文学史上另一个全新的时代——宋词时代。温庭筠婉丽的词风，对

---

[1] ［后蜀］赵崇祚辑，高峰注评：《花间集注评》，南京：凤凰出版社 2012 年版。

后来的婉约词的发展影响很大，晏殊、欧阳修、秦观、李清照、柳永、辛弃疾等，都在不同程度上受到温庭筠的影响。

元好问是金末元初的文坛盟主、元曲的开创者

元好问，太原秀容（今山西省忻州市忻府区）人，金末元初著名文学家和史学家、文坛盟主。他是宋金对峙时期北方文学的代表人物，也是金元之际在文学上承前启后的桥梁，被尊为"一代文宗"，其诗、文、词、曲，各体皆工。

元好问的文学成就以诗歌创作最为突出。他生活在金末元初改朝换代之际，亲身经历了战火蔓延、颠沛流离的苦难，因而创作出许多扣人心弦的优秀作品，以反映国破家亡的"丧乱诗"奠定了他在文学史上的地位。他的"丧乱诗"，是继杜甫之后现实主义诗风的又一高峰。正如清代史学家赵翼在《题遗山诗》中所说："国家不幸诗家幸，赋到沧桑句便工。"

元好问的词作有370多首，是金代作品最多的词人。他以词明志、抒情、吊古、咏物、摹山水、咏田园。他的词作中，最多的是抒怀词，有170多首。有关爱情的词作也是元好问词作的重要内容之一，约占其作品的六分之一。元好问的爱情词，与花间词派的浮艳风格不同，他的词继承了《诗经》《离骚》的比兴手法，以男女

之情写家国之悲、兴亡之变，高人一筹。金泰和五年（1205 年），元好问年仅 16 岁，在赴太原应试途中，在汾河边碰到了一位捕雁者，捕雁者说："今天我捕获到一只大雁，杀了它。但另一只逃掉的大雁在附近一直鸣叫不肯离去，后来竟然撞地而死。"元好问被这只大雁殉情的事深深感动，他买了这只雁葬于汾水旁，堆石为标记，名其曰"雁丘"，又因此写了一首《雁丘词》。同行者也多赋诗。后来元好问把《雁丘词》加工改定为词，词作高度赞美了大雁殉情之可贵。《雁丘词》（摸鱼儿）："问世间，情是何物，直教生死相许？天南地北双飞客，老翅几回寒暑。欢乐趣，离别苦，就中更有痴儿女。君应有语，渺万里层云，千山暮雪，只影向谁去？

横汾路，寂寞当年箫鼓，荒烟依旧平楚。招魂楚些何嗟及，山鬼暗啼风雨。天也妒，未信与，莺儿燕子俱黄土。千秋万古。为留待骚人，狂歌痛饮，来访雁丘处。"

元好问抱着"以诗存史"的目的，编成金代诗歌总集《中州集》，不仅收录金代诗人、大臣以至百姓的诗词 2000 多首，而且为 250 余人写了小传，填补了中国文学史上的空白。《金史·艺文传》就是以《中州集》为蓝本写成的。

元好问还是一位文艺评论家，他的《论诗三十首》，是他在 28 岁时的作品，用 30 首七言诗点评了汉朝以来的各种诗歌风格与重要诗人。元好问当时作为一个青年诗人，以自己的学养，对上下千年、纵横万里的数十位诗人的作品进行了评论，不仅点评准确而且文采斐然。如《论诗三十首》其四："一语天然万古新，豪华落尽见真淳。南窗白日羲皇上，未害渊明是晋人。"是元好问对陶渊明诗作的评价，被学术界评价为对陶渊明诗作最权威的评论。在元好问之前，对陶渊明的有关评价，都没有"天然""真淳"这样十分贴切的用词。元好问的《论诗三十首》，在我国古代文学批评史上具有重要地位。

在元好问的中年时代，由于北方少数民族进入中原，一种适合当时人演唱的新的诗歌逐渐形成，这种诗歌既不同于诗，也不同于词，而是兼有少数民族和北方民歌风格，这就是被后人称为曲的新诗体。这种新诗体具有通俗自然、豪放洒脱、泼辣诙谐的特点，很适合表现人们的感情，后来被文人接受，许多文人也开始创作这种新诗体——元曲由此诞生了。元好问作为当时的文坛领袖，对这种新诗体怀有极大兴趣，他亲自参加了这一新兴文学的创作，首开元曲的风气，成为古代散曲史上最早进行散曲创作尝试的代表作家之一，对元曲的形成和发展，产生了极其深远的影响。他的作品〔双调·小圣乐〕《骤雨打新荷》："绿叶阴浓，遍池亭水阁，偏趁凉多。海榴初绽，朵朵蹙红罗。　　乳燕雏莺弄语，有高柳鸣蝉相和。骤雨过，琼珠乱撒，打遍新荷。人生百年有几，念良辰美景，休放虚过。穷通前定，何用苦张罗。命友邀宾玩赏，对芳樽浅酌低歌。且酩酊，任他两轮日月，来往如梭。"这首作品是元好问的自制曲，尽管在选词、用韵等方面还残留着词的痕迹，但它终究向散曲的演变迈出了极其重要的一步，是人们公认的古代散曲史上最早的北曲名篇之一，对词向曲的演变这一文学潮流产生了深远的影响。元好问在作品中用了几句俗语，如"人生百年有几""何用苦张罗""任他两轮日月，来往如梭"等，这都是散曲的写法。隋树森的《全元散曲》第一家即是元好问。羊春秋的《散曲通论》、赵义山的《元散曲通论》皆把元好问列在第一位。就像初唐的王绩是唐代五言律诗的奠基人、晚唐的温庭筠是宋词的奠基人一样，金末元初的元好问是元曲的开创者。

山西籍的元曲、元杂剧作家引领元代文坛

继唐诗宋词之后，元曲是元代文学的主体。与唐代的律诗、绝句和宋词相比，元曲继承了诗词的清丽婉转，有较大的灵活性。元曲和唐诗、宋词一样，成为我国文学史上一座重要的里程碑。元曲包含元杂剧和散曲，杂剧是戏曲，散曲是诗歌，属于不同的文学形式。在元代，元杂剧的成就和影响远远超过散曲。

在著名的元曲作家中，山西籍的作家占有很大比例，如关汉卿、郑光祖、白朴、乔吉、李寿卿等。在有影响的 600 多首散曲中，11 位山西作家的作品共计 131 篇，约占全部作品的 20%。无论是作家人数还是作品的总数，山西均居全国之冠。

在中国文学史上，把元代最有影响的四位作家称为"元曲四大家"——指关汉卿、白朴、郑光祖、马致远四位元杂剧作家，他们代表了元代不同时期不同流派杂剧创作的成就。四大家之中，除马致远外，关、白、郑三位都是山西人。关汉卿是解州（今属山西省运城市盐湖区）人，白朴是隩州（今山西省忻州市河曲县）人，郑光祖是襄陵（今山西省临汾市襄汾县）人。关汉卿的《窦娥冤》《救风尘》《望江亭》，白朴的《梧桐雨》《墙头马上》，郑光祖的《倩女离魂》等作品，数百年来长演不衰。

关汉卿是元杂剧的奠基人，他创作了很多杂剧和散曲，以杂剧的成就最大，有 60 多部。关汉卿的杂剧内容具有强烈的现实性，充满浓郁的时代气息。慷慨悲歌，不屈地抗争，构成关汉卿剧作的基调。他的剧作被译为英、法、德、日等文字，在世界各地广泛传播。关汉卿的杂剧代表着中国古典戏曲艺术的一个高峰。他娴熟地运用元杂剧的形式，在塑造人物形象、处理戏剧冲突、运用戏曲语言等方面均有杰出的成就。1958 年，关汉卿被世界和平理事会提名为"世界文化名人"。

白朴善于利用历史题材演绎故事，用旧题，创新意，文辞优美，情意深切，在元杂剧诸家中较为突出。白朴写过 15 种剧本。《梧桐雨》和《墙头马上》这两部作品，历来被认为是爱情剧中的成功之作，具有极强的艺术生命力，对后代戏曲的发展具有深远的影响。

　　郑光祖从小就受到戏剧艺术的熏陶，青年时期开始杂剧创作，享有盛誉。他的主要活动地区在南方，他与苏杭一带的伶人有着紧密的联系，他的作品通过众多伶人的传唱，在民间产生了广泛的影响。郑光祖一生写过18种杂剧剧本，保留至今的有《倩女离魂》《翰林风月》《王粲登楼》《周公摄政》《三英战吕布》《老君堂》等，其中以《倩女离魂》最为著名。他的杂剧创作主要是两大主题，其一是青年男女的爱情故事，其二是历史题材故事。他的剧作，以词曲优美著称。钟嗣成的《录鬼簿》赞誉他"锦绣文章满肺腑，笔端写出惊人句"。

　　乔吉，太原人，流寓杭州近40年。钟嗣成曾为他作吊词云："平生湖海少知音，几曲宫商大用心。百年光景还争甚？空赢得，雪鬓侵，跨仙禽，路绕云深。"乔吉有剧作11种，今存3种：《两世姻缘》《扬州梦》《金钱记》，都是以才子佳人爱情故事为题材，创作风格与郑光祖相近，但他的语言更为清丽。乔吉的散曲成就高于杂剧，在元代200多位作家中，有散曲集传世的只有乔吉、张养浩、张可久。明清学者把乔吉与张可久并称为"元散曲两大家"。乔吉提出了"凤头、猪肚、豹尾"的作曲理论，即"起要美丽，中要浩荡，结要响亮"。他的散曲创作，无论在起句上还是在结句上，都用心良苦，精美佳句俯拾即是。王国维认为，元杂剧中心从北方南移杭州后，"除宫天挺、郑光祖、乔吉三家外，殆无足观"。今人论元曲，常常把乔吉同关汉卿、马致远、白朴、郑光祖、王实甫并列，号称"元曲六大家"。

李寿卿，太原人，作有杂剧 10 种，多数散佚，今存《伍员吹箫》《度柳翠》两种，是元代前期较为重要的杂剧作家之一。明代朱权的《太和正音普·古今群英乐府格势》评价说："李寿卿之词，如洞天春晓。其词雍容典雅，变化幽玄，造语不凡，非神仙中人，孰能致此？"

除了关汉卿、郑光祖、白朴、乔吉、李寿卿等作家外，山西籍的元杂剧作家还有平阳的狄君厚、石君宝、孔文卿、于伯渊、张鸣善，太原的刘唐卿，绛县的李行甫，大同的吴昌龄，离石的刘时中等，也都很有名。在元曲作家中，山西籍的作家人数众多，作品丰富，作品质量高、影响大。可以说，山西籍的元曲作家作为极其重要的一支主力军，一直引领着元代文坛。

罗贯中是中国章回体小说的鼻祖

罗贯中，太原人，元末明初小说家，《三国志通俗演义》（简称《三国演义》)的作者。罗贯中的作品很多，除《三国演义》外，小说作品还有《隋唐两朝志传》《残唐五代史演义》《三遂平妖传》《水浒全传》。除小说外，尚有杂剧《宋太祖龙虎风云会》《忠正孝子连环谏》《三平章死哭蜚虎子》。

　　《三国演义》是中国第一部长篇章回体历史演义小说，作者以70多万字的篇幅，用一种比较成熟的演义体小说，塑造了400多个人物形象，描写了近百年的历史进程，创造了一种新型的小说体裁。罗贯中的《三国演义》对以后的作家创作很有影响，后来的章回体小说在体制上大多都借鉴了罗贯中的《三国演义》，罗贯中也因此被称为中国章回体小说的鼻祖。

　　《三国演义》的艺术成就更重要的是在军事政治描写和人物塑造上。罗贯中最擅长描写战争，全书涉及上百场战争，但作者能写出每次战争的特点，毫无雷同之处。罗贯中吸收了《左传》描写战争的经验，详写谋略，略写战争过程，突出典型人物，达到了很好的艺术效果。

　　罗贯中在他的另一部作品《残唐五代史演义》中，有一首诗作："两岸西风起白杨，沁州存孝实堪伤。晋中花草埋幽径，唐国山河绕夕阳。鸦谷灭巢皆寂寞，并州尘路总荒凉。诗成不尽伤情处，一度行吟一断肠。"我们从中可以感受到罗贯中依恋故土、缅怀英雄的情怀。

山间华章

山西的木构建筑几乎撑起一部中国木构建筑史

根据全国文物普查统计数据，全国共有古建筑 26.3885 万处，山西省的古建筑为 28640 处。山西的国土面积只占全国总面积的 1.6%，却保留了全国 10.85% 的古建筑。我国现存的木构建筑最早可以上溯到唐代，学术界把唐代到元代的木构建筑称为早期木构建筑。唐代至元代的木构建筑，全国有 628 座，山西有 518 座，山西的早期木构建筑占到全国的 82%。从唐代到清代 1000 余年，历经唐、五代、宋、辽、金、元、明、清八个时期，遗存在山西的古建筑数量都堪称全国之冠，每个时段的代表性建筑在山西都有遗存，山西的东西南北各地都有令人赞叹的古建筑，到山西看古建，就如同进入一个纵跨千年的古建筑艺术博物馆。山西的木构建筑几乎撑起一部中国木构建筑史。

附表：山西省唐代至元代木构建筑数量及分布情况

区域（数量）朝代	北部（座）	中部（座）	东南部（座）	南部（座）	合计（座）	全国（座）	占全国（%）
唐代	2	—	—	1	3	3	100.00
五代	—	1	3	—	4	5	80.00
宋代	1	7	24	2	34	47	72.34
辽代	3				3	8	37.50
金代	18	19	76	7	120	138（含5座南宋）	86.95
元代	6	62	171	115	354	427	82.90
合计	30	89	274	125	518	628	82.48

山西的古建筑存量在全国占比如此之高，主要源于地理因素。中国历代王朝的都城长安、洛阳、开封、北京都分布在山西周边，临近首都的山西在建筑文化上受到较大影响是自然而然的，山西的不少建筑都有皇家背景，如五台山佛光寺、大同华严寺、大同善化寺、应县木塔、朔州崇福寺、太原晋祠、太原崇善寺、芮城永乐宫。山西开发较早，经济比较发达，文化艺术活动比较繁荣，从事建筑和塑像、壁画绘制的能工巧匠代有传人。山西境内多山，山地面积约占70%，在古代森林覆盖率很高，诚如柳宗元《晋问》所云："晋之北山有异材，梓匠工师之为宫室求大木者，天下皆归

焉。"山西的大山不但为历代王朝都城宫殿的营建提供了丰富的木材，也为山西各地的历史建筑提供了近水楼台的便利，比如应县的民谣"砍光黄花岭，修成应州塔；压疼土地爷，给了一刮刷"，就是说应县木塔的建筑材料来自附近的黄花岭。"深山藏古寺"，山脉众多的山西形成了大量相对封闭的小地理单元，在山脉褶皱间的古建筑极少受到战火的破坏，当平原地带的古建筑损坏殆尽时，山西的古建筑历经数百年甚至上千年仍然存在。山西地处温带大陆性季风气候区，干旱少雨，总体来说气候偏干燥，较小的湿度有利于木构建筑的长期保存。

中国早期古建筑的发展脉络，只有在山西才能有所领略，从 8 世纪后期到 14 世纪，每隔数十年就会有一座代表性的古建筑。通过对唐代、五代几座建筑铺作的对比观察，我们可以梳理出早期古建筑铺作形制的演变情况。通过对近百座宋、辽、金、元典型建筑的梁架特征对比观察，我们可以看出中国古建筑在这 400 年间既有传承又有创新的发展轨迹。

20 世纪 30 年代，梁思成先生在考察了山西的一些古建筑后，有这样的评价："山西庙宇的远景，无论大小都有两个特征：一是立体的组织，权衡俊美，各部参差高下，大小相依附，从任何观点望去均恰到好处；一是在山西，砖筑或石砌物，斑彩醇和，多带红黄色，在日光里与山冈、原野同醉，浓艳夺人，尤其是在夕阳西下时，砖石如染，远近殷红映照，绮丽特甚。"

　　我们通过系统地考察山西的木构建筑，可以感知古代山西工匠的匠心与高超的建筑技艺。

　　木构建筑按照建筑部件的功能分为大木作、小木作，大木作是木构建筑中的承重构件——柱、梁、枋、檩、椽、铺作，小木作是木构建筑中的装饰构件——门、窗、栏杆、天花板、藻井、神龛。

山西古建筑中的大木作

　　五台南禅寺大佛殿是我国现存最早的古建筑，建于唐建中三年（782年），单檐歇山顶。屋檐下无飞椽，为单层檐椽。当心间开门，两次间各有一直棂窗。柱头铺作为五铺作双抄偷心造，泥道拱上隐刻慢拱，无补间铺作。转角铺作出角拱，要头平出，斫成批竹昂。铺作的拱头卷刹，皆分五瓣，每瓣都是内凹状，这种做法曾见于唐代以前的石窟寺，此乃建筑实物中最早的一例。柱头铺作的第二层柱头枋上施一小驼峰、散斗承托压槽枋，此后的建筑物中少见这种做法。中国古代木构建筑的铺作形制，在南禅寺大佛殿基本定型。柱间有阑额相连，阑额之上没有普拍枋，阑额至角柱不出头，这是唐代常见的样式。

　　南禅寺大佛殿檐柱的柱头微微内倾，四个角柱略生起，使得伸出的四个檐角翘起，檐口形成弧线。屋顶举折平缓，坡度为1∶5.15，是现存中国古建筑中屋顶坡度最平缓的建筑。舒缓的屋顶、深远的出檐、雄大疏朗的铺作，体现出大唐建筑的雍容大度。整个建筑结构简练，外观秀丽，形体俊美、古朴，庄重大方。

南禅寺大佛殿的殿内梁架为四椽栿通檐用两柱，平梁上没有蜀柱，直接用大叉手承托脊槫，这种汉唐时期的结构在五代之后很少出现。四椽栿与平梁之间有驼峰，是"梁栿驼峰式"结构手法的实例。

芮城广仁王庙大殿建于高台之上，柱间有阑额相连，阑额之上无普拍枋，阑额至角柱不出头，与南禅寺大佛殿的结构一样，是典型的唐代做法。檐下柱头铺作为五铺作双抄，栌斗直接坐于柱头之上。铺作上不用令拱、耍头，与敦煌壁画中唐代前期的铺作形制一致，说明该殿的铺作形制继承了唐代前期的风格。没有补间铺作。柱头栌斗口横出泥道拱，泥道拱上施素枋，枋上又施拱，拱上施承椽枋，这种拱枋重复式扶壁拱，是早期古建筑的孤例。殿内四椽栿上置驼峰，由大斗直接承托平梁。平梁上立蜀柱、叉手，短小的蜀柱和长大的叉手，形成平缓的屋顶。平梁上立蜀柱，是现存古建筑中的首例。四椽栿与平梁之间设驼峰，与南禅寺大殿风格一致。整座建筑结构简练，造型古朴，显示出典雅的唐代风韵。

五台山佛光寺东大殿，被我国著名建筑学家梁思成先生称为"第一国宝"，在整个东亚建筑文化区域有着特殊意义。东大殿重建于唐大中十一年（857年），单檐庑殿顶，面阔七间，34米；进深

　　建于唐代大中年间的佛光寺东大殿是我国现存最
早的庑殿顶建筑。东大殿出檐深远，铺作硕大，气势
宏伟，是唐代木构建筑的代表。

八椽，17.66 米。大殿铺作硕大，气势宏伟，是我国现存古建筑中铺作挑出距离最远（3.69 米）的大殿。柱头铺作为七铺作双抄双下昂。大殿屋顶平缓、铺作纵横、出檐深远，这在宋以后的木构建筑中是很难看到的。在脊檩下仅用叉手，和南禅寺大佛殿一样，是典型的唐代结构。佛光寺东大殿的建筑等级高、体量大、铺作复杂，最能体现唐代木构建筑之美。

五台山佛光寺文殊殿重建于金天会十五年（1137 年），面阔七间，进深八椽，单檐悬山顶，是国内稀见的宋金时期大开间的悬山式建筑。柱头铺作为五铺作单抄单下昂，第一跳跳头施翼形栱，耍头作下昂状，耍头上衬方头出头。补间铺作为五铺作双抄，有华丽的斜栱，出现 5 个凸出面，如花朵盛开。殿内采用了减柱法，殿内梁架是四椽栿对前后乳栿的结构，一般情况应该立有 18 根内柱。殿内前后槽均施粗大的额枋，前槽用两柱将殿内长度分割为中部三间、左右各两间的布局；后槽也用两柱，立于当心间佛龛左右的平柱位置，而左右各分为三间之长。整座大殿将柱子用到最少，前后两排仅使用了 4 根金柱。柱间的最长净跨达到 14 米，根据需要，后排两侧的梁架进行了创新，在主额之下约 1 米处增加了一道副额，以分解主额上的重力。主额与副额之间用短柱、枋、斜柱联络，形成大跨度的八字栱架，将主额上的重力传递到副额的两端，再传递到内柱和山墙柱上，这种大胆的创新，是我国古建筑中最早的实例。

平顺龙门寺西配殿建于五代后唐同光三年（925 年）。檐柱之间有阑额，阑额不出头，没有普拍枋，栌斗直接置于柱头。柱头铺作简单，为四铺作单抄，可以看出是单斗支替加半拱，即在栌斗之上、华拱之下加了一个半拱，半拱的位置后来是五铺作第一跳华拱的位置，西配殿的"单斗支替加半拱"是五铺作的雏形，从这一点来看，西配殿的最初建筑时间应该在唐代前期。殿内平梁交栌斗出头，为此前所未有。西配殿的建筑保留了唐代的风格，与芮城广仁王庙的梁架结构一致，是由唐代向宋代过渡时期的建筑实例，也是国内仅存的五代悬山式建筑。西配殿的平梁上设驼峰、蜀柱，是蜀柱插入驼峰的首例；建于北宋绍圣五年（1098 年）的大雄宝殿，殿内四椽栿上立蜀柱置栌斗承托平梁，劄牵尾插入四椽栿上的蜀柱内，为劄牵插蜀柱结构的最早实例。

平顺天台庵弥陀殿建于五代后唐长兴四年（933 年）。弥陀殿单檐歇山顶，正脊很短，戗脊很长，十分罕见。出檐深广，举折平缓，角柱有明显的生起，四翼如飞。檐下铺作古朴，柱头铺作是标准的"单斗支替"，这是最初级的铺作形制。从使用"单斗支替"这种最初级的铺作形制来看，天台庵弥陀殿的最初建筑时间应该在唐代前期。殿内梁架为四椽栿通檐用两柱，殿内无柱，结构简练，没有繁杂的装饰，使殿内的空间更显宽阔。在四椽栿上立蜀柱承顶平梁（蜀柱两侧无合㭼），而且角梁插入蜀柱，这两种结构在已知的唐五代建筑中未见。天台庵弥陀殿在四椽栿上立蜀柱承顶平梁，与五台南禅寺大殿的"梁栿驼峰式"不同，是"梁栿蜀柱式"结构手法的最早实例。天台庵弥陀殿和平顺龙门寺西配殿一样，在建筑上保留了较多的唐代风格，甚至保留了唐代前期的铺作形制，是由唐代向宋代过渡时期的建筑实例。

平顺大云院弥陀殿建于五代后晋天福五年（940 年）。檐下铺作为五铺作双抄，两次间的补间铺作不在居中位置，而是略向外移，靠近转角铺作，这是因为两次间的补间铺作后尾要与转角铺作的后尾共同在平槫下的交点起承托作用。柱间有阑额，转角处的阑额不出头，阑额之上有普拍枋，这是国内现存古建筑中阑额之上加设普拍枋的最早实例。铺作的拱头卷刹，分瓣明显，每瓣都内凹，与南禅寺大佛殿的铺作形制一样。耍头为圆弧形，比较少见。转角铺作昂下的华头子是古建筑华头子做法的雏形。梁架上不同部位使用了形态各异的 8 种驼峰，在古建筑中十分罕见。

平遥镇国寺万佛殿是北汉天会七年（963 年）的原物，清代进行过维修，但保持了"规制奇古"的五代风格。出檐深远，达到 2.94 米，保留了唐代风格，类似五台山佛光寺东大殿的出檐效果。万佛殿的建造时间与佛光寺相差 100 余年，可以看出两者在建筑风格上的传承关系。殿内的梁架结构为六椽栿通檐用两柱，而且是上下平行的两条六椽栿，铺作的昂尾压于上一条六椽栿下，这也是现存古建筑中"上梁压昂"的较早实例。使用上下平行的两条六椽栿的做法，比较罕见。上六椽栿与四椽栿之间、四椽栿与平梁之间都

　　建于五代十国时期的镇国寺万佛殿保留了唐代风
格，出檐深远，类似佛光寺东大殿的出檐。柱头铺作
的总高度超过了柱高的一半，在古建筑中罕见。

出现半拱，也比较少见。六椽栿与平梁之间设铺作，是"梁栿驼峰铺作式"的最早实例。柱头铺作总高 1.85 米，超过了柱高的一半，在历代寺庙建筑中十分罕见。檐下铺作的拱端卷刹，分瓣内凹，继承了唐代风格。檐柱侧脚，生起 5 厘米。高大的铺作、深远的出檐，使屋顶形如伞状。

高平南赵庄二仙庙始建于北宋乾德五年（967 年），大殿平梁以下构件及铺作为宋代遗构，是国内现存最早的北宋木构建筑。大殿柱头铺作、转角铺作的做法，继承了五台南禅寺大佛殿铺作的形式。铺作的拱端卷刹，分瓣内凹，与五台南禅寺大佛殿、平顺龙门寺西配殿、平顺大云院弥陀殿、平遥镇国寺万佛殿的风格相同。说明了唐、五代、宋初山西地区木构建筑的传承关系，对研究我国唐宋建筑史具有重要意义。梁架结构为四椽栿前后双剳牵用四柱。梁栿间设驼峰隔承，驼峰之上设小瓜柱，是"梁栿驼峰蜀柱式"的最早实例。

高平崇明寺创建于北宋开宝初年（968 年）。中佛殿柱头铺作为七铺作双抄双昂，补间铺作为五铺作双抄偷心造，下部无栌斗和直斗，与五台山佛光寺东大殿的补间铺作一致。中佛殿是山西现存宋代建筑中唯一采用七铺作双抄双昂的建筑，铺作硕大，拱端卷刹，铺作与柱身的比例为 2：1，唐构遗风明显。铺作上的耍头为蚂蚱头形，开此类形制之先河。殿内的梁架采用两层主梁，第二层主梁由两根三椽栿对接，形成"断梁"，搭在前后柱头铺作的后尾，将重力平衡到前后檐柱之上；角梁交会于"断梁"对接处，山面的丁栿搭于下层主梁之上，充分发挥了前后檐铺作、山面铺作、转角铺作对屋顶的托举作用，具有很高的建筑艺术价值。两根"断梁"之上立蜀柱置栌斗及实拍拱承平梁。用断梁支撑殿顶，十分罕见。作为一座面阔三间的建筑，使用了七铺作，出檐深远，超过了五代时期的同类建筑，在风格上具有十足的唐代遗韵。

高平游仙寺前殿是北宋淳化元年（990 年）所建，面阔三间，进深六椽，单檐歇山顶。檐下柱头铺作为单抄单下昂偷心造，昂为批竹式，要头为批竹昂式，与昂的形制几乎完全相同，昂形要头形制在山西其他宋代建筑中虽有所见，但在时间上要晚 100 多年。补间铺作为五铺作双抄偷心造。殿内梁架为四椽栿后压乳栿用三柱（减去前排的柱子），开此类梁架结构之先河。四椽栿压乳栿的做法，与四椽栿对乳栿相比较，增大了两者的接触面积，也增加了稳定性。殿内东、西两次间的丁栿是把一个自然弯形圆材一分为二制成，比较少见。

晋东南地区的宋、金木构建筑，由于平面长宽比例接近方形，四椽栿与平梁之间一般由蜀柱隔承，但游仙寺前殿的四椽栿上设驼峰承栌斗，栌斗交承平梁头，以驼峰承栌斗作为梁栿间的隔承构件。在平梁之上，于中部设栌斗承蜀柱，该栌斗向明间出跳的拱承一斜撑，斜撑之上承交互斗，交互斗咬承。蜀柱之上设铺作、丁华抹颏拱及叉手。平梁上的斜撑是由承垫蜀柱的出跳拱承托的，斜撑上端隔垫交互斗斜戗襻间枋，斜撑与脊部襻间枋形成梯形枙架，形态美观，是晋东南地区宋金建筑实物中的个例，也是山西地区宋金建筑实物中的首例。

潞城原起寺大雄宝殿建于北宋，面阔三间，进深四椽，单檐歇山顶。屋顶举折平缓，出檐深远，角柱生起明显。檐下铺作古拙简单，柱头铺作为"单斗支替加半拱"，与平顺龙门寺西配殿的铺作形制类似，但加了耍头，耍头为昂形，以替木作令拱。这种铺作形制在早期古建筑中罕见，说明该殿的铺作形制继承了唐代早期的风格。殿内的平梁交栌斗出头，角梁穿驼峰与丁栿搭于四椽栿上。

万荣稷王庙正殿为北宋天圣元年（1023 年）所建，距今 1000 年。稷王庙正殿的建筑形制十分独特，殿内无一般建筑中的通长大梁承托，俗称"无梁殿"。该殿是我国现存唯一的一座宋代庑殿顶建筑，也是国内现存最早的、建筑等级最高的稷王庙建筑。梁思成先生曾遗憾未见到北宋庑殿顶建筑遗存，万荣稷王庙的发现，弥补了这一缺憾。正殿屋顶的厦坡很长，远远望去，大殿就像一把撑开的大伞。大殿的铺作很有特色，柱头铺作硕大。外部铺作的昂头形制上直下卷，下昂曲线优美。柱头铺作为五铺作双昂，一跳偷心、二跳直昂，是铺作直昂造的最早实例。大殿的梁架为平梁、前后乳栿用四柱，乳栿与劄牵之间使用梯形驼峰。托脚斜戗劄牵头支撑平槫，开托脚撑平槫之先例。无论是屋顶形态，还是梁架、铺作结构，万荣稷王庙都独具特色。该建筑比《营造法式》的成书时间

（1103 年）还要早 80 年，《营造法式》中的许多构造在这里都有呈现，证明了《营造法式》与秦、晋、豫黄河三角地区建筑的渊源关系。

陵川南吉祥寺创建于唐初，北宋天圣八年（1030 年）移建于此。寺内的中殿为宋代建筑，面阔三间，进深六椽，单檐歇山顶，出檐深远。檐下柱头铺作为五铺作单抄单昂，昂下有华头子，补间铺作为五铺作双抄，出 45° 斜拱，当心间的斜拱最大。该殿是国内现存古建筑中最早使用 45° 斜拱的实例。殿内外的铺作硕大，斜拱华丽，殿内共出九朵斜拱，十分罕见。殿内的梁架为六椽栿通檐用两柱，六椽栿上有蜀柱（两侧无合楷）直接支撑平梁，这是古建筑中的首例。

大同华严寺始建于辽重熙七年（1038 年），于金天眷三年（1140 年）重建。华严寺分为上、下二寺，上寺大雄宝殿建于 4 米多高的台基上，面阔九间，进深十椽，单檐庑殿顶，总面积 1559平方米，是国内现存面积最大的辽金佛教殿堂。不像中国传统的正殿都是坐北朝南，上寺大雄宝殿是坐西朝东，这是明显的契丹民族风格，他们崇拜太阳，以东为尊。大殿举折平缓，出檐深远，檐高9.5 米，出檐达 3.6 米，气势雄伟。正脊两端的琉璃鸱吻高达 4.5米，是中国古建筑中最大的琉璃吻兽。大殿的三个门为壸门（佛龛形的门，佛教建筑中尊贵场所的入口之处一般采用壸门样式）形制，这是国内现存古建筑中最早的壸门实例。大殿内外的铺作形制多样，富有变化。当心间的补间铺作出 60° 斜拱，梢间的补间铺作出 45°斜拱。补间铺作的栌斗下有小驼峰，这是辽代建筑特有的样式。大殿内采用了减柱造、移柱造，最左侧、最右侧两缝梁架是标准的五间六柱，在纵向用了 4 根内柱，而中间部分的 6 缝梁架各用两根柱子，各减去了两根柱子，共减少了 12 根金柱，剩余的 12 根金柱都移动了位置，极大地扩大了殿内的祭祀空间。减柱造、移柱造在辽代开始广泛使用，华严寺大雄宝殿可以作为代表。

薄伽（bó qié）教藏殿为下寺的主殿，是华严寺的藏经殿，也是坐西朝东，面阔五间，进深八椽，单檐歇山顶。殿内右侧椽底有"维重熙七年岁次戊寅九月甲午朔十五日戊申午时建"的题记，说明这座建筑是辽代的原物。檐下的柱头铺作为五铺作双抄，要头为短促的批竹昂式。补间铺作形制特殊，也是五铺作双抄，但第一跳跳头只有瓜子拱而没有慢拱，第二跳跳头的栌斗直接承替木托橑风槫，没有令拱、要头。这种补间铺作的形制与芮城广仁王庙的铺作相似，但又不完全一样，说明该殿的铺作风格继承了唐代的一些做法。转角铺作也有创新之处，在角栌斗上增出两层抹角拱，用来增强转角铺作的稳固性，这种形制在唐宋建筑中相对少见。殿内的梁架结构为四椽栿对前后乳栿用四柱。

应县木塔始建于唐代，重修于辽清宁二年（1056 年），是世界上现存最古老、最高大的纯木结构楼阁式建筑，也是世界木构建筑的典范。通高 67.31 米，底层直径 30.27 米。塔高九层，每层八面，每面开三间，五个明层，四个暗层（二层以上每层出平座），

建于辽代清宁年间的应县木塔是世界现存最古老、最高大的纯木结构楼阁式建筑。塔体雄壮,气势恢宏,四个平座的设计,使木塔既宏大又不失秀丽。

外观为五层六檐（底层为双檐），塔刹直插云霄。八角形的雄壮塔体，使木塔拥有一种高大壮阔的气势；底层的重檐围廊，增加了木塔的稳定感，使高大的木塔安稳如山；四个平座的设计，使木塔的外观在宏大之中又不失秀丽，增加了木塔外立面的节奏感。1933年，梁思成先生考察应县木塔时，看到高大雄伟的木塔，震惊得半天喘不过气来，他赞叹道："这塔真是个独一无二的伟大作品。不见此塔，不知木构的可能性到了什么程度。我佩服极了，佩服建造这塔的时代，和那时代里不知名的大建筑师、不知名的匠人。"

应县木塔的设计，继承了汉唐以来富有民族特点的重楼形式，结构上采用双层环形套筒空间框架，形成一层比一层小的优美轮廓。木塔的每大层由四部分构成：楼层柱框、腰檐铺作、平座柱框、平座铺作。除顶层以外，木塔下面四层中的每层都由同样的四个结构层堆叠而成。

全塔在结构上没用一个铁钉，全靠构件互相咬合。全塔共使用54种不同形式的斗拱，种类之多，世所罕见，被称为"斗拱博物馆"。斗拱铺作的形制根据所处位置的不同而变化，第一、二层的檐下铺作用了下昂，而高层的铺作不再出现下昂，这是因为低层需要铺作出跳稍远来承托相对深远的屋檐，所以用到了下昂。每层同一部位的铺作形制尽量变化，一层围廊明间的补间铺作出45°斜拱，第二层补间铺作出60°斜拱，第三层补间铺作又出45°斜拱。每层不同部位的铺作形制也不一样，如一层围廊的柱头铺作为五铺作双抄，两次间的补间铺作为五铺作双抄，但没有令拱、耍头，明间的补间铺作出斜拱。第二层转角铺作的令拱为翼型拱。木塔上的斗拱铺作继承了唐代的风格，拱瓣内凹明显。

木塔第一层设巨大的斗八藻井，用八根角梁支撑，对角线跨度达 9.5 米，这是山西古建筑中最大的藻井。木塔第一层的彩塑佛像具有明显的辽代特征——耳朵上戴有耳环。

塔刹部分总高 11.77 米，由各种铁制法器从下至上依次在仰莲上组装：覆钵、相轮、露盘、仰月、宝珠，再加上八根铁链，使塔刹部分具有避雷针的作用。

泽州青莲寺释迦殿为宋代建筑，面阔、进深均为三间，单檐歇山顶。殿内梁栿间蜀柱与劄牵的结构独特，劄牵前端由驼峰、栌斗承托，劄牵后尾由丁栿尾和栌斗承托，为劄牵尾插蜀柱之雏形。劄牵上设驼峰立蜀柱置栌斗承托平梁，为古建筑中的首例。明间的门框为青石材质，上有北宋元祐四年（1089 年）题记。

忻州忻府区金洞寺转角殿建于北宋元祐八年（1093 年），面阔三间，进深六椽，单檐歇山顶。举折平缓，出檐深远，角柱侧脚、生起，檐口弧线优美。檐下柱头卷刹明显，柱头铺作为五铺作单抄单昂，补间铺作为隐刻拱。昂为平出的假昂，上托令拱，令拱上的耍头为下昂形，下昂形耍头与假昂犹如鹰嘴，颇为罕见。铺作用材硕大，铺作高度与柱高之比为 1∶2。殿内的梁架结构特殊，没有四椽栿，用四根乳栿（前后檐铺作的耍头后尾）、四根丁栿（山面铺

作的耍头后尾）及四根角枋（四个转角铺作的耍头后尾）与殿内
的金柱有机地结合起来。金柱柱头栌斗之上出五面铺作，托额枋两
重，又置铺作托乳栿和素枋，其上再施驼峰，再置栌斗托平槫。在
金柱之上出现十字隔架铺作，十分壮观。为了解决好梁架的高低错
落问题，大量使用枋材，尤其是四根角枋的运用，增加了梁架的稳
定性。

平顺九天圣母庙圣母殿是庙内的主要建筑，为北宋建中靖国元
年（1101 年）建。面阔三间，进深六椽，平面近方形，单檐歇山
顶。举折平缓，出檐深远，前檐带廊，翼角高扬，与献殿的翼角相
连。大殿外檐柱头铺作为五铺作单抄单昂，昂为琴面插昂（无昂
尾，整体不过柱身中线，相当于插在铺作中），是铺作插昂造的最
早实例。华头子刻成两瓣，为开先河之形制。补间铺作仅前檐当心
间一朵，内檐铺作为五铺作双抄。柱头卷刹和缓，角柱生起明显。
柱础为覆盆式，莲瓣雕刻较大。殿内的梁架为四椽栿前对乳栿通檐
用三柱，劄牵与三椽栿构成上四椽栿，上四椽栿与平梁之间立蜀
柱，下四椽栿与乳栿对接。前廊梁架上的托脚过梁栿抱槫，为此前
所未见。

太原晋祠圣母殿重修于北宋崇宁元年（1102 年），背依悬瓮
山，前临鱼沼，坐西朝东，居中轴线末端，冠于全祠，是晋祠现存
最古老的建筑。大殿面阔七间，进深六间，重檐歇山顶，通高 19
米，殿四周有回廊，即《营造法式》所载"副阶周匝"的做法，

是我国现存古建筑中最早的实例，也是我国现存古建筑中唯一符合《营造法式》殿堂式构架形式的建筑。为了扩大前廊的祭祀空间，减去了一排前檐柱，使前廊的进深达到了两间，十分开阔，这是古建筑中减去前檐柱扩大前廊祭祀空间的唯一实例。廊柱从中间向两侧逐渐生起，屋檐形成优美的弧线。下檐为五铺作，柱头铺作出双下昂，补间铺作为单抄单昂。下檐柱头铺作平出双假昂，并不像一般的昂向下倾斜，为古建筑中的首例。梁思成先生认为："其昂两层实以华拱而将外端斫作昂嘴形者，为后世常用之昂形华拱最早一例。"下檐补间铺作为单抄单下昂，昂为真昂，耍头为昂形。上檐为六铺作，柱头铺作为双抄单下昂，补间铺作为单抄双下昂，第一跳都为翼形拱。上檐柱头铺作的昂为真昂，上檐补间铺作的双下昂乃平置之假昂。真昂与假昂这两种铺作形式，在上下两檐互换了位置。圣母殿的铺作形制变化多样，是现存宋代建筑中铺作样式最多的建筑。上下檐柱头铺作样式不同，上下檐的补间铺作样式有异，柱头与补间的铺作样式也不一样。中国的木构建筑，经历了由隋唐的雄壮坚实到明清的华丽轻巧的发展过程，而宋代建筑正是这个过程中的重要环节。圣母殿是宋代建筑的代表作，最能体现宋代建筑之美，对于研究中国建筑发展史很有价值。此外，大殿前廊柱上雕饰有八条蜿蜒欲动的木龙，是我国现存最早的木雕蟠龙。八龙各抱一根大柱，怒目利爪，栩栩如生，虽距今千年，鳞甲、须髯清晰可辨，跃跃欲飞。

　　建于北宋崇宁初年的晋祠圣母殿是我国现存古建
筑中唯一符合《营造法式》殿堂式构架形式的建筑，
是北宋木构建筑的典范。

陵川龙岩寺过殿建于金天会七年（1129 年），殿前有月台。面阔三间，进深六椽，单檐歇山顶。殿内梁架在四椽栿上首开合㭼、劄牵一体化手法的先例，四椽栿上立蜀柱置栌斗承平梁，劄牵紧贴着四椽栿穿过蜀柱出合㭼，以增强蜀柱的稳定性，不再设托脚。此后，这种以合㭼稳固蜀柱的方法成为大趋势。

大同善化寺的山门、三圣殿、普贤阁、大雄宝殿为辽金时期的建筑。梁思成先生考察善化寺时赞叹曰："其大殿、普贤阁、三圣殿、山门四处，均为辽金二代遗构。不意一寺之内，获若许珍贵古物，非始料所及。"

三圣殿重建于金天会至皇统年间，是金代初年的代表性建筑。面阔五间，进深八椽，单檐庑殿顶，屋顶的垂脊弧度很大，形成美丽的弧线。檐柱生起明显，屋檐也形成漂亮的弧线。檐下铺作硕大，为六铺作单抄双下昂，东西次间的补间铺作每跳都加了45°斜拱，最上层出现七个并排的耍头，漂亮的斜拱出现，使屋檐下的铺作如同盛开的花朵，具有明显的装饰作用。三圣殿的斜拱是金代建筑中最漂亮的铺作，与屋顶争抢着人们的视线。梁思成先生评价三圣殿铺作："含有无限力量，颇足以表示当时方兴未艾之朝气。"柱头的扶壁拱为重拱式。普拍枋之下是双层阑额，为此前所未见。殿内采用减柱法、移柱法，最前边一排减柱 2 根，第二排减柱 4 根，后排保留 2 根内柱（2 根辅柱应该是后来所加），共减柱 8 根。当心间的两根内柱在后檐的中平槫之下，次间的两根内柱则移位到后檐的上平槫之下。由于采用了减柱法、移柱法，殿内的梁架结构也发生了变化。当心间为六椽栿对乳栿，六椽栿、乳栿都为双层，在六椽栿上立蜀柱，与金柱一同支撑四椽栿。次间则是五椽栿对三椽栿，其上增加了一条较细的内额，内额上设铺作承托四椽栿。在六椽栿上立蜀柱的做法，陵川南吉祥寺曾出现过，不同的是，三圣殿在六椽栿上立蜀柱支撑四椽栿，南吉祥寺六椽栿上的蜀柱直接支撑平梁。

大雄宝殿是善化寺的主殿，是在战火中幸存的辽代建筑。面阔七间，进深十椽，单檐庑殿顶。檐下铺作为五铺作双抄，当心间的补间铺作出 60°斜拱，次间的补间铺作出 45°斜拱，补间铺作的栌斗下垫一驼峰。大殿运用了减柱法，殿内本为两圈内柱，但外圈内柱减掉了前面 4 根，内圈内柱减掉了后面 4 根，共减去 8 根内柱，殿内的空间十分宽敞。

朔州崇福寺弥陀殿建于金皇统三年（1143 年），是寺内最大的殿堂，也是我国现存辽金时期的三大佛殿之一。弥陀殿面阔七间，进深八椽，单檐歇山顶，高度达 19 米，巍峨壮观。阑额在出头处做成蚂蚱形，比较少见，似乎成为转角铺作的组成部分。前檐柱头铺作为七铺作双抄双下昂，耍头为下昂状，前檐补间铺作出斜拱。后檐柱头铺作使用了斜拱，这是柱头铺作使用斜拱的最早实例。后檐补间铺作为七铺作四抄，是古建筑中出挑较多的补间铺作。第一

　　建于金皇统年间的崇福寺弥陀殿是我国现存辽金时期的三大佛殿之一。弥陀殿的门窗透雕棂花，雕工精湛，图案多样，是我国古建筑中图案最多、最华丽的雕花门窗。

跳、第三跳施翼型拱，这种隔跳翼型拱比较少见。为了扩大祭祀空间，采用了减柱法、移柱法。减去中间一排的 4 根柱子，前排的柱子减去 2 根，剩余的 2 根前内柱不在柱缝上，与前后檐柱都不对位，而是平移到了两次间的中间。内额采用了大跨度的上下两层复梁式结构，两层之间用斜材支撑，形成与五台山佛光寺文殊殿类似的八字形柁架。

寺内的最后一座佛殿是观音殿，建于金代晚期。面宽五间，进深六椽，单檐歇山顶。为了扩大礼佛空间，将前槽的 4 根金柱全部减去。为了减轻四椽栿的压力，在四椽栿中部对应前金柱的位置立一蜀柱，蜀柱与升高的后槽金柱共同承托平梁。蜀柱两侧斜置通长两椽的大叉手（托脚），叉手上部支于蜀柱顶部，下部支于四椽栿梁头，使四椽栿中部、两端均匀承受压力，四椽栿两端又将作用力分别传给檐柱、金柱。四椽栿上的叉手和平梁上的叉手形成了双重人字形叉手。四椽栿上的驼峰延长作为蜀柱两侧的合楷。观音殿在梁架结构上的创新，堪称我国建筑史上减柱营造法的典范。

平遥文庙大成殿重建于金大定三年（1163 年），是全国文庙中仅存的金代建筑，在时间上仅次于河北正定县文庙（建于五代时期）。大成殿面阔五间，进深十椽，平面近方形，单檐歇山顶。普拍枋出头，阑额不出头。檐下柱头铺作为七铺作双抄双昂，昂为批竹昂，耍头呈蚂蚱形，耍头之上的衬方头为短昂状，与下昂形成呼应。第一跳、第三跳施翼型拱，这种隔跳翼型拱曾经在朔州崇福寺弥陀殿的后檐补间铺作出现过。第二跳重拱，上托罗汉枋。铺作与柱高比接近唐代建筑。明间和两次间的补间铺作与常见的铺作迥异，为一根单昂，形态介于斜梁与下昂之间，搭于罗汉枋之上，承托挑檐槫，比较少见。单昂的使用，形式简洁省料，通过罗汉枋分解屋顶的荷载，是在补间铺作形式上的一种创新。大成殿出檐深远，铺作硕大，具有唐宋建筑遗风。

阳曲不二寺重建于宋咸平六年（1003 年），金明昌六年（1195年）大修。虽经元、明、清各代维修，但基本保持了宋金建筑的风格。三圣殿面阔三间，进深六椽，单檐悬山顶。普拍枋之上有泥道拱、慢拱两层，即《营造法式》所说的"扶壁拱"，与大同善化寺三圣殿、繁峙岩山寺文殊殿的重拱式复壁拱形制一样，是山西中部古建筑"重拱式扶壁拱"的实物例证。平梁上出现双层叉手，与夏县司马光祠余庆禅院大殿的双层叉手类似，但有所区别，余庆禅院大殿的双层叉手并排贴近，不二寺三圣殿的双层叉手之间有一定的距离，它发展了北宋时期的复合式叉手，上叉手支撑于丁华抹颏拱两端，下叉手支撑于丁华抹颏拱底部，成为平行的双叉手。

襄汾普净寺建于元大德七年（1303 年）。大佛殿是普净寺的主体建筑，也是普净寺的精华所在。大殿巍峨，面阔五间，进深六椽，单檐悬山顶。殿内采用减柱法，只有后排的两根金柱，其他的柱子都减去，这是元代建筑减柱法应用的典范。东西次间、梢间有大圆内额直通两山墙，次间的大爬梁直接承托至平梁之下，形成八字斜梁，从而减去四椽栿及内柱、蜀柱、剳牵等构件。大佛殿同时使用大内额与斜梁的做法，是国内古建筑中的首例，也是在金代减柱造基础上的进一步发展。

洪洞广胜寺现存的主要建筑大多是元大德七年（1303 年）大地震之后重新建筑遗存下来的，只有上寺的飞虹塔和大雄宝殿是明代的建筑。现存的广胜寺是以元代风格为主的古建筑群，具有很高的历史价值。

上寺的后大殿称毗卢殿，面阔五间，进深四间，单檐庑殿顶，明代重修，梁架保留了元代遗构。因为面阔与进深为 5∶4，屋顶正脊的长度很短，在屋顶外观上很少见。

下寺建于霍山脚下，依山傍水。下寺的建筑群由天王殿、前佛殿、钟楼、鼓楼、大雄宝殿、配殿等组成。天王殿现在是下寺的山门，面阔三间，进深四椽，单檐歇山顶，是一座别致的元代建筑。因为在前后檐下各有"垂花雨搭"，在视觉上形成了重檐的效果，这也是古建筑中的孤例。

下寺的前佛殿面阔五间，进深六椽，单檐悬山顶，檐下铺作为四铺作。除了前檐当心间有一朵补间铺作外，前后檐都只有柱头铺作，显得古朴简洁。殿内仅在当心间前后立内柱，次间没有内柱，在当心间内柱与山柱之间，施庞大内额，而在次间与梢间之前后檐柱上，自铺作上安置向上斜起的梁，犹如巨大的昂尾，前后两大昂尾相抵于平梁之下，形成人字形爬梁，承托着平梁的中部，这种人字斜梁是我国古代建筑中罕见的实例。梁思成先生认为，这种梁架结构是罕见的宋代以前的建筑规制，日本早期的一些古建筑也传承了这种梁架结构，但这不是日本的自创。殿内两山的梁架用材极为轻巧、秀气，为一般大建筑物中所少见。

下寺的大雄宝殿，俗称后大殿，乃下寺的主殿，是元代木构建筑的代表，巍峨壮观。面阔七间，进深八椽，单檐悬山顶。檐下铺作的五铺作单抄单昂，只有柱头铺作，没有补间铺作。殿内的梁架结构也采用了减柱法和移柱法，多处使用弯料。传统的梁架结构，应该是在殿内前后排列两行金柱，每行各为6根。但此殿在前后两排的东西次间、梢间、尽间处各用了一根长跨三间的原木大内额，以承重次间和梢间的梁架，前后排各用了4根柱子（即减柱法），并且都移开了应该所在的位置（即移柱法）。这样，前后两排都减少了金柱，增加了室内使用面积。减柱法和移柱法的运用，使殿内空间加大，形成近500平方米的开敞空间。前后檐次间和梢间的丁栿斜搭于原木大内额之上，成为八字斜梁承托四椽栿，和前佛殿的人字形梁架近似。这种同时使用大内额与斜梁的建筑，始见于襄汾普净寺大佛殿。

　　重修于元至治元年的临汾尧都区牛王庙戏台，四根角柱与四根粗大的额枋形成稳固的方框结构，历经多次大地震的考验后依旧魏然屹立。

临汾尧都区牛王庙戏台重修于元至治元年（1321 年），四角立柱，柱子侧脚明显，框架稳固，前檐两柱为抹角石柱。梁架结构，在 4 根角柱上设大斗，大斗上施交叉的绰木枋，承托 4 根粗大的额枋，形成稳固的方框结构，承受整个屋顶的重量。屋顶的藻井由方形和八角形构成，井口枋、斗拱、抹角梁、垂花柱、小八角藻井层层缩小，精巧美观。藻井共分三层井口、三层斗拱，斗拱的大小由下到上层层递减。第一层井口是四面的大额枋，施一圈斗拱，共 12 朵。每面居中的两朵斗拱出斜拱托抹角梁，抹角梁承大斗托十字绰木枋，上承第二层井口枋，其上有第二层斗拱 12 朵。每面正中的一朵斗拱出斜拱托抹角梁，抹角梁中部有垂花柱托第三层井口枋。第三层井口内设 4 个抹角梁构成八角形，其上施 8 朵斗拱构成小八角藻井，小八角井内施横木，横木中间以雷公柱固定。清康熙三十四年（1695 年），晋南一带发生大地震，牛王庙的建筑被夷为平地，只有这座元代戏台巍然屹立。

永济董村戏台创建于元至治二年（1322 年），举折平缓，角柱侧脚、生起明显，屋檐弧线优美。屋顶梁架设计精巧，不设大梁，4 根抹角梁承重，在屋顶有 9 根吊柱，其中 5 根为垂莲吊柱，4 根为半圆形吊柱，中间的柱头为盛开的双层莲花，前后台柱头的莲花含苞待放。这种"悬梁吊柱"结构不仅是一种装饰，还能通过 4 根由戗把屋顶的重力均匀分解到四处。穹形的屋顶能够充分吸收演员的声音，经过垂花构件的折射，再将声音以更大的分贝传送到戏台周围，故而有扩音功能。

太原窦大夫祠是祀奉春秋时期晋国大夫窦犨（chōu）的祠庙。现存山门、献殿、大殿，重建于元至正三年（1343 年）。大殿面阔五间，进深六椽，单檐悬山顶，檐下铺作与献殿相同。献殿四根檐柱粗大，柱子收分、侧脚明显，两根后檐柱成为大殿的明间廊柱，献殿的后檐与大殿前檐连为一体。这种前后两座建筑共用柱子的形式，在古建筑上称为"勾连搭作"，现存古建筑中的实例不多。

五台广济寺大殿建于元至正年间。殿内采用减柱造，梁架设计大胆，构制奇特：四椽栿后对乳栿，减去前排柱子，只在左右尽间的后槽设两根金柱，右柱直抵平梁，左柱只及四椽栿，需在柱头接一根蜀柱才能架设平梁；后槽两金柱之间架一条横跨明、次间的大额，左右各以一条粗壮的剳牵与山墙暗柱相连；后槽全部以乳栿接后檐柱；前槽的明间在横额上搭两条四椽栿至前檐柱上；在四椽栿上左右向山墙暗柱再各跨一条横额，然后从这两条横额中间（梢间的位置），再以乳栿与前檐柱连接。这样就呈现出奇妙的"开"字形梁架构图。脊槫和上平槫下使用了低矮的蜀柱，前后槽的下平槫之下只以坐斗支一条剳牵，使大殿的屋顶平缓。该殿的梁架结构为元代木构建筑的特例。

新绛绛州大堂，面阔七间，进深八椽，单檐悬山顶。东西长

29.20 米，南北宽 15.40 米，占地面积 311.28 平方米。大堂始建于
唐，元代重修。大堂的建筑风格粗犷豪放，造型淳朴，前后楹柱十
分粗大，难以合抱。檐下的阑额与普拍枋之间增加了粗大的横额，
类似大同善化寺三圣殿的做法，是晋南地区元代建筑的特征。为了
使大堂空间开敞，采用了减柱造、移柱造，仅保留了后槽的 4 根金
柱，明间的 2 根柱子外移，共减少了 14 根内柱（应有内柱 18 根），
是元代减柱比例最大的建筑，现在殿内的部分柱子为后来所加。大
堂高大宽阔，六椽栿、四椽栿、平梁三架重叠，巍峨壮观。在六椽
栿与四椽栿上出现连续 3 个托脚，支撑下平槫、中平槫、上平槫。
在两梢间与尽间，前坡用斜梁，后坡用劄牵、乳栿，节省了两根六
椽栿，并且在斜梁上使用托脚，比较少见。在古代，州衙大堂规制
一般为面阔五间，而绛州大堂面阔七间，颇为罕见。

　　浑源悬空寺原称"玄空阁"，因为整座寺院就像悬挂在悬崖之
上，后改名为"悬空寺"。寺院始建于北魏太和十五年（491 年），
现存建筑为明清时期重修。悬空寺在有限的空间建造了楼阁殿宇 40
余间，分南北两大部分布局，远远望去，南北两座雄伟的三层歇山
顶式高楼好像悬挂在绝壁之上，只有几根细细的木柱支撑，岌岌可
危。两座高楼最高处距地面 80 多米，两楼之间有栈道相连，栈道
上也有楼阁建筑。悬空寺的建筑充分运用力学原理，半插横梁于山
岩中，借助岩石的托力为基础，形成梁柱上下一体、廊栏左右相连

的稳定结构，高楼藏于岩壁，寺庙悬于半空，可谓巧夺天工。明代旅行家徐霞客曾经到此考察，其《游恒山日记》云："西崖之半，层楼高悬，曲榭斜倚，望之如蜃吐重台者，悬空寺也。……崖既蟊削，为天下巨观，而寺之点缀，兼能尽胜。依岩结构，而不为岩石累者，仅此。"

万荣东岳庙飞云楼重修于清乾隆年间。该楼平面呈方形，纯木结构。明三暗五层，高 23.19 米。三层四出檐，十字歇山顶，面阔、进深各五间，中央 4 根通天柱高 15.45 米，四周 32 根木柱构成棋盘式。第一层的屋檐出挑很远，像一只巨型手掌把上面的几层楼阁托起；第二层有一个暗层，其平面变为折角十字；第三层也有一个暗层，其屋顶外观与第二层相似；第四层屋檐的出挑远于第二、第三层屋檐，第二、第三层的屋檐在四面都出现一个歇山顶抱厦，使得这两层的每个檐角都由一个变为三个，与底层屋檐、顶层屋檐有了明显的曲线变化，木楼的外立面由此打破了单一的直线直角，出现了曲折玲珑的檐角，可见这两层抱厦的形制是飞云楼夺人眼球的关键；最上一层是十字歇山屋顶。全楼 345 组铺作密集排列，有 4 层屋檐、12 个三角形屋顶侧面、32 个檐角，宛若盛开的花瓣。各檐翼角翘起，势欲飞翔。楼顶饰有黄、绿、蓝彩色琉璃瓦，阳光之下，更显富丽堂皇。其结构之巧妙，造型之精美，外观之壮丽，堪称我国木构楼阁建筑之杰作，远胜于各地常见的钟鼓楼建筑，被誉为"中华第一木楼"。

　　重修于清乾隆年间的万荣东岳庙飞云楼，345 组铺作密集排列，32 个檐角宛若绽放的花瓣。翼角翘起，势欲飞翔，是明清木构楼阁建筑的代表。

长治玉皇观灵霄宝殿是玉皇观的主殿，面阔五间，进深六椽，单檐悬山顶。前檐柱为明柱，明间、次间面阔 3.05 米，梢间面阔 2.80 米。前檐明、次间安隔扇门，两梢间设加腰穿的直棂窗。前檐柱特殊，下半部为方形抹棱石柱，上半部接一段木柱。前檐铺作硕大，为罕见的六跳十三踩铺作（相当于唐宋时期的九铺作），明间的补间铺作和两次间的补间铺作都出斜拱。十一朵六跳十三踩铺作排列在高大的屋檐下，犹如繁花怒放，异常壮观，堪称天下第一高大的铺作。

山西古建筑中的小木作

泽州小南村二仙庙正殿是宋代建筑，殿内有崇宁五年（1106年）的题记。殿内的神龛平面呈"凹"字形，由两座主龛、两座侧龛及连接两座侧龛的跨空拱形廊桥五部分构成。侧龛位于主龛前面，由两侧对称的二层单开间楼阁与跨空拱形廊桥组成。侧龛楼阁为四柱歇山顶，二层出平座，平座上的殿宇施双抄三下昂的八铺作。拱形廊桥连接两侧的一层屋脊，桥面设勾栏，两端与两侧龛的平座勾栏相接。桥上设有游廊，居中凸起建歇山顶殿宇一座，这座殿宇位置最高，也使用了双抄三下昂的八铺作，形成"桥上庙，庙上桥"的"天宫楼阁"效果。"天宫楼阁"中的八铺作双抄三下昂，是

泽州小南村二仙庙正殿中的神龛，采用了"天宫楼阁"建筑，是宋代小木作的精品，是中国建筑史上已知最早的"天宫楼阁"建筑。

唐宋时期使用铺作数量最多的建筑。该建筑是宋代小木作的精品，是中国建筑史上已知最早的"天宫楼阁"建筑。

大同华严寺下寺薄伽教藏殿，四周依墙壁有两层楼阁式藏经柜，共38间。在后窗户之上，建了一座拱桥，将窗户两侧的藏经柜连接起来，拱桥上建有一座五间的"天宫楼阁"。藏经柜分上下两层，下层存放经书，上层是佛龛。佛龛外有勾栏，勾栏的栏板皆以镂空图案雕刻而成，共37种图案。佛龛上有屋顶、脊饰、鸱吻、铺作等构件，是国内稀见的古建筑模型。藏经柜共用了17种铺作，形制多样，其中柱头铺作为双抄双下昂七铺作。藏经柜使用的铺作是辽代建筑最复杂的铺作样式，是罕见的辽代小木作精品。殿内屋顶上的平棊和藻井上的彩绘是辽代作品，艺术价值极高。

应县净土寺大雄宝殿重修于金大定二十四年（1184年），面阔三间，进深六椽，单檐歇山顶。殿内的藻井布满了整个天花板，在覆斗形的天花板上，以房梁为界，布置了九个样式各异的藻井，在藻井下方的天花板的东、北、西三面布置了八座"天宫楼阁"的门楼，形成"八门九星"屋顶。居中的藻井最大，为八边形，浮雕的双龙贴金，形成金龙飞舞的效果。藻井四面用上万块小木条与小木块组成"天宫楼阁"，下层四周置平座，设栏杆，四面各开一门。藻井内，望柱、铺作、屋檐、脊兽等建筑部件应有尽有，建筑部件的制作一丝不苟，与大型建筑物的做法完全相同。平座铺作为五铺作，楼阁檐下铺作分为六铺作、七铺作两种。"天宫楼阁"是按照当时的建筑结构制作的一座天上宫殿，是一座精致的微缩建筑模型，代表了金代小木作的最高水平。另外八个藻井则为八角形、正六边形、长六角形、菱形等。西南角的"天宫楼阁"，补间铺作使用了斜拱。如此富丽堂皇的藻井建筑，在中国古建筑史上也是冠绝群伦的。梁思成先生称赞"天宫楼阁"："构思精巧，妙微入神，玲珑细致，超类绝伦，是国宝一绝。"

忻州忻府区金洞寺转角殿内最精彩的是精致的木制神龛，平面为"凹"字形，座底为三层波浪状叠涩，束腰部为海棠瓣，上部雕成竹节形。神龛第一层面阔五间，中间的三间为内凹的上下二层的重檐歇山顶，左右两侧各为单檐的平层，中间的第二层为正方形。神龛之上的斗拱、屋檐、屋脊、阑额、普拍枋俱全，一层一周置斗拱 32 朵，二层的平座一周置斗拱 18 朵。二层重檐歇山顶，下檐一周置斗拱 26 朵，上檐一周置斗拱 16 朵，远观似花团锦簇。神龛上的彩绘颜色艳丽，拱眼壁上有飞天，额枋上有人物和花卉图案，神龛上方有"先师佑民之阁"牌匾。整座神龛结构精巧，工艺精湛，是难得一见的金代小木作精品。

朔州崇福寺主殿弥陀殿的门窗是隔扇门窗，透雕棂花，雕工精湛，图案多样，有雪花纹、菱花纹、莲花纹等 15 种，是我国现存古建筑中图案最多、最华丽的雕花门窗。

浑源永安寺传法正宗殿是元代建筑。殿内明间梁架间的藻井、"天宫楼阁"制作精巧，五彩斑斓，是元代建筑中罕见的小木作精品。梁架上的彩绘、"天宫楼阁"上的彩色铺作、彩绘佛像以及屋顶的彩绘天棊，构成了一幅绚丽多彩的立体画。该殿虽然是元代建筑，但整体上没有一般元代建筑那种粗犷的风格，从屋顶到梁架，做工都很讲究。

太原窦大夫祠献殿藻井制作工艺精湛，由五层斗拱组成，层层叠叠的斗拱犹如众星捧月，在第二层每面设有四柱三间的神龛，形成"天宫楼阁"。整个藻井玲珑别致，密实的斗拱排列，有编织的效果，是元代小木作中的珍品。

临汾尧都区东羊后土庙戏台重修于元至正五年（1345 年），屋顶的藻井由密集的三层斗拱叠成，形成"八卦攒顶"，因为漂亮的八卦藻井，当地称此戏台为"八卦戏台"。藻井结构复杂，第一层斗拱是四根大额枋之上的 24 朵斗拱，每个角有一组斗拱出斜拱上托抹角梁；抹角梁承托第二层井口枋，其上施 4 根角梁和一圈斗拱16 朵；角梁和二层斗拱的挑斡之上施 8 朵斗拱，构成第三层斗拱；第三层斗拱已经挨在一起，围成一个八卦形，一圈斗拱的挑斡插入中心雷公柱，形成漂亮的八卦攒尖。古建筑中的藻井一般不与梁架发生关系，在结构上独立于梁架，但东羊后土庙的藻井与梁架相融合，将梁架的一部分纳入藻井中，角梁、抹角梁、井口枋、斗拱共同组成了华美的藻井。这样的藻井结构，层次感很强，起到了装饰屋顶的作用，是元代戏台藻井建筑的典范。

　　临汾尧都区东羊后土庙戏台的藻井结构复杂，角梁、抹角梁、井口枋、斗拱共同组成了华美的藻井，是元代戏台藻井建筑的典范。

代县文庙大成殿建于明初。面宽七间，进深十椽，单檐歇山顶。殿内的藻井设计精巧，造型华丽——藻井由四层斗拱挑起，第一、二层为方形，第三层转为八边形，第四层转为圆形，极尽变化。第四层的斗拱达到了罕见的十五踩。天花板上的彩绘颇为精彩，犹如满天星斗。前檐设置隔扇门，门上的棂花图案达12种之多，与殿内藻井同为明代的小木作精品。

灵石资寿寺药师殿建于明代。面阔三间，进深六椽。殿内的天花板设计精巧，十分精美。在数十块方格中绘制彩色的团形花草图，花朵品种各异，代表不同的中草药，色彩鲜艳，花团锦簇，令人赞叹。殿内正中的藻井，一大两小，一方两长。方形的大藻井由80组斗拱分四层向上叠涩而成，进深1米左右，中间的八卦图形内雕刻鎏金蟠龙；长形的小藻井由34组斗拱分两层向上叠涩而成。三个藻井设计精巧，色彩协调，具有很高的艺术价值。药师殿精美的天花板、藻井，在国内的明代建筑中也是佼佼者。

五台山塔院寺延寿殿藏经阁有著名的"华藏世界转轮藏"——可以转动的大型佛经架，这样的转轮藏在国内仅有为数不多的几座。这座转轮藏建于明万历九年（1581年），是木制的八角形经架，共三十三层，上宽下窄，上层最宽处达12.7米。每层分为若干小格，放置经书。底层有转盘，能够来回旋转。转盘上雕刻着海浪，象征着浩瀚的大海，上面的三十二层经架犹如绽放的莲花。转轮藏的靠下部分放置了一千尊小佛，他们都在聆听毗卢遮那佛讲经说法。

大同关帝庙大殿建于元代。后槽置内柱两根，柱子上装饰造型生动的蟠龙，柱间建须弥座，须弥座上置雕刻精细的重檐木质神龛一个，檐下是密集的十一踩铺作，神龛左右各置一稍小的重檐神龛，三间神龛两侧的隔扇门装饰的菱花做工细致。三座雕刻精细的重檐神龛为清代小木作精品。左右神龛上方平棊上绘制龙凤图案，多姿多态。

陵川西溪二仙庙前殿内有三座木雕神龛（清代作品），正龛五间，东龛、西龛各三间。正龛的中间三间在中柱又设一道龛门，构成内外双龛，内龛的两根柱子上雕刻栩栩如生的蟠龙，檐部有四根垂柱；外龛檐部又分为里外两层，在正龛中间形成高低错落的三层檐部构件。内龛两根柱子上的蟠龙为升龙，外龛两根垂莲柱上的蟠龙为降龙，内外呼应。大量的垂莲柱和镂空的窗花使木雕神龛充满灵动之韵。三座神龛制作精美，是清代的小木作精品。

解州关帝庙春秋楼建于清代晚期。二楼屋顶上有三个藻井，中间的藻井是凹进去的，两旁的两个是凸出来的，由数百个榫卯结构环环相扣形成，据说用了 8 年的时间雕凿而成。两侧凸出来的藻井昂嘴四周悬空，靠中间的雷公柱来支撑，藻井的昂嘴分为上下 7 层，每层的昂嘴数量由下往上逐渐增加，最上的一层加到 11 个昂嘴。整个藻井犹如一束盛开的花朵垂于梁架间，精巧华丽，这在我国古代藻井建筑中是孤例。

晋通天下

晋商兴起的地理背景与历史贡献

晋商兴起的历史地理背景

晋商的历史渊源颇早。春秋早期，公元前 8
世纪，河东的池盐已经在商品交换中充当重要角
色，地处淮河流域的楚国已经开始食用河东盐。
公元前 585 年，晋国准备迁都，在晋南物色合适
的建都地点。许多人都建议把河东盐池西北的
"郇瑕之地"作为新都城，说这里靠近盐池，有
盐利可资。但韩献子等大臣持反对意见："夫山、

泽、林、盐，国之宝也。国饶则民骄佚，近宝公室乃贫，不可谓乐。"他们担心将国都定在靠近盐池的地方，会导致百姓弃本逐末，以盐池之利崛起的商人势力对国家的统治不利，这样才把国都迁到了新田（今山西省侯马市）。战国初期的猗顿因为从事畜牧业和经销河东之盐，成为富比王侯的大商人，是先秦时期山西商人的代表，享誉全国。

秦汉以来，山西的地理位置特殊，北部处于农牧过渡带，日常生活的需要使得汉民族和游牧民族很早就在边境地区开始了物品交易，在西汉初年就可以看到一些端倪。匈奴"尚贪乐关市，嗜汉财物，汉亦关市不绝，以中其意"。西晋末年，雁门繁畤人莫含，"家世货殖，赀累巨万"。其宅院建在桑干河之南，世称莫含壁、莫回城（在今山西省朔州市应县三门城一带），是1700年前的晋商大院。北魏时，蒲州一带多商贾，百姓罕事农桑。山西北部作为边塞重地，长期有军队驻防，军粮供应一直是一大难题。北宋庆历、嘉祐年间，范祥在河东进行盐政改革，实行"钞引法"，将官营、官运食盐改由商人交钱领钞券，凭钞券到河东盐池领盐，再运到有关地区自行销售。这项改革就是给商人提供食盐销售的特许，以解决当时巨大的边防开支。据《宋史·食货志》记载，范祥的"钞引法"实行后，可助边费十分之八，每年可节省数百万缗的运输费用，增加了国家财政的收入，自然也催生了一批从河东盐池起家的山西商人。

明朝初年，退居漠北的元朝残余势力伺机南下，成为明朝严重的边患。明朝统治者在东起鸭绿江、西抵嘉峪关的北部边防线上相继设立了辽东、宣府、蓟州、大同、山西、延绥、宁夏、固原、甘肃九个边防重镇，史称"九边重镇"。明朝在长城沿线驻扎了庞大的军队，形成了北方临边地区巨大的军事消费区。当时政府为了解决长城沿线驻军的军粮运输问题，借鉴宋代的"钞引法"实施"开中法"，军队守边，商人供饷，以盐为中介，故曰开中。就是把食盐的专卖权授给商人，条件是由商人承担运粮任务，由此就产生了不少粮商、盐商。山西紧邻蒙古草原，其北边驻守的军队较多，在九边重镇中山西有两处——驻防大同的大同镇和驻防偏关的山西镇，临近山西的有宣府镇、延绥镇。山西二镇、近山西二镇共驻兵36万多人，四镇的驻兵占到九镇驻兵数的40%。"开中法"首先在大同镇实行，山西南部的河东又是传统的产盐地，在这样的背景下，晋商应运而起。当时商人通过"开中法"所获得的利润为每引六钱银子，如果手中握有一万盐引，则可获得六千两银子，利润可观。晋商经营的主要是河东盐、长芦盐、淮盐，其起步阶段的活动范围就是黄河上下、大江南北，很快就在南北贸易中占有重要地位。

由于得天独厚的资源优势和地理优势，明代的晋商主要是今运城、临汾、晋城、长治地区的商人，他们充分发挥了运城的食盐、粮食，上党的丝绸、铁器的商业价值。最出名的要数蒲州的王家和张家，明代重臣王崇古和张四维都是出身于蒲州的盐商世家。王家和张家联姻，王崇古是张四维的舅舅。他们两家联合起来，成为富可敌国的大商户。作为朝廷重臣，张四维和王崇古共同促成了明朝政府改变国策，开放北部边疆贸易，促进了更大范围的商业经营活动。史称："边境休息，东起延永，西抵嘉峪七镇，数千里军民乐业，不用兵革。"晋北大同一带的商人继晋南商人之后崛起。到了清代，山西中部的晋商开始崛起。

明清时期在中国有十大商帮——山西晋商、广东粤商、安徽徽商、福建闽商、浙江浙商、山东鲁商等，而以晋商实力最强。晋商把山西富有的盐、铁、麦、棉、旱烟等特产销售到全国各地，又把南方的丝绸、茶、米转销到漠北、西北以及俄罗斯、日本等地。至清乾隆、嘉庆时期，晋商发展到鼎盛。

晋商的历史贡献

兴于明、盛于清的晋商，纵横欧亚，连通南北，驰骋商场 500 年，其影响是巨大的，贡献是多方面的，粗略梳理，有 20 项。

第一，促进了一些城市的兴起、繁荣。明代中叶，一部分山西盐商南下发展，开始在富庶的江南地区定居，与南方人一道经营两淮盐业。万历年间，蒲州的盐商在扬州已经形成了很大影响。清初，平阳亢家富极一时，人称"亢百万"，在扬州建筑"亢园"（即著名的瘦西湖的前身），"长里许，自头敌台起，至四敌台止，临河造屋一百间"。明清时期扬州的繁荣，有晋商的贡献。乾隆初，乔家在西脑包（今内蒙古自治区包头市）开设了第一家商号"复盛公"，后来不断扩展，几乎垄断了包头的商业和金融业。在晋商的带动下，包头店铺林立，不到 50 年，人口就增长了 10 倍，有3000 多人。老包头的城垣，几乎就是环绕着乔家商号的商业网络而筑起的，故有民谣曰："先有复盛公，后有包头城。"晋商在清代对整个蒙区的经济发展都有贡献，由山西商人开办的商号，其活动范围包括了内蒙古各盟旗和外蒙古喀尔喀四部。河北省的张家口也是因晋商的到来而开始繁荣的，从张家口经库伦（今蒙古乌兰巴托）到恰克图（今属俄罗斯）的贸易，基本上由晋商垄断。张家口的上堡、下堡是城市发展的基础。下堡为张家口最古老、最富庶的地区，当时晋商的住宅和票号都集中在这里。现在张家口市桥西区的锦泉兴巷，是因为清代同治年间太谷曹家在这里开设了锦泉兴票号而得名。在下堡一带，还有汾阳王家的祥发永账局、榆次常家的大川玉银号、大美玉商号，祁县乔家的大德通票号、宏茂票号、万顺昌商号等数十家晋商票号、商号。乾隆年间，山西商人以冒险精神进入青海，深入藏区贸易，促进了西宁城的发展，到光绪后期，在西宁城的山陕商人已有上千人之多，民国时期更为兴盛，当地有"山陕客娃半山城"之说。古都咸阳在元末战火中荡然无存，

　　陕西咸阳市新兴油店旧址。明洪武初，临晋县王申村的李家在咸阳渭水古渡口附近的东明街开设新兴油店，被誉为"中国清油业第一家"。

明洪武元年（1368 年），临晋县（今山西省运城市临猗县西部）王申村的李家在咸阳渭水古渡口附近的东明街开设新兴油店。翌年六月，咸阳县丞在李家的新兴油店主持咸阳新城的奠基礼，故当地民谚云："先有新兴油店，后有咸阳县。"辽宁的朝阳县城，是清代初年在太谷县曹家大片店铺的基础上兴起的，故当地有民谚云："先有曹家店，后有朝阳县。"

第二，开创了中国近代金融汇兑业务。明清时期，山西商人适应商业发展的需要，由商业向金融业发展。明万历年间，晋商刘家的"永德泰"钱庄在汾城县（今山西省临汾市襄汾县汾城镇）创立，标志着中国近代汇兑业务的开始。道光三年（1823 年），"日昇昌"票号在平遥成立，进一步强化了晋商在汇兑业务上的优势。咸丰、同治时期，山西的钱庄、票号几乎垄断了全国的汇兑业务。当时晋中的票号主要控制着东北、蒙古以及俄罗斯的生意，而晋南的平阳钱庄则称雄于京师、中原、江浙、西南、西北及东南亚一带，"北号（票号）南庄（钱庄）"两大晋商劲旅"汇通天下"。

第三，逐步建立了中国近代企业制度。晋商在长期的经商过程中建立了一套比较完善的企业制度，在清代的十大商帮中，只有晋商做到了这一点。这些制度中最重要的是股份制，晋商在嘉庆、道光年间开始采用股份制，后来的票号都采用了股份制。晋商当年的股份制已经初步具备了现代股份制的三个基本特点：股权多元化、一个控股的大股东、所有权与管理权分离。晋商实行"用乡不用亲"，即人们常说的不用"三爷"——少爷、姑爷、舅爷，这就把家族式管理转变为制度化管理。晋商还采用了独特的激励机制——身股制，即员工可以以身股参加企业分红，这种制度保障了员工利益与企业利益一致，激励员工的工作积极性。

第四，优化各地的市场经营秩序。各地的晋商会馆承担着规范市场经营秩序的职责。如河南省社旗县赊店镇山陕会馆中保存着三通碑刻。立于雍正二年（1724 年）的《同行商贾公议戥秤定规概》碑，制约不法商家在秤上面做文章、坑害顾客，杜绝缺斤短两之弊。立于乾隆五十年（1785 年）的《公议杂货行规》碑，内容涉及不得搞虚假包装、不得卖劣质产品、不得诱惑顾客、不得打价格战、不得冒用别人的招牌做生意等。这些经全镇的杂货商家集体讨论制定的商业道德规范"十八不准"，是 18 世纪的工商管理条例，具有强制性。立于道光二十三年（1843 年）的《过载行差务》碑，是当年赊旗镇的过载行为了抵制官府"屡经加增"的摊派而定的合约。当时刻立这几通碑的目的，是加强商家行为规范、优化市场经营秩序，其相关会议都由晋商牵头，在山陕会馆中召开，说明山陕会馆实际上具有赊旗商会的作用，山陕会馆在一定程度上承担了市场管理的职能。乾隆年间，由于易州的牙行作梗，北京的烟行长期无法正常交易，在河东烟行会馆的交涉下，问题得以解决。嘉庆年间，在河南洛阳的潞泽商人以潞泽会馆为依托，向当地税收部门交涉减少梭布税收。晋商会馆在维护同乡商人利益的时候，也使所在地的同行业商人受益。

　　山东聊城山陕会馆地处大运河沿岸。清乾隆初年，山陕商人在聊城最繁忙的码头建造了山陕会馆，当时便成为"八大会馆之首"。聊城山陕会馆是大运河文化与晋商文化的融合。

第五，输出了山西的建筑文化。从明代中期开始，晋商逐渐在各地建立了很多会馆，以叙乡谊，以通商情。明清时期，全国的晋商会馆为数众多，最西到新疆，最南到云南，都有晋商会馆。清代，晋商在北京设立的会馆有近40座。现在全国尚存的晋商会馆有近50座，而保存完好的大约有30座。晋商在外地建造山西会馆时，有些地方的建筑材料，如最有名的琉璃瓦等大多是从山西运去的。有不少地方的建筑工匠来自山西，如山东聊城山陕会馆的工匠来自汾阳府。山西商人在输出货物的同时，也在我国城市建筑发展方面做出了贡献。河南社旗县的山陕会馆，在我国古建筑史上占有很高的地位。在全国现存的80多座会馆建筑中，社旗县的山陕会馆规模最大，建筑最精美，被专家们誉为"天下第一会馆"。苏州的全晋会馆，占地面积6000平方米，分为东、中、西三路，建筑宏伟，精雕细刻，飞金涌碧，具有鲜明的山西建筑特色。

第六，开创了许多有影响的老字号。临汾的赵家兄弟创自明朝正统元年（1436年）的北京著名老字号"六必居"，距今已有近600年的历史。北京至今留有招牌的老字号"都一处""红星二锅头（'源昇号'）"等是临汾、浮山等地的晋商首创和经营的。明清时期，北京的油盐酒店多为襄陵人经营，北京的布行多为翼城人经营。晋商姜赞堂（今襄汾人）在前门外开的"敬记纸庄"，是北京最早经销平阳麻纸和西洋纸张的店铺，其业务联通海外诸国，一度占领全国纸业的半壁江山。在西北地区，临晋县王申村的李家在咸

　　坐落于北京前门的晋商老字号"六必居"，由临汾的赵家兄弟于明正统初年创立，距今已有近 600 年的历史。

阳渭水古渡口附近的东明街开设的"新兴油店"是地道的老字号，被誉为"中国清油业第一家"。明代的咸阳城，依油而建，因油而辉煌。李家的新兴油店因地处丝路要冲，生意兴隆，商贾云集，成为咸阳的商业中心，当时有"金东街，银南街"之说。鼎盛时期，李家每年转售晋南的清油高达千万斤。到清代后期，王申村李家开设的"新泰和"绸缎庄，名列西安各大字号之首。

第七，促进了中国白酒业的发展。"会做山西酒，腰无分文天下走"，是清代民间流传的俗语，也是山西汾酒在国内广为传播的真实反映。近年来，李长清先生有《饮酒思源：国酒之源"杏花村汾酒"传统酿造工艺大传播》一文，对汾酒在全国的传播进行了系统的研究，有助于我们了解晋商对白酒业发展的贡献。贵州茅台酒与山西汾酒有渊源关系。据民国年间出版的《贵州经济》记载，清代咸丰以前，"有山西盐商某，来茅台地方，仿照汾酒制法，用小麦为曲药，以高粱为原料，酿造一种烧酒。后经陕西盐商宋某、毛某先后改良制法，以茅台为名，特称曰茅台酒"。在河南赊店镇，山西商人带着汾酒的酿酒师，开设前店后厂的"永绿美""永隆通"酒馆，酿制的"赊店汾酒"长销不衰。明洪武年间，有山西酒商移居河南的枣集，用汾酒的酿造技术酿酒，到清代中期有很大的发展，这种酒后来改称宋河粮液。清代康熙初年，山西的汾酒进入湖北，当地把按照汾酒技法酿造的酒称为"汉汾酒"。"汉汾酒"由晋商再传播到湖南湘潭以后，逐渐形成了比较大的市场，在湖南又酿出了"湘汾"。在江苏，乾隆时期有太谷县商人贺氏至双沟（今属江苏省宿迁市泗洪县），用山西汾酒的酿造技艺酿造出香飘数里的"双沟大曲"。辽宁《朝阳县志》记载："直、鲁人之北来者，皆事耕种不谙经营。朝境之初有商业，自晋人始。晋人悉知蒙族无贵贱，皆嗜酒。边寨所产高粱、莜麦价廉且多。俗传先有'三泰号'晋人烧锅，后有喇嘛庙。由是直、鲁人之营商者，亦相继而起。"在西北的新疆，当地的清香型白酒"古城大曲"，是乾隆二十二年（1757 年）由山西汾酒的酿酒师到奇台县建烧锅，才发展成为西北边陲名酒。伴随着晋商的脚步，山西汾酒走向全国，奠定了今天中国白酒业的基本格局。

　　第八，促进了明清时期关帝信仰的传播。关帝崇拜是晋商独有的现象。籍贯晋南的关帝是晋商心目中诚信、忠义的化身，晋商尊关帝为武财神。各地的晋商会馆都建有关帝庙，而且会馆中最引人注目的建筑往往是关帝庙。河南省漯河市舞阳县北舞渡山西会馆有一块《创建戏楼碑记》，说出了山西商人敬奉关帝的原因："山左有孔子，道德高于万山，世人重其文也。然有文以为之经，必有武以为之纬。惟我关羽生于山右，仕于汉朝，功略盖天地，神武冠三军，尤可称秉烛达旦，大节垂于史册，洵足媲美孔子，躬当武夫子称。护国佑民，由中达外，至今普天有血气者，莫不尊亲。三晋商贾贸易……夙托神庇，无往不利，思仰答于万一。"有许多会馆，往往是先有庙后建馆。外地人识别山西会馆，只需看有没有关帝庙。

　　清康熙年间，晋商于开封建起山西会馆，后来有陕西、甘肃的商人加入，改为"山陕甘会馆"。各地的晋商会馆基本上与关帝庙合一，开封山陕甘会馆门楼横额为"关庙"。

湖北老河口人说山陕会馆："上会馆赛如金銮殿，下会馆门前铁旗杆。"所谓"赛如金銮殿"，指的就是关帝庙。晋商对关帝信仰的贡献还表现在对关公戏的传播上。各地的晋商会馆都有戏台，每逢关帝诞辰和传统节日，都要演戏酬神、娱乐，所演剧目多与关帝有关。晋商把关帝信仰带到经商之地，促进了关公文化的传播。晋商以关帝的忠义来约束同乡、团结同行，随着晋商的足迹，明清时期的关帝信仰达到了前所未有的广度。

第九，促进了明清时期戏曲文化的传播。所有的晋商会馆中，都建有戏台。作为传统戏曲的载体，戏台承载着我国古代多种多样的民俗文化。晋商会馆中的戏台，促进了各地戏曲的发展和繁盛。如苏州的全晋会馆，位于苏州城内张家巷，重修于清代光绪五年（1879 年）。整座戏台金碧辉煌，绚丽多彩，是苏州现存古典戏台中最精美的一座。光绪、宣统年间，戏台上以演昆剧为主，民国以后，出现昆剧与京剧并存的局面。现在，全晋会馆已辟为中国昆曲艺术博物馆。乾隆之后，在晋商的支持下，山西的梆子戏经常被请到晋商聚集的外埠商号、会馆演出。晋商走到哪里，山西的梆子戏就唱到哪里，有"商路即戏路"之说。聊城山陕会馆的戏台有墨记："山西太原府红盛班在此，八月十五日。""山西泽州府凤台县全盛班，光绪八年十月初六日。"在内蒙古、陕西、宁夏、甘肃、河北、河南、山东等地，山西的晋剧、蒲剧、上党梆子，随着晋商的足迹广为流传。山西的梆子戏与当地的戏剧相结合，还产生了新的剧种，如山东的"枣梆"戏，就是上党梆子在山东的演变。

　　第十，对慈善活动的促进。"以义制利"是晋商的经营准则，许多晋商以诚信起家，以实业富家，以慈善传家。在他们家兴业旺、生意昌盛的同时，大部分晋商并没有改变乐善好施的传统。从清代到民国初年，活跃在黄河上下、大江南北的晋商，足之所至，善之所至。修桥补路，扶危济困，投身公益。晚清时，运城兴办的慈善机构"同善局"和"养病所"，其经费来源主要是由当地的盐商出资。万泉县闫景村的晋商李家，善行善举，无所不及，晋、陕、豫、甘、宁诸省人称其为"李善人"。李家为富一方，主动担当社会责任，开展义修池塘、义修公路、义建校舍、义建育婴堂等系列公益活动，改善了当地百姓的生产生活条件。灾荒之年，李家出钱买粮，广设粥棚，接济穷人。1928 年，晋南大旱，李家赈济河东十几个县，每县 1000 元银元。李家在薛店村、闫景村、运城池神庙三处设粥场赈灾，时间长达一年之久。河东各县县长纷纷请求政府表彰李家的善举。榆次的常家，也是一个乐善好施的晋商家族。常家大院里有一座精美的戏楼，就与常家的慈善有关。光绪初年，山西大旱，许多地方粮食绝收，为了帮助乡民度过灾年，常家开始修建戏楼，有意拉长工期，让乡民通过在工地上的劳动，体面地在常家吃饭。这次灾荒持续了三年，常家的戏楼也盖了三年。类似李家、常家这样广行慈善之举的人家，在晋商中还有很多。

　　第十一，对武术发展的促进。随着晋商经营规模的扩大，运输的货物越来越多，为了保障货物的安全，武装押运的镖局应运而生。镖局的发展，促进了中国传统武术的发展。据有关学者考证，形意拳、心意拳就产生于山西。山西流传到现在的拳种有 60 多种，在晋商比较集中的晋中有近 40 种，这些拳种的发展与晋商有很大关系，其中有 20 多种拳术与晋商有直接关系。晋中一带曾流传这样的民谣："王家的枪，戴家的手，左家的弹腿天下走，安家的大弓射出口，大盛魁的镖师不用吼。"

第十二，对教育事业发展的促进。晋商对教育一向重视，明清时期山西出现了许多儒贾并举、义利并存的商人家族。据相关史料记载，高平、翼城、新绛、永济等地的商人为书院、义学捐款助学，或坚持数十年之久，或"平生所积，以仗义散尽"。不少晋商家族都办有私塾以教育子弟，如榆次常家在咸丰、同治、光绪年间办私塾 17 所，创下了家族办学的纪录。常家在清末创办的"笃初小学堂"，是山西最早的私立新式小学。他们开办的"知耻女学堂"，是山西最早的女子学堂之一。从康熙年间到光绪三十二年（1906 年）废除科举的 200 年间，常家一门考中秀才、贡生、举人的学子有 170 多人。光绪初年，常家还出资捐助山西官书局刻书。常家不但有"外贸世家"的美名，同时兼有"教育世家"的美称。各地的晋商往往在晋商会馆举办义学，造福地方。道光年间，归化（今内蒙古自治区呼和浩特市）的晋商会馆出资兴办了"四大义学"，为时人称道。甘肃张掖的山西会馆，在民国年间曾经兴办私立学校"三晋小学"。

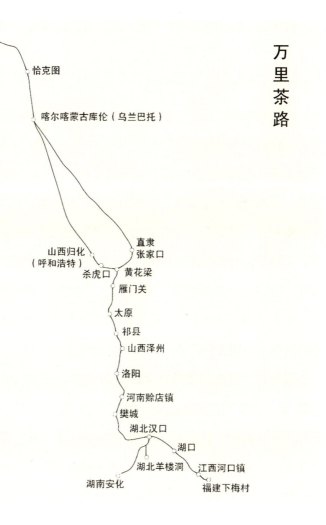

万里茶路

恰克图

喀尔喀蒙古库伦（乌兰巴托）

直隶
张家口

山西归化
（呼和浩特）

杀虎口   黄花梁

雁门关

太原

祁县

山西泽州

洛阳

河南赊店镇

樊城

湖北汉口   湖口

湖北羊楼洞   江西河口镇

湖南安化   福建下梅村

万里茶路示意图

第十三，对国际贸易的开拓。在对俄国的贸易中，山西商人逐渐开发了一条通往欧洲的茶叶之路，这就是经由内外蒙古或者新疆，对俄罗斯及欧洲的贸易路线。从福建的武夷山，经江西的九江，湖北的汉口（今湖北省武汉市）、襄阳，到河南的赊店、洛阳，北上太行山到山西的泽州、潞安（今山西省长治市）、祁县子洪口，经过太原、雁门关、杀虎口（或张家口），北上到归化、库伦、恰克图，西北经伊尔库茨克、新西伯利亚、莫斯科，最后到彼得堡；或经由库伦、科布多、乌鲁木齐、伊犁、塔尔巴哈台，到西亚地区。晋商开辟的从福建到莫斯科、彼得堡的万里茶路，繁荣了200多年，可以与"丝绸之路"媲美。清代在恰克图经商的都是山西人，在晋商的积极参与下，恰克图发展成为中俄贸易的国际商埠。中国对日本、朝鲜的贸易，也主要由晋商经营。

第十四，对中国茶叶产业发展的贡献。雍正六年（1728年）1728年，中俄《恰克图条约》签订后，中俄茶叶贸易需求量大增，晋商开始从福建大量购进茶叶，从每年的几十万斤，发展到后来的上千万斤。清代前期，茶叶贸易均系山西商人经营，由福建武夷山到江西，再由江西经湖北转河南北上山西、蒙区。后来因为太平天国运动爆发，商路不通，茶叶贸易受阻，晋商的茶叶采购地改到湖南的安化县。后来发现湖北的羊楼洞和湖南的羊楼司一带的茶叶质量较好，便把茶叶的采购地主要放在羊楼洞、羊楼司一带，这里逐渐成为晋商新的茶叶货源地。晚清时，晋商基本上控制了湖北的茶叶生产。祁县渠家、乔家、李家等 5 家晋商与湖北咸宁县柏墩的 5 家规模较大的茶庄联合开设了"长顺川""长盛川""大德诚""宏源川""天聚和"茶庄，集收购、加工、贩运、批发一条龙。这 5 家茶庄在汉口、张家口、归化、集宁、库伦、恰克图等地设有中转和批发性质的茶栈、茶庄。晚清时期湖北的茶叶生产，完全是因为晋商的介入而达到鼎盛的。其中，晋商渠家与湖北何氏家族紧密合作开设的"长盛川"茶庄，陆续在世界各地开设了 260 多家分店分号，衍生出 50 来个"川"字系列品牌。晚清时，每年销往俄国的茶叶有 350 多万千克，几乎全是由晋商经销。通过晋商的茶叶贸易，中国的茶叶源源不断进入西亚、欧洲市场，晋商对中国茶文化在海外的传播发挥了积极的作用。

第十五，对中国盐业发展的促进。在唐初，河东盐池出现了"垦畦浇晒法"——在盐湖北边湖岸一侧垦地为畦，然后将湖中卤水引入畦内，利用阳光、风力蒸发晒制成盐。这是盐业生产工艺的重大创新，是产盐技术的重大进步，领先西方国家约 1000 年，英国科学家李约瑟博士称其为"中国古代科技史的活化石"。自"垦畦浇晒法"问世后，运城池盐的质量和数量大幅度提高。明弘治年间，河东盐商刘家以运城盐池为依托，将生意做到两淮的海盐产区，并且与两淮大盐商阎家、张家互通婚姻，联手称霸大河南北、江淮上下。万历年间，经盐商刘家之手，陆续将数百名盐业生产能手和管理人才从河东输送到两淮盐区，把河东盐池传承久远、完整先进的湖盐"垦畦浇晒"工艺推行到全国海盐产区，催生了海盐工艺的革命，对全面提高盐产量和国家盐税收入做出了贡献。

第十六，对中国丝绸业发展的促进作用。明清两代是我国丝绸业较为发达的时期。当时著名的八大丝绸产地有苏州、南京、杭州、嘉兴、潞安、成都、广州、福州等。潞安是北方唯一的丝绸主产区。与苏、杭不同的是，潞绸在生产形式上介于专业工场生产与民间分散生产之间。潞绸的机户主要分布在潞州各县，他们在劳动时间的掌握上有较多的自由。由于产品质量好，受到市场欢迎，潞绸的产量猛增。在明代，潞绸为国内三大名绸，是贡品之一。由于产量剧增，潞绸上贡的数额在其产量比例中逐渐降低，产品的商品化程度不断增加。到万历年间达到高峰，绸庄丝店遍布街巷，机杼之声随处可闻，潞绸生产得到了空前发展，也为潞绸的外运远销提供了无限商机，"潞绸遍宇内"。潞绸不仅行销国内，还远销国外。"贡篚互市外，舟车辐辏者，传输于省、直，流衍于外夷，号利薮。"经过晋商的长途贩运，潞绸成为全国的畅销产品，穿潞绸衣、着潞绸装成为当时人们的时尚。时人赞誉潞绸"织作纯丽，衣被天下"。潞绸为晋商提供了源源不断、高质量的货源，而晋商的经营活动使得潞绸畅销海内外，进一步促进了潞绸的发展。

第十七，对中国冶铁发展的促进作用。山西富藏煤、铁资源，冶铁之业源远流长。明清时期，山西的冶铁业得到了空前的发展。在清代乾隆、嘉庆年间，长治县荫城镇已发展为全国的铁货集散中心，荫城镇周围的 130 多个村庄，家家有铁炉，人人会打铁，铁货行销全国各地，每年的交易额高达 1000 多万两白银。德国人李希霍芬在山西见识了泽、潞一带的冶铁盛况，十分惊叹，他在所著《中国旅行日记》一书中说："在欧洲的进口货尚未侵入以前，是有几亿人从凤台县取得铁的供应的。……大阳（今山西省晋城市大阳镇）的针，供应这个大国的每一个家庭，并且远销中亚一带。"泽、潞的各种铁器制成后，由铁行贩运到河南的清化镇，然后再转运到全国各地。从泽、潞通往河南的道路上，铁货运输十分繁忙，可谓滚滚铁流，奔向全国。晋商的销售网络促进了中国冶铁业的大规模发展。

第十八，对数学、珠算、会计等应用科学的贡献。这些应用科学与商业活动关系密切，因此明清时期晋商很重视对数学、珠算、会计的研究与实际应用。晋商及晋商子弟在应用科学方面贡献很大。明末清初，晋商实行的"龙门账"就是一套既简单又明确的商业会计方法，对我国会计学的发展有一定的贡献。明代汾州（今山西省汾阳市）商人子弟王文素早年随父亲到河北经商，由于经商的需要，他很小就练习打算盘，尤长于算法。他致力算学 30 年，以一己之力，编著成 50 万字的《算学宝鉴》，为中国算学史之最，是当时世界最高水平的数学巨著。清代数学家张敦仁（1754—1834 年），阳城县润城镇人，出身于商人家族。他的主要著作有《缉古算经细草》三卷、《开方补记》九卷、《求一算术》三卷，都有较高的学术价值。

第十九，对中国北部边疆地区经济开发的贡献。晋商是从明代的军粮运输起步的，可以说，晋商的起步阶段就对中国北部边疆的开发有了贡献。到了清代，晋商对蒙区的贸易更是促进了牧区城镇的兴起与发展。晋商在库伦有 1600 多人，当地称晋商为"西帮商人"。晋商的茶叶贸易最兴盛的时期，每年有 7 万只骆驼往来于张家口、库伦之间的"张库大道"上。晋商"大盛魁"商号的经营活动，保证了牧民日常生活用品的质量和及时供应，同时也解决了牧民畜产品的及时销售，所以在牧区很受欢迎。在西北的新疆、青海、宁夏，晋商的商业活动对当地的社会经济发展贡献也不小，在新疆伊宁一带，经商的晋商多为祁县人，他们的后代至今还有 1000 多人生活在那里。在宁夏银川，以晋商为主创建的"敬义泰""天成西""百川汇""隆泰裕"等"银川八大家"，几乎覆盖了银川城内的各个行业。在新疆、青海经商的部分山西商人甚至能用蒙古语、哈萨克语、维吾尔语同少数民族对答如流。在东北，从事经营活动的晋商人数更多，20 世纪 30 年代在东北的晋商人数有数十万。从白山黑水到天山南北，从蒙古草原到青藏高原，到处都有晋商活动的身影。在获取利润的同时，他们为中国北部边疆的开发和社会的发展做出了较大的贡献。

第二十，逐步改变了中国传统的轻商观念。中国传统社会是"重农轻商"，商人的社会地位一向较低。在明代，出身于河东盐商

居道　姑子　神圣　鬼　太子　硬医生　先生　死鬼

徒弟　有钱人　小买卖人　相面人

户人　住家的　剃头的

赶车的　脚户　牙行　奴才

小伙计　媳妇　吹鼓手　贼　骗子

屠宰　裁缝　匠人

翁　刮地皮　乞丐

瘋子　拐子　瞎子　娃子

龙　疤子　秃子

神仙　活佛　和尚　和

的朝廷重臣张四维已经明确提出了要从根本上改变重农轻商的观念。到了清代，山西的大部分地区已经改变了重农轻商的观念。雍正皇帝在《朱批谕旨》中批道："山右大约商贾居首，其次者尤肯力农，再次者谋入营伍，最下者方令读书。"山西晋中地区有重商谚语云："有儿开商店，强如坐知县。""良田万顷，不抵日进分文。""要想富，庄稼带店铺。"随着晋商在全国各地的经营活动，全社会都逐渐改变了"轻商"的观念。山西人的经商活动还带动了山西周边省份百姓从事商业贸易，如嘉庆《涉县志》记载："西人善贾，涉民慕之，远出逐什一之利，苏杭、关东无不至。"20世纪初，旅居日本的中国近代思想家梁启超说："鄙人在海外十余年，对于外人批评吾国商业能力，常无辞以对，独至有历史、有基础、能继续发达之山西商业，鄙人常以自夸于世界人之前。"可见，知识阶层是以晋商为骄傲的。